Coordenação Editorial
Juliana Serafim

AS DONAS DA P** TODA**
VOL.2

Literare Books
INTERNATIONAL
BRASIL · EUROPA · USA · JAPÃO

© LITERARE BOOKS INTERNATIONAL LTDA, 2022.

Todos os direitos desta edição são reservados à Literare Books International Ltda.

PRESIDENTE

Mauricio Sita

VICE-PRESIDENTE

Alessandra Ksenhuck

DIRETORA EXECUTIVA

Julyana Rosa

DIRETORA DE PROJETOS

Gleide Santos

RELACIONAMENTO COM O CLIENTE

Claudia Pires

EDITOR

Enrico Giglio de Oliveira

ASSISTENTE EDITORIAL

Luis Gustavo da Silva Barboza

REVISORES

Samuri Prezzi e Ivani Rezende

CAPA

Juliana Serafim

DESIGNER EDITORIAL

Lucas Yamauchi

IMPRESSÃO

Gráfica Paym

Dados Internacionais de Catalogação na Publicação (CIP)
(eDOC BRASIL, Belo Horizonte/MG)

D674	As donas da p**** toda / Coordenadora Juliana Serafim. – São Paulo, SP: Literare Books International, 2022. 16 x 23 cm – (As donas da p**** toda; v. 2) ISBN 978-65-5922-258-2 1. Literatura de não-ficção. 2. Empoderamento. 3.Empreendedorismo. I. Título. CDD 305.42

Elaborado por Maurício Amormino Júnior – CRB6/2422

LITERARE BOOKS INTERNATIONAL LTDA.

Rua Antônio Augusto Covello, 472
Vila Mariana — São Paulo, SP. CEP 01550-060
+55 11 2659-0968 | www.literarebooks.com.br
contato@literarebooks.com.br

SUMÁRIO

7   PREFÁCIO
Juliana Serafim

9   PAGAR O PREÇO DO QUE SE DESEJA
Juliana Serafim

15   RELACIONAMENTO ABUSIVO: REFLEXÕES E POSSIBILIDADES DE COMO ROMPER O CICLO DA VIOLÊNCIA
Bárbara Cristina Alves Miranda

23   REALIZE SEUS SONHOS
Bruna Werling Navas Machado

29   EM BUSCA DE UM SONHO
Camila Pavan

37   TRAVESSIA
Celina Bessa

43   O TAL DO "VENCER NA VIDA"
Cláudia Aquino de Oliveira

49   SAINDO DO FUNDO DO POÇO
Cristina Lasmovik

55   NADA É DEFINITIVO
Cristina S. Maíni

61   UMA HISTÓRIA DE ESSÊNCIA, AMOR, CONEXÃO E LEGADO
Daniela Bacelar

69   A IMPORTÂNCIA DA LIDERANÇA FEMININA PARA O MUNDO
Daniela Seixas Moschioni

81   TAPA DO DESPERTAR
Daniele Acássia

87 O PODER DA RESILIÊNCIA: DESCUBRA SUA FORÇA
Danielle Santana

95 MINHA HISTÓRIA DE SUCESSO, COMO CHEGUEI ATÉ AQUI
Érika Albuquerque

103 REAGI
Giane Camargo

111 O SUCESSO É RESUMIDO EM UMA PALAVRA
Iana Furst

119 COMO BUSQUEI MEU LUGAR NO MUNDO: LIDERANÇA, EMPREENDEDORISMO, ASSOCIATIVISMO
Irene Sá

127 NÃO OLHEI O TAMANHO DA PEDRA NO CAMINHO. EU CONTORNEI!
Izabel Vieira

135 A DESCOBERTA DE OLHAR COM GENEROSIDADE PARA DENTRO DE MIM, QUE ME PERMITIU VIVER A MATURIDADE
Janelise Royer

141 O DESPERTAR DE DUAS HABILIDADES DO FUTURO PARA UMA JORNADA CRIATIVA DE SUCESSO
Karine de Faria Alves

147 POR UMA VIDA CHEIA DE PROPÓSITO E MOMENTOS DE FELICIDADE
Kesia Tamara

155 DE CONFEITEIRA À CONTADORA, SEMPRE EMPREENDEDORA
Larisse Micuci

163 MINHA HISTÓRIA, MINHA VIDA! NINGUÉM ME CONTOU, EU VIVI ISSO!
Ligia Saraiva

171 O QUE EU QUERO DIZER AO MUNDO?
Lila Sales

177 O QUE VOCÊ NUNCA PERGUNTOU: RELATOS DE UMA RELAÇÃO ABUSIVA
Lilian Piovesan

183 O PAPEL DAS PESSOAS INSPIRADORAS
Naty Brasil

189   DESAFIOS SÃO CONVITES
Patricia Keyko Pelepenko

195   ESTATÍSTICAS NÃO DEFINEM O FINAL DA SUA HISTÓRIA
Rebeka Cunha

201   MULHERES, DIREITOS E RESISTÊNCIA
Rejane Silva Sánchez

207   RELACIONAMENTOS ABUSIVOS
Rosiane Cavalcante Bezerra

213   EFEITOS DE UMA RELAÇÃO TERAPÊUTICA: SILÊNCIO E TINTA
Sibila Malfatti Mozer

219   AFINAL, DONA DE QUÊ?
Simone Gomes

227   EMPREENDEDORAS DA NOVA ERA
Thati Correia

235   ONDE NASCEM AS FORTES
Valquiria Feltrim

243   SEM PLANOS
Vanilessa Sembler Machado

PREFÁCIO

Quero começar este prefácio com uma frase que eu gosto bastante: "Decisões fáceis, vida difícil. Decisões difíceis, vida mais fácil". Ou seja, nada vem de graça para ninguém. Tudo precisa ser batalhado para conquistar uma vida melhor e com este livro não foi diferente, pois não foi fácil chegar aqui, mas está sendo transformador!

Todas as 34 coautoras, que aqui compartilham suas experiências, tiveram que escolher entre a zona de conforto e a mudança. E é isso que todas nós temos em comum nesta obra: a escolha da mudança.

Ninguém sabe o que vai nos esperar no futuro, mas todas nós estamos pagando para ver e, no final, o único arrependimento poderá ser não ter optado pela mudança antes.

As donas da p**** toda vol. 2 é uma obra criada para mostrar o protagonismo das mulheres brasileiras por meio de suas histórias. Ela serve de incentivo às mulheres que querem fazer a diferença, mas não têm apoio familiar ou de amigos. Quantas vezes eu já ouvi, de mulheres próximas, que isso ou que aquilo não era coisa de mulher. Nós ainda somos ''queimadas'' pela sociedade. Não mais na fogueira, mas na internet, com o cancelamento e a fofoca mal contada.

Esta obra mostra que tudo pode ser coisa de mulher. Basta querer. É a parte que ninguém lhe conta. São 34 mulheres, 34 histórias, 34 aprendizados, 34 derrotas e, claro, 34 conquistas. Leia o livro e viva a sua essência, mulher!

Como disse Melinda Gates: "Uma mulher com voz é, por definição, uma mulher forte."

Uma mulher transformada, transforma a outra.

Boa leitura!

Juliana Serafim

1

PAGAR O PREÇO DO QUE SE DESEJA

Como a minha inconsequência me levou a fazer coisas incríveis.
Não importa o que fizeram com você. O que importa é o que você faz com
aquilo que fizeram com você.
JEAN-PAUL SARTRE

Você já parou para pensar que quem coloca os obstáculos para você não pôr a sua ideia em prática, ou o seu sonho, é você mesmo? Eu vou explicar melhor neste capítulo por meio de uma história que aconteceu comigo. Espero que ajude você a superar esses obstáculos.

JULIANA SERAFIM

Juliana Serafim

Fundadora e CEO da Butiá Digital. Desde 2011, tem ajudado clientes a conquistarem grandes resultados por meio do marketing digital. É idealizadora dos métodos "Segredo da Butiá" e "Novo Universo Digital", que conta com cursos on-line de planejamento, marketing e publicidade. Atua como mentora e consultora de marketing digital e possui mais de 20 anos de experiência na área de marketing. Em 2017, teve sua empresa Butiá Digital premiada como *case* de sucesso Nacional do BNDES. Em 2018, lançou a obra *Marketing – manual dos 5 passos de como montar um planejamento estratégico de marketing e peças publicitárias com aplicação do neuromarketing*; *Plano de marketing para as redes sociais em 8 passos* (2019); *Funil de vendas – como vender no automático* (2020).

Contatos
www.julianaserafim.com.br
www.butia.com.br
livro@julianaserafim.com.br
Facebook: butiadigital
Instagram: juliana._.serafim

Na introdução, usei a frase de Jean-Paul Sartre para explicar melhor o que quero dizer com a frase "nós é que criamos os nossos próprios obstáculos". Eu não vim de uma família rica, com conhecimento, nem com estrutura "normal" familiar. Mas quem é que tem isso tudo, né? Família perfeita é só a de comercial de margarina.

Por muito tempo culpei tudo à minha volta por não ter o que queria, como qualquer pessoa que acha que o mundo nos deve algo. Fui uma adolescente rebelde, me opunha a tudo que ouvia, não queria acreditar que a vida era só isso.

Queria conhecer outras religiões, outros pensamentos, outros estilos de vida; para isso comecei a fazer amizades fora do colégio. Hoje, para mim, é muito claro, pois eu via adolescentes seguindo o papel que seus pais lhe deram e o que os colegas aceitavam ou não de você. Então, tinha muita frustração, depressão; é claro, eu também passei por esses sentimentos, principalmente a depressão.

E a minha depressão era de sentir que nada daquilo era para mim, eu não acreditava no Deus que me era apresentado, eu não acreditava na estrutura social em que vivia. Só fui saindo do estado de depressão quando comecei a entender quem eu era como ser humano. As coisas começaram a ficar mais claras e eu aceitei melhor.

Como falei no título deste livro, foi o meu lado inconsequente que me levou a conhecer muitas coisas diferentes, pessoas, situações, religiões, culturas etc. E justamente por conta disso, me metia em cada furada! Precisaria de um milhão de caracteres para contar tudo.

Conforme entrava nessas enrascadas, percebia que do mesmo jeito que entrava, conseguia sair; e vida que seguia.

Eu quero contar uma história específica em que a minha inconsequência me levou.

Resolvi fazer intercâmbio para o Canadá em 2018, com 35 anos, para aprender inglês. Eu fui sem obstáculo nenhum na minha cabeça, pois seria tudo lindo e maravilhoso. Sairia de lá fluente com toda certeza.

Mas você pode se perguntar: "ninguém te disse que não seria assim?"

Claro, várias pessoas, principalmente o meu marido, que já está comigo há 16 anos. E ele mesmo me fala várias vezes quando eu digo que vou fazer algo: "Vai lá!".

E o pior é que eu não sabia nada de inglês, zero. Eu cheguei a fazer um cursinho na minha adolescência, mas era aquela coisa básica. E no colégio não saímos do verbo *to be*.

Na minha cabeça, a vida é curta demais para que eu viva numa reta. Eu me coloco em desafio o tempo todo. Acho que sou viciada em adrenalina.

Voltando a nossa história. Chegando ao aeroporto de Toronto, já não entendi nada do que me disseram. Depois de ficar rodando igual uma barata tonta, descobri que eu tinha que pegar minhas malas. Aí eu já estava pensando comigo: o que foi que eu fiz. Que escolha maluca de vir estudar inglês sozinha?

Eu ainda tinha que chegar em Vancouver, e havia mais um avião para pegar em um país que só se fala inglês. Fui chorando pegar meu cartão de embarque para o próximo voo torcendo para que conseguisse entender as placas e, aí sim, embarcasse para Vancouver. No final, deu certo.

Em Vancouver, um brasileiro me recepcionou e pensei: ufa, enfim vou poder falar a minha língua. Ele me levou para a casa de uma senhora. Só para vocês entenderem, eu quis investir naqueles intercâmbios em que ficamos na casa de nativos, mas como eu já me conheço, paguei só um mês na casa dessa senhora, sendo que o meu intercâmbio duraria 4 meses. Cheguei em setembro e fui embora em dezembro.

Depois de mais de uma hora que sai do aeroporto, cheguei à casa da senhora. Na hora, parece que me deu um branco até para falar meu nome e essas coisas básicas. Ela me levou para o meu quarto, depois fez um *tour* comigo pela casa dela explicando cada coisa. E eu, sem entender nada, dizia apenas *ok, ok*.

No final, ouvi a senhora falando que tinha outra brasileira na casa também, fiquei mais aliviada. Quando a menina chegou, ela me levou para comprar o *chip* do celular e o cartão do transporte. No outro dia, ela me acompanhou pela rota até chegar à escola.

Gente, eu não imaginava que era tão longe. Tinha que pegar 2 ônibus e um metrô e ainda andar algumas quadras. Agora imagine eu, que não estava acostumada com esse deslocamento de cidade grande, só ia vendo o caminho e ouvindo os conselhos da menina, que já estava lá há um ano, e pensando: onde foi que eu me meti.

A comida sempre foi uma fuga para mim. Então, para buscar refúgio, fui ao mercado e procurei a comida que eu gostava aqui no Brasil para ver se me sentia melhor. Mas o gosto da comida daqui para outros países não é o mesmo, nem os industrializados. A Coca-Cola é outro gosto, o McDonalds deles é horrível, aí eu não conseguia comer praticamente nada.

Chegou o dia da aula. Acordei às 5 da manhã, porque tinha medo de perder o horário. Prefiro acordar 2 horas antes do que do acordar em cima e não conseguir me organizar. Acordei bem antes da menina brasileira que estava na casa comigo, tentei me lembrar de como fazer o meu café da manhã numa cozinha estranha, mas deu tudo certo. Pelo menos, tomei café. Ah, o café deles é fraco e eu adoro café brasileiro.

Comecei a me questionar a quantas coisas eu era apegada, quantas coisas me faziam falta e como era difícil se desfazer de padrões que criamos para nossas vidas.

Fui para o ponto de ônibus 30 minutos antes. Lembra que eu tenho medo de perder o horário, por isso sempre chego antes. Faltando 5 minutos para o ônibus chegar, veio a menina bem numa boa. Lá existe um aplicativo que informa em quantos minutos o ônibus vai chegar, se ele está atrasado e essas coisas. Pelo menos isso eu gostei de lá. Aqui não sei se tem, na minha cidade ou em outra cidade no Brasil.

Como falei para você, peguei o primeiro ônibus, fui para estação de trem. Lá passa trem de 10 em 10 minutos, ou menos, era muito rápido. Só que não era suficiente para aquela gentarada. Meu pai eterno, eu ia espremida, com medo de não conseguir descer na minha estação, que não era a mesma da menina. Ela descia bem antes da minha. Fui indo e consegui sair com o povo, parecia que quase todo mundo descia na minha estação também. Aí tinha fila para passar na catraca. Ficava pensando comigo: eu vou sair mais cedo amanhã, para não pegar essa gentarada toda e ter mais tempo para pensar.

Depois do próximo ônibus, cheguei ao colégio. E foi aí que chegou o desespero: eu não sei falar nada, e agora? Fui ao aplicativo do *google* e coloquei possíveis perguntas que as pessoas poderiam fazer para começar a me acostumar com o som das palavras. Mas quem disse que funcionou?

Eu fui só ao *good morning*. Não passei disso, até ver três brasileiros. Que sorte, sempre tem brasileiro em qualquer lugar do mundo! É óbvio que eles falavam superbem. Eu que era a louca lá e fui viver a aventura sem entender nada em outro país.

Começou com um teste pela manhã para entender em qual nível estava cada intercambista. Eu fui para o *level 2*, o que estranhei muito. Pensei que estudaria com as crianças.

Comecei no tal *level 2*, na parte da tarde, no qual a professora falava, falava e eu não entendia nada. E vocês não vão acreditar: brasileiro não ajuda brasileiro! Durma com essa. Nessa sala onde eu estava havia outros brasileiros que já estavam lá há algum tempo.

Ah, os brasileiros que chegaram comigo e foram para a avaliação, eu me dei superbem com eles, tanto é que nos falamos até hoje.

Esses de que estou falando eram outros que se sentiam os 'fluentes perfeitos', no *level 2*, mas tudo bem. Fora que, na sala de aula, eu não poderia ter a ajuda deles também.

Ah, me esqueci de contar que na escola só havia asiático, tinham bem poucos latinos. Se eu for falar em um panorama geral, Vancouver parecia uma (mini) Ásia para mim.

Sei que havia passado uma semana, e toda semana teria prova para ver o seu desempenho para passar para outro *level*, ou ficar no mesmo. Eu já estava há uma semana sem comer praticamente nada, não entendendo nada que o pessoal falava, estressada, chorava todos os dias, o caminho era longo demais, dormia pouco.

Meu marido dizia: "volta, então". E eu falava: eu quis vir e eu vou ficar, mas eu só preciso achar um jeito de ficar melhor. Primeiro, achando algum lugar para morar mais perto ou com alguém que eu entenda e goste.

Eu só sei que Santiago, meu marido, me ligou em um dia e me disse que os arquitetos que estavam fazendo o nosso projeto tinham um parente em Vancouver e passaram o contato dele. Pensei: nem vai me ajudar, o que ele pode fazer por mim? Eu estava só na negatividade. Mesmo assim, reclamando e pensando negativamente, entrei em contato com ele e marquei de nos encontrarmos.

Eu gostei bastante dele, era bem divertido e realista. No final, falei para ele que queria achar um lugar para morar com alguém legal e que falasse a minha língua. Falou que uma amiga dele estaria sem companhia para morar, pois a família dela tinha ido viajar e só voltaria em dezembro.

E me passou o contato dela. Entrei em contato com ela, marquei de ir à casa dela. Já gostei dela logo de cara, e combinei de embarcar nessa nova morada antes mesmo do mês acabar. Isso porque eu já não aguentava mais ficar lá na casa daquela senhora.

Eu não tinha nada contra a senhora, era só porque eu não a entendia mesmo. Era meu o problema.

Ela ficou bem chateada quando eu disse que iria embora. Falava muitas coisas que eu não estava entendendo. Liguei para o meu marido para ela falar com ele. Olha o meu nível! Eu não sabia se ela estava me xingando, mas como o meu marido sabe

Juliana Serafim | 13

falar todos os xingamentos em inglês, achei que era uma escolha óbvia. E ele foi traduzindo que ela estava puta da cara. Logo que a senhora saiu do quarto, mandei mensagem para a mulher que eu ia ficar na casa e, no outro dia, ela veio me buscar. Uma coisa resolvida.

Voltando à parte que falei que toda semana tinha prova para ver se a pessoa subia de *level* ou não, então no *level* 2, a professora disse que era melhor eu ir para o *level* 1. Vocês podem estar pensando que eu fiquei triste e devastada, fiquei feliz da vida. Tinha um brasileiro no *level* 1 que era super gente boa, pena que só ficou 2 semanas. Fiz amizade com vários japoneses, ninguém entendia o inglês um do outro, mas a gente ria e se divertia. Até hoje somos amigos e usamos o Google tradutor. Ué, gente, se tem a tecnologia, temos que usar!

Falando nessa parte que a gente não entendia o inglês um do outro, era bem curioso. Tinha um jogo de adivinhação em que tinha que pronunciar palavras que levassem a pessoa a adivinhar qual palavra era que estava na carta. Na mesa tinham dois japoneses, dois mexicanos, eu e outra brasileira. Eu entendia superbem o inglês da outra brasileira porque a gente falava com a mesma dicção nas letras e entendia o que os mexicanos falavam. Agora, os japoneses tinham outra dicção e eles só entendiam entre eles mesmos. Então, quando a carta estava com um dos japoneses, a gente nunca acertava; agora, quando estava com os mexicanos e com a gente, sempre tinha chance de acertar.

Concluindo, depois de quase 3 meses, eu comecei a me soltar mais, comecei a conversar mais sem medo de errar, e percebia que estava sendo entendida e que eu entendia a outra pessoa, sem me apavorar. Fiz amigos do mundo todo, asiáticos, mexicanos, turcos, muçulmanos, chilenos, britânicos, canadenses, vietnamitas, franceses, entre outros.

Então, pensei: até que não sou tão louca assim, estou conseguindo me comunicar e me adaptar.

Sobre a comida, depois que fui para a casa nova com a brasileira, ela me apresentou o *pho*, que é uma comida vietnamita. Eu amei! Comia quase todo dia isso. Para quem não sabe o que é um *pho*, é uma sopa com macarrão de arroz, broto de feijão e carne. Eu comprei também vitaminas para complementar o que não estava conseguindo comer. Ela tinha café brasileiro, fazíamos comida brasileira, ou seja, vivia o Brasil fora do Brasil.

Dessa experiência toda, aprendi a ser grata pelo meu país, a ser grata pelo que já conquistei e que dá sim para aprender inglês do zero, que posso sim do nada querer aprender mandarim e ir morar na China um ano. Sei que vou chorar, reclamar e ter outros problemas, mas vou encontrar outros brasileiros, vou me adaptar e vou aprender.

Nós temos o poder de aprender tudo que queremos, o nosso único problema é a nossa mente. Ela cria obstáculos para impedir de nos arriscarmos. Mas só ganha quem se arrisca, pois não se tem sucesso sem correr risco.

A obra *As donas da p**** toda* foi pensada nisso, ou seja, em mulheres que não têm medo de se arriscar, de sair fora da sua zona de conforto, de enfrentar seus maiores medos, tanto na vida pessoal como na empresarial.

Convido você para viver a vida intensamente, sem medo, porque um dia não estaremos mais aqui e tudo o que nos aprisionou não fará mais sentido na morte.

Seja a dona da porra toda!

2

RELACIONAMENTO ABUSIVO
REFLEXÕES E POSSIBILIDADES DE COMO ROMPER O CICLO DA VIOLÊNCIA

Neste capítulo, apontarei características de uma relação abusiva e o que a diferencia de uma relação saudável. Especifico também os tipos de violência doméstica previstos na Lei Maria da Penha. Além de apontar possíveis causas para que permaneçamos nessa relação e possibilidades de rompimento dela.

BÁRBARA CRISTINA ALVES MIRANDA

Bárbara Cristina Alves Miranda

Comunicóloga social (com habilitação em Rádio e TV) graduada pelo Centro Universitário das Faculdades Metropolitanas Unidas (FMU-2005), psicóloga graduada pela Universidade Anhanguera(2015), com pós-graduação em violência doméstica: uma expressão da desigualdade de gênero (centro de educação continuada PUC-Rio), pós-graduanda em Intervenção e Cuidado: reflexões sobre o enfrentamento da violência contra a mulher (centro de educação continuada PUC-Rio). Mestranda em Psicologia da Saúde pela Fundação Universitária Iberoamericana. Idealizadora do projeto virtual Mulheres Sororas, que visa ser rede de apoio e acolhimento para mulheres vítimas ou não de situação de violência doméstica, a partir da psicoeducação com base na psicologia feminista (abordagem integrativa à abordagem central – análise do comportamento), psicóloga clínica com perspectiva de gênero, raça e classe – modalidade on-line.

Contatos
barbara_cristinamiranda@hotmail.com
Instagram: @psibarbara.alves
12 98143 4047

Identificando um relacionamento abusivo

Por muito tempo, tínhamos a ideia errônea que, para ser abusiva, a relação precisava ter violência física. Aquela que deixa marcas visíveis no corpo da mulher. Hoje sabemos que existem vários tipos de abusos e violências, dos mais explícitos aos mais implícitos e sutis. Segundo Avery Neal (2018), abuso pode ser definido como qualquer tipo de tratamento inadequado que tem como objetivo manipular, controlar, humilhar ou intimidar alguém. Não é negado que homens também vivenciem situações afetivas abusivas, porém a incidência desses casos é bem menor comparada aos abusos sofridos pelas mulheres, já que vivemos em uma estrutura patriarcal e misógina, por consequência. Ainda segundo Neal (2018), a grande diferença entre o abuso cometido por mulheres contra homens é o fato de eles não temerem por sua vida e de seus familiares. Nós, na maioria das vezes, tememos por nossa vida. E isso dificilmente acontece com os homens. A relação abusiva se caracteriza também pelo uso desigual do poder e controle em relação ao outro.

O patriarcado é um sistema social estruturalmente violento com as mulheres e minorias, e tem como principal objetivo realizar a manutenção do poder dos homens brancos, cis, héteros e ricos (que detêm o poder hierárquico nas relações sociais). Para isso, utilizam da culpabilização da mulher (incluindo a autoculpabilização), da naturalização e da romantização da violência contra as mulheres como ferramenta de manutenção desse poder.

Segundo o *site* Associação dos Magistrados brasileiros, *O Brasil ocupa o 5º no ranking mundial de feminicídios, ficando atrás apenas de El Salvador, Colômbia, Guatemala e Rússia. Os dados são do Alto Comissariado das Nações Unidas para os Direitos Humanos* (ACNUDH).

Os abusos podem ser psicológicos, físicos, sexuais, patrimoniais ou morais. E todos deixam marcas profundas em suas vítimas.

Em 2006, foi sancionada a Lei Maria da Penha, que tem como objetivo proteger mulheres vítimas de violência doméstica, responsabilizar seus agressores e aplicar medidas judiciais e educacionais com esses homens que cometeram abusos contra suas parceiras.

Especificação dos tipos de violência contra a mulher previstos na Lei Maria da Penha n.11.340/2006:

Física

Atirar objetos, sacudir e apertar os braços;
estrangulamento ou sufocamento;
lesões com objetos cortantes ou perfurantes;
ferimentos causados por queimaduras ou arma de fogo;
tortura.

Sexual

Estupro;
obrigar a mulher a fazer atos sexuais que causam desconforto ou repulsa;
impedir o uso de métodos contraceptivos ou forçar a mulher a abortar;
forçar matrimônio, gravidez ou prostituição por meio de coação, chantagem, suborno ou manipulação;
limitar ou anular o exercício dos direitos sexuais e reprodutivos da mulher.

Moral

Acusar a mulher de traição;
emitir juízos morais sobre a conduta;
fazer críticas mentirosas;
expor a vida da vítima;
rebaixar a mulher por meio de xingamentos que incidem sobre a sua índole;
desvalorizar a vítima pelo seu modo de se vestir.

Patrimonial

Controlar o dinheiro;
deixar de pagar pensão alimentícia;
destruir documentos pessoais;
furto, extorsão ou dano;
estelionato;
privar de bens, valores ou recursos econômicos;
causar danos propositais aos objetos da mulher ou dos quais ela goste.

Psicológica

Ameaças;
constrangimento;
humilhação;
manipulação;
isolamento (proibir de estudar e viajar ou de falar com amigos e parentes);
vigilância constante;
perseguição contumaz;
insultos, chantagem, exploração;

limitação do direito de ir e vir;
ridicularização;
tirar a liberdade de crença;
distorcer e omitir fatos para deixar a mulher em dúvida sobre a sua memória e
sanidade (*gaslighting*).

Diferença entre os tipos de relação

Relação Saudável	Relação Abusiva
Há espaço e disponibilidade para dialogar	Não há espaço e disponibilidade para dialogar
Ausência de medo	Presença de medo
Não há sensação de culpa	Sensação de culpa constante
Presença de respeito	Ausência de respeito
Validação das conquistas da parceira	Negação e diminuição das conquistas da parceira
Sensação de bem-estar	Sensação constante de mal-estar/ ansiedade

Por que continuamos em uma relação abusiva?
A resposta para essa pergunta é: CONSTRUÇÃO SOCIAL.

1. Existe uma proposital romantização da violência contra a mulher (manutenção do poder dos homens e submissão da mulher, conforme citado anteriormente) e uma extrema carência de referências de relações saudáveis. A violência doméstica e sua naturalização deixam consequências na vida das mulheres que a vivenciam. A forma como a mulher se vê e vê as possibilidades ao seu redor é diretamente afetada por essa vivência traumática. Assim como a forma de interagir com o mundo e com as pessoas de seu meio social, incluindo familiares, filhos etc.
2. Desresponsabilização do homem em relação ao seu comportamento abusivo, com a ideia de que "homem é assim mesmo" ou que "agiu por impulso". Assim como as mulheres são socializadas para serem dóceis e submissas, controle, posse e agressividade são sinônimos de virilidade masculina na sociedade patriarcal.
3. Dependência financeira/emocional. Desde muito pequenas, assistimos a desenhos que encorajam o sofrimento nas relações e o final feliz como prêmio por termos lutado por ela, mesmo essa relação não sendo honesta e benéfica para as mulheres. Aliada a essa ideia, também aprendemos, durante nosso processo de socialização/ subjetivação, que uma boa mulher pode mudar um homem com comportamentos problemáticos. Toda essa socialização se dá através de mídia audiovisual (filmes, músicas, novelas) e crenças que reforçam, naturalizam e romantizam esse tipo de dinâmica de relações abusivas.

Muitas vezes, o homem isola e priva a mulher de trabalhar e ter seu próprio sustento, ou até mesmo de gerenciar seu próprio salário. Essa atitude é lida por muitos como cuidado, e esconde a verdadeira intenção desse homem, que é de ter controle absoluto sobre sua parceira, dificultando ou inviabilizando um possível término por parte dela. O fato de o homem isolar a mulher de sua família e amigos também revela a intenção de ele ser a única pessoa de referência dessa mulher e dificultar assim um possível pedido de ajuda por parte dela.

4. Falta de acolhimento social/culpabilização da mulher pelos abusos sofridos.

A mulher é responsabilizada e extremamente julgada pelas atitudes violentas cometidas pelos homens. Quando dizemos, por exemplo, "o que ela fez para apanhar?".

Frases que reforçam a ideia de culpabilização da mulher e romantização da violência:

Ciclo da violência: é o mapeamento da dinâmica de uma relação abusiva, observado pela psicanalista Lenore Walker.

Lua de mel: pensando de forma prática, ninguém iniciaria uma relação que já apresenta sinais de abuso em seu começo. O relacionamento abusivo começa com uma grande e intensa lua de mel. Avery Neal utiliza, como exemplo para ilustrar essa situação, o cozimento de uma rã. Se colocarmos a rã em uma panela com água fervente, ela pulará para escapar. Já se colocarmos a rã em uma panela com água em temperatura ambiente e formos aumentando o fogo gradativamente, a rã será cozida sem que perceba, ou quando o fizer, será tarde demais para fugir. A lua de mel ocorre também após os atos violentos (explosão), com promessas de mudança e amor eterno. O objetivo é trazer a parceira de volta para a dinâmica abusiva em que o controle absoluto é exercido pelo homem. Tensão: é a fase em que a mulher sente-se pisando em ovos, ansiosa, desconfortável e tensa, tentando administrar a tensão explícita na relação a fim de evitar o ato explosivo do parceiro.

Explosão: é a concretização da violência. Nessa fase, a mulher sente-se humilhada, culpada e frustrada. E costuma ser nesse momento que ela pede ajuda.

Possibilidades para sair de um relacionamento abusivo

Criação e fortalecimento de rede de apoio (pessoas que te acolham sem te julgar). Buscar por independência financeira, procurar por terapia com um profissional da psicologia, identificar e explorar atividade que lhe proporcione prazer, buscar pelos serviços regionais especializados de proteção. Existem duas categorias de serviço: os serviços especializados e os não especializados. As casas-abrigo e Centros de Referência da Mulher são serviços especializados, por exemplo. Os hospitais, CAPS (Centro de Atenção Psicossocial) e polícia militar são alguns dos exemplos de serviços não especializados e que servem de porta de entrada para a mulher para os serviços especializados. Zerar os vínculos e o contato com o ex-parceiro abusivo, considerando questões como filhos em comum, por exemplo. Terceirizar esse contato quando ele for realmente necessário.

Empoderamento feminino

Dentre várias definições do conceito de empoderamento feminino, deixo aqui a minha percepção: entendo empoderamento feminino como o despertar COLETIVO de um olhar crítico e aguçado acerca das opressões/violências sofridas pelas mulheres em nossa sociedade, que reproduzem a desigualdade de gênero através da naturalização dessas violências, tendendo a deixá-las quase que invisíveis. O despertar desse olhar é urgente.

Considerações finais

Com isso, podemos concluir que a violência doméstica contra a mulher (assim como a violência de gênero em geral presente em toda a sociedade) tem como causa a desigualdade de gênero e sua naturalização. O abuso de drogas e álcool e a vulnerabilidade social e econômica podem ser entendidos como fatores de risco que contribuem para a concretização dessa violência, mas não como sua causa. O sexismo (discriminação sexual) e misoginia (repúdio à mulher) são também expressões da desigualdade de gênero que reforçam e perpetuam sua incidência.

A educação não sexista e o despertar social para essas questões de gênero, raça e classe são fundamentais e necessários. Só assim poderemos vislumbrar uma nova perspectiva de sociedade saudável e equitativa entre homens, mulheres e minorias marginalizadas.

Refências

AMB (ASSOCIAÇÃO DE MAGISTRADOS BRASLEIROS). *Em fórum sobre a violência contra a mulher, AMB enfatiza necessidade da "Sinal Vermelho" se tornar política pública.* Disponível em: <https://www.amb.com.br/em-forum-sobre-violencia-contra-mulher-amb-enfatiza-necessidade- da-sinal-vermelho-se-tornar-politica-publica/>. Acesso em: 21 dez. de 2021.

IMP. Instituto Maria da Penha, 2021. Disponível em: <https://www.institutomaria-dapenha.org.br/>. Acesso em: 21 dez. de 2021.

NEAL, A. *Relações destrutivas: se ele é tão bom assim, por que eu me sinto tão mal?* São Paulo: Gente, 2018.

ZANELLO, V. *Saúde mental, gênero e dispositivos: cultura e processos de subjetivação.* Curitiba: Appris Editora, 2018.

3

REALIZE SEUS SONHOS

Para ser empoderada, a mulher precisa sonhar e se empenhar na conquista de seus objetivos ainda que o caminho seja difícil, pois essa é a beleza do empoderamento feminino, da força natural da mulher. A cara leitora entenderá sobre a necessidade de nos adaptarmos às mudanças da vida, para nos mantermos em constante evolução. Deixo, por fim, todo meu carinho para as mulheres que lerem este livro e lhes digo que se dediquem de todo coração para a realização de seus sonhos.

BRUNA WERLING NAVAS MACHADO

Bruna Werling Navas Machado

Advogada proprietária do escritório Werling Navas Assessoria Empresarial. Pós-graduada em Direito Civil e Processo Civil, MBA em Gestão Empresarial, empreendedora e palestrante. Presidente do Rotary Club São Paulo – Saúde 2015/2016, condecorada com o título Paul Harris de Rotary Club pelo seu protagonismo na sociedade, por meio do desenvolvimento de diversos projetos de ordem social. Proprietária do WN *Coworking* em Ribeirão Preto/SP.

Contatos
contato@werlingnavas.com.br
Instagram: @wnassessoria
11 97143 9820

A minha vida, assim como da maioria, não começou fácil, não nasci em berço de ouro, venho de uma cidade que sequer encontro na maioria dos mapas, interiorana, quase rural.

Durante a minha infância e adolescência, vivi com minha família, religiosos fervorosos, e fui privada de muitas coisas por conta de uma pseudoconduta moral que deveria seguir, o que, diga-se, não era errado e passou importantes valores que trago comigo até hoje. Contudo, não me encaixava dentro desse "padrão".

Desde pequena, sempre busquei mais para minha vida. Ainda no ensino fundamental, com apoio da minha mãe, eu já vendia cosméticos por catálogo na vizinhança, no colégio, e já tinha minha renda.

Segui trabalhando em outros lugares, de maneira informal, sempre buscando ter minha autonomia financeira.

O tempo passou e o ensino médio terminou e, por mais que eu quisesse, eu não tinha a menor perspectiva de cursar uma faculdade. Achava que passaria o resto da vida naquele lugar, onde não havia faculdades, cinemas, shoppings, havia pouquíssimo entretenimento ou possibilidades para uma jovem ambiciosa como eu era, o que me frustrava.

Ao fazer 18 anos, pude sair mais de casa, conheci pessoas que cursavam faculdade em uma cidade próxima e me incentivaram a também fazer.

Ali foi o início de tudo. Procurei uma faculdade que, por convênio com a empresa onde meu pai trabalhava, eu tinha um bom desconto no curso que eu queria fazer: Direito. Peguei todas as informações com a faculdade e, ainda a contragosto das pessoas mais próximas que não acreditavam que eu poderia ter sucesso no Direito (pois, segundo eles, só filhos de advogados se davam bem na advocacia), eu fui.

Minha família se uniu e me ajudou financeiramente como pôde e consegui um emprego no comércio da cidade para me manter.

Após 2 anos de faculdade, depois de visitar São Paulo por várias vezes, me apaixonei pela "selva de pedra", a cidade que nunca dorme, cidade das oportunidades e do trânsito caótico.

Naquele momento, meu objetivo passou a ser ir para São Paulo.

Eu já morava sozinha, e meu namorado, em São Paulo, também. Então, ele me chamou para dividir um apartamento com ele; sem dúvidas, eu fui.

Encontrei em meu, à época, namorado, um grande incentivador dos meus projetos de vida. Acredito que as mulheres não devam se posicionar contra os homens ou contra outras mulheres, não precisamos viver em uma competição. Podemos, se quisermos, ter um(a) companheiro(a), alguém que caminhe ao nosso lado, nos empondere, nos admire e queira nos ver crescer e, por fim, que o relacionamento dure apenas enquanto for bom para ambos.

Em uma semana morando na cidade, eu já estava empregada e já reiniciara meus estudos na faculdade de Direito que havia pedido transferência.

Com a proximidade do término do curso de Direito, aproximava-se a temida prova da OAB (Ordem dos Advogados do Brasil). Naquela época, eu trabalhava em um cursinho preparatório para OAB e via o altíssimo índice de reprovação de alunos que vinham de faculdades renomadas. Isso me apavorava.

Isolei-me do mundo, só estudava e, para surpresa de todos (inclusive minha própria surpresa), fui aprovada de primeira, antes mesmo de concluir a faculdade, um dos maiores orgulhos da minha vida.

Pouco tempo depois, eu me casei. No meio desse caminho, fiz muitas amizades. A maioria foi ficando pelo caminho, e poucas tenho até hoje comigo; essas poucas, pessoas incríveis, inspiradoras, que me ajudam a ser um ser humano cada dia melhor.

Com a minha experiência, aprendi que devemos nos cercar de pessoas que nos apoiem, que estejam sempre na mesma intensidade que nós e devemos nos afastar de quem não nos agrega. Independentemente de sexo, etnia, orientação, independentemente de tudo, cerque-se de pessoas que te inspirem.

Houve muitos momentos de dificuldades, mas segundo nos ensina Napoleon Hill, devemos procurar em cada situação ruim "a semente do benefício equivalente".

A partir daquele momento, eu já era advogada.

Tempos depois, já experiente, passei a sonhar em ter meu próprio escritório e, como disse a roteirista, cineasta e produtora de filmes e séries norte-americana Shonda Rhimes, "Sonhos são adoráveis. Mas são só sonhos. São fugazes, efêmeros, bonitos. Sonhos não se tornaram realidade só porque você sonhou. É o esforço que faz as coisas acontecerem. É o esforço que cria mudança". Então, iniciei meus planos para concretizar mais esse sonho.

Vejo que muitas pessoas têm sonhos, mas não estão dispostas a empenhar os esforços necessários para a realização. E sem os esforços, como diz Shonda, são só sonhos.

Por um tempo eu pensei que enlouqueceria com o escritório. Captando novos clientes e cuidando dos clientes que eu já tinha, passava madrugadas na frente do computador.

Pouco tempo depois, tive uma gravidez gemelar de alto risco cujas bebês nasceram prematuras extremas.

Novamente me vi em uma situação em que eu precisava ser forte. Havia me mudado recentemente para uma cidade nova, onde não tinha parentes ou amigos. Foram mais de dois meses de internação e minha única visita era do meu marido. Ainda assim, mesmo reduzindo minha carga de trabalho, nunca deixei de trabalhar; naquele momento, com as gêmeas recém-nascidas, era extremamente cansativo empreender. Cheguei a pensar em desistir de ter meu próprio escritório e estudar para concurso ou arrumar um emprego em algum escritório.

Mas concluí que nossa jornada nunca será uma linha reta, temos altos e baixos e eu não poderia desistir das minhas conquistas.

Assim, após a alta hospitalar, mesmo com as bebês pequenas, amamentando, trabalhava em *home office*. E logo que as crianças completaram o tempo necessário, começaram a ir para o berçário e eu voltei à rotina. Agora, uma nova rotina, que incluía consultas frequentes a pediatras, cerca de 4 terapias multidisciplinares semanais, neuropediatria, entre outras necessidades das gêmeas (prematuras extremas), que iam muito além das que possuem os bebês que nascem a termo.

E assim venho trabalhando e cuidando da minha família e buscando incessantemente meu crescimento profissional e evolução pessoal.

Já ouvi de muitas pessoas que as mulheres precisam em um momento da vida escolher focar na carreira ou nos filhos, contudo, discordo. Aprendi que a vida precisa ter equilíbrio. Não preciso escolher, posso equilibrar e ter tudo.

Como disse Mary Kay Ash, "Acredito que você pode ter tudo que quiser no mundo, mas sim, você terá que pagar o preço". Mary Kay Ash é fundadora da marca de cosméticos Mary Kay e mãe.

Mesmo após a maternidade, cursei duas pós-graduações e um MBA. Comecei a atuar de forma inovadora na advocacia, priorizando o preventivo sobre o contencioso. Com isso meu escritório cresceu, hoje trabalho menos e gerencio mais. Com a renda do meu trabalho, comecei a investir em imóveis e possuo também um escritório de *coworking* no centro da cidade onde moro e posso desfrutar de todas as conquistas com a minha família, que são a base e a inspiração para eu querer sempre mais.

É certo que com os impactos trazidos pela pandemia do vírus da COVID-19 (coronavírus), durante os anos de 2020/2021 e as mudanças comportamentais que ela nos trouxe na forma de trabalhar e de nos relacionar com as pessoas, foi um novo desafio para se adaptar a essa nova realidade. Assim, além do escritório, por meio digital ajudo advogadas que querem empreender e ter seu próprio escritório, realizo cursos e *workshop* focados nas empresas.

Como disse anteriormente, aprendi a procurar, nas situações ruins, a semente do benefício equivalente. Com a pandemia e a aceleração do trabalho remoto, eu pude passar a atender clientes em outros estados, e assim crescer ainda mais profissionalmente.

T. Harv Eker diz em seu livro que "as pessoas ricas focalizam oportunidades. As pessoas de mentalidade pobre focalizam obstáculos".

Uma das mulheres que mais admiro, Luiza Helena Trajano, presidente do Magazine Luiza, disse em entrevista: "Empreendedorismo, para mim, é fazer acontecer, independentemente do cenário, das opiniões ou das estatísticas. É ousar, fazer diferente, correr riscos, acreditar no seu ideal e na sua missão".

Nós mulheres não devemos nos permitir ser limitadas, julgadas, anuladas, somos capazes de fazer tudo o que quisermos. E se quisermos ter alguém ao lado, que seja alguém que caminhe conosco, que não impeça nossos passos. Não ouça quem diz que você não pode ou não deve continuar.

Finalizo este capítulo dizendo que não precisamos da aprovação de ninguém, da bênção de ninguém para viver uma vida extraordinária. Acreditando ou não na existência da vida após a morte, a verdade é que nesta vida temos a oportunidade de sermos extraordinários e felizes, então não desperdice esta chance. O que você tem feito para ter a vida que você quer ter?

Referências

ASH, M. K. *Milagres que acontecem*. Mary Kay Inc., 1994.

EKER, T. H. *Os segredos da mente milionária*. Rio de Janeiro: Sextante, 1992.

HILL, N. *Você pode realizar seus próprios milagres*. Porto Alegre: CDG Grupo Editorial, 1971.

PEGN. Exemplo para todas as gerações. Disponível em: <http://revistapegn.globo.com/Revista/Common/0,,EMI271994-18512,00-EXEMPLO+PARA+TODAS+AS+-GERACOES.html>. Acesso em: 22 dez. de 2021.

RHIMES, S. *O ano em que disse sim: como dançar, ficar ao sol e ser sua própria pessoa.* 12. ed. Rio de Janeiro: BestSeller, 2016.

4

EM BUSCA DE UM SONHO

Neste capítulo, você lerá sobre uma história que tinha tudo para ser definida por palavras como **dor** e **sofrimento**, porém a **fé** e a **força de vontade** em conquistar os meus sonhos fizeram com que eu atravessasse o mundo em meio a uma pandemia para realizar o maior desejo da minha vida, ser **mãe**.

CAMILA PAVAN

Camila Pavan

Formada em Gestão Financeira, trabalhou por muitos anos na área de transporte rodoviário, migrando para o ramo farmacêutico, mas foi como criadora de conteúdo na internet que descobriu o verdadeiro sentido da sua vida: ajudar outras pessoas a alcançarem o sonho de se tornarem pais por meio de caminhos ainda não tão conhecidos pela maioria das pessoas.

Contatos
www.camilapavan.com.br
caquerosaber@hotmail.com
Instagram: @camilapavan
18 98188 7926

Sempre fui a criança mais fraquinha da turma, a que não conseguia acompanhar o ritmo dos passeios da escola, caía no meio de todos e nunca conseguia ter um desempenho básico nas aulas de Educação Física. Todos pensavam que era devido a uma luxação no quadril que tive ao nascer, mas o que ninguém esperava é que, aos nove anos de idade, eu seria diagnosticada com uma doença muscular degenerativa.

Após algumas visitas aos neurologistas da cidade, fui encaminhada para um médico da capital do estado onde eu morava que fez uma biopsia dos meus músculos e me diagnosticou com Atrofia Muscular Espinhal. Lembro-me como hoje as palavras que ele usou ao me dar a notícia: "Aproveite a sua vida, menina, pois aos 15 anos de idade você estará em uma cadeira de rodas". Após essa sentença dada por esse tão famoso médico, eu não consegui ouvir mais nada naquela consulta. Como minha mãe diz, naquele momento o nosso chão desapareceu.

Lembro-me de viajar de volta para casa por longas horas no carro ouvindo o choro da minha mãe e sem saber o que fazer para aliviar algo que eu estava causando. Isso era tudo o que passava pela cabeça daquela criança.

Ao voltar, demos início a tudo o que o médico orientou: fisioterapia, hidro, exercícios... minha rotina mudou e eu não era mais aquela garota de antes da viagem. Foram muitos anos de dúvidas, revolta e incertezas, mas sempre com a esperança de que um dia a cura viria, por isso não fiquei parada esperando a sentença do médico chegar.

Alguns anos depois, minha família se mudou para uma pequena cidade no interior do Mato Grosso do Sul. Mal sabia eu que naquela cidade que eu tanto detestava no início encontraria o amor da minha vida. Aos 15 anos, em vez de estar sentada em uma cadeira de rodas, eu estava indo para festas e curtindo a vida, pois a sombra do diagnóstico ainda estava presente em algum lugar escondido dentro de mim e me causava uma urgência em viver tudo o que eu ainda não havia vivido. Foi com essa idade que conheci Adriano e me apaixonei. De alguma forma, algo falava dentro de mim que eu me casaria com ele.

Após um período de namoro, Adriano se ofereceu para aprender a fazer fisio em mim. Íamos uma vez por semana para minha antiga cidade e ele tinha "aulas" de como me tratar durante a semana. Aos 17 anos, decidimos noivar e fomos morar fora para que o meu então noivo estudasse fisioterapia. Porém, ele estava decidido que faria essa faculdade para me dar o melhor que eu poderia ter em questão de tratamento e não para trabalhar como fisioterapeuta atendendo outras pessoas. Nós nos casamos no ano seguinte e tudo o que sonhávamos era ter quatro filhos.

O verdadeiro diagnóstico

Aos 23 anos, após liberação médica para engravidar e com a certeza de que meu bebê não desenvolveria a minha doença, eu engravidei. Receber o positivo foi uma festa para nossa família.

Tudo ia bem até que eu tive um descolamento de placenta enorme. Fiquei de repouso por quatro meses, mas o bebê acabou morrendo. Além de viver o luto, eu tive que lidar com o avanço a passos largos da minha doença. O que era para não me fazer mal, acabou desencadeando uma perda muscular irrecuperável. A partir desse momento, entendi que a gestação não era saudável para mim. Comecei a procurar por Barriga de Aluguel no exterior e fui parar nos Estados Unidos. Chegando lá, falei que não gostaria de fazer o procedimento com meus próprios óvulos, pois como os médicos já haviam errado dizendo que eu poderia engravidar, fiquei com medo de terem errado também ao dizerem que não passaria a doença para meu filho. Mais uma vez a minha intuição me salvou.

O médico dos EUA pediu um exame para ter a certeza da minha doença e com isso descobriu que eu estava há 15 anos com o diagnóstico errado, que eu tinha contraindicação para engravidar e que a minha doença poderia sim passar para o bebê.

Decidi pausar o sonho de ser mãe para entender como lidar com essa "nova" doença, a Miopatia de Bethlem, e me adaptar à nova forma de me tratar, pois as orientações de tratamento eram opostas às antigas. Cheguei a pedir para o meu marido ir embora, pois o fardo de lidar com uma doença nova me fazia pensar em dar a ele a chance de viver a vida com alguém "normal". Ele não precisava passar tudo aquilo comigo, mas ele não desistiu de nós.

Voltando a sonhar

Após um tempo, comecei a procurar novamente pelo processo de Barriga de Aluguel, mas agora na Índia, pois nos EUA estava financeiramente inalcançável para nós. Com tudo certo para iniciar o tratamento, recebemos a notícia que a Índia havia proibido estrangeiros de fazerem esse processo. Mais uma vez, meu sonho foi prorrogado.

Conversando com a minha cunhada, irmã do Adriano, perguntei se ela se interessaria em ser nossa Barriga Solidária; prontamente, ela disse SIM! Iniciamos os exames, o tratamento e o nosso positivo chegou. Mas a nossa alegria não durou mais que algumas semanas, pois descobrimos que a gestação era ectópica e a trompa dela se rompeu.

Ainda no quarto do hospital, após a retirada da trompa, a minha cunhada me falou que tentaria novamente por nós, mas isso estava fora de cogitação para mim. Eu não poderia colocá-la em risco novamente.

Dias depois, comecei a buscar por todos os países que faziam o processo de Útero de Substituição e encontrei vários, mas escolhi a Ucrânia por ser um local onde o processo é 100% legalizado. A ideia de ir para o outro lado do mundo parecia assustadora para quem eu contava, mas para mim era o único caminho que eu enxergava naquele momento.

A um passo do nosso sonho se realizar

Após as perdas das gestações, aprendi que, para mim, era mais saudável viver o meu luto das perdas sozinha, pois alguém me perguntar sobre a gestação e eu ter que explicar o que aconteceu me fazia reviver todas as dores do aborto. Então, optamos por manter em segredo sobre o nosso processo até que o nosso futuro bebê tivesse três meses.

Em abril de 2019, falamos para todos que estávamos indo para a Turquia, mas o que não contamos para as pessoas é que nessa viagem também estávamos dando o maior passo das nossas vidas. Compramos as passagens e fomos com a cara e a coragem para o outro lado do mundo e sem ter visto o rosto de ninguém da clínica até o momento.

Desembarcamos na Ucrânia por volta da 1h da manhã e havia um táxi pronto para nos buscar. Após 50 minutos dentro do carro, sem entender o alfabeto local, sem rede de celular, o motorista não falava inglês e sem chegar ao hotel onde nos hospedaríamos, tudo passou pela nossa cabeça, desde sequestro até venda de órgãos. Após uma hora e vinte minutos, chegamos ao nosso destino. O que não fazemos pelos nossos sonhos, não é?

No dia seguinte, fomos até a clínica para assinatura do contrato e coleta do material genético do meu marido. Nesse momento, parecia que o nosso positivo já estava em nossas mãos. Também fizemos a escolha da nossa doadora de óvulos. Quanto à nossa *Surrogate* (gestante), nós optamos por deixar a escolha a cargo da clínica. Ficamos na Ucrânia por uma semana e voltamos para o Brasil carregados de esperança. Em julho de 2019, fizemos a transferência dos embriões para a nossa *Surrogate*, mas o resultado foi negativo.

Quando iniciamos um processo, sempre achamos que dará certo de primeira e lidar com mais um NÃO faz com que todas as dores de anos sem o bebê voltem a arder. Seria mais um aniversário que eu passaria sem ser mãe.

Em outubro de 2019, foi feita a nossa segunda tentativa. Após uma espera angustiante, o nosso positivo chegou. Foi um misto de alegria e medo, de esperança e insegurança. Lidar com uma gestação fora da sua barriga não é tão simples assim, a ansiedade estava presente todos os meus dias.

Os ultrassons chegavam mensalmente e, por meio de vídeos e fotos, víamos o rostinho do bebê, batimento cardíaco e seu corpinho se mexendo dentro da barriga do nosso anjo.

No quarto mês, recebi a notícia que seria mãe de uma menina. Eu não poderia estar mais feliz, meu sonho se realizando por completo. Então, começamos a contar para as pessoas e explicar como todo o processo funcionava. Somente no sexto mês eu comecei a montar o enxoval e o quartinho da nossa filha. O medo das perdas continuava ali, enquanto eu não estivesse segurando a minha bebezinha nos braços eu não estaria tranquila.

A chegada da Pietra

Em março de 2020, a Ásia e a Europa já estavam enfrentando a pandemia. Os países ainda não sabiam como lidar com algo tão novo e inesperado. Uma das soluções era fechar as fronteiras e foi o que a Ucrânia fez. A cada quinze dias, a abertura era prorrogada e a data do parto da Pietra se aproximava.

Nenhum pai ou mãe do mundo todo conseguia entrar no país e o número de bebês que nasciam de Barriga de Aluguel aumentava diariamente. Eu não queria de forma alguma que a Pietra fosse mais um desses bebês à espera das suas famílias. Comecei a buscar por autorização no governo ucraniano, mas a resposta era a mesma, eu deveria esperar a data do embarque se aproximar.

Outra questão que estava me preocupando era como chegar até lá. A maioria dos voos foi cancelado e, além de tudo, não existe voo direto. Fazer conexão em outro país envolveria mais autorizações de autoridades de cada local.

Após várias tentativas de compras, conseguimos um voo que saía de Guarulhos para Munique e compramos um voo de repatriação de Munique para Kiev. Apenas duas companhias aéreas ucranianas tinham autorização para voar para a Ucrânia.

Até que chegou o momento e iniciei o processo de solicitação de autorização na Ucrânia e na Alemanha, com a ajuda dos Consulados Brasileiros das cidades pelas quais eu passaria. A minha angústia por não saber se eu conseguiria chegar para o parto da minha filha me consumia.

No dia 29 de maio de 2020 (sexta-feira), eu não tinha nada em mãos. O nosso embarque era no dia seguinte e meu marido chegou em casa me perguntando o que faríamos. Não hesitei em dizer: "Nós vamos, mesmo que não tenhamos nada nas mãos". Carregamos a mala e partimos para Guarulhos.

Ao amanhecer, a primeira coisa que fiz foi checar o meu e-mail e ele estava vazio. Mais uma vez decidi ir apenas com a coragem em busca do meu sonho. Cheguei ao estacionamento do aeroporto e o som da notificação do celular anunciava boas notícias. A autorização da Ucrânia havia chegado. Imprimi numa loja que havia perto e fui confiante para o aeroporto.

Chegando lá, parecia que não existia voo marcado. O silêncio tomava conta e as poucas palavras ecoavam por aquele lugar imenso e frio. A hora do *check-in* se aproximava e a carta da Alemanha não chegava. Decidimos tentar embarcar apenas com a carta da Ucrânia, mas a atendente nos informou que não embarcaríamos, pois, além da autorização da Alemanha, também precisávamos da autorização da Holanda (informação contrária às informações de consultas anteriores).

Ela orientou para ir com urgência trocar a passagem para depois do dia 15 de junho de 2020, data prevista para a Europa estar com as fronteiras abertas novamente. O que ela não sabia era que o parto da minha filha estava previsto para dia 10 de junho e eu não desistiria naquele momento de ter a minha filha nos meus braços o quanto antes.

Cheguei ao balcão de troca da passagem e perguntei quanto tempo eu tinha para entrar no avião. A resposta foi: "quarenta minutos". Eu comecei a ligar para todos os consulados que eu tinha na Alemanha e na Holanda até que, vinte minutos depois, uma senhora baixinha com o uniforme da companhia aérea grita: "Pavan, Pavan, Pavan". Ela me disse que eu e o Adriano íamos sim embarcar e me enviou para o embarque prioritário.

Só pude ter a certeza de que não era um engano quando o avião levantou voo. Eu mal conseguia acreditar que, depois de tantas lágrimas, horas de voo, eu estava prestes a desembarcar na cidade onde estava a minha filha.

Chegamos a Kiev no dia 1º de junho de 2020 e fomos direcionados imediatamente para um hotel designado pelo governo local. Era necessário medir a temperatura duas vezes ao dia e não era permitido sair do hotel. No oitavo dia, fizemos o teste de covid-19 e o resultado foi negativo, o que possibilitou a nossa saída no dia 10 de junho de 2020.

À noite, já no hotel à espera da Pietra, comecei a rezar e falei: "Minha filha, se você quiser nascer, você já pode nascer, pois a mamãe já está liberada para a receber". Quatro horas depois, ela nasceu.

Acordei no dia seguinte com o e-mail mais lindo da minha vida. Lá estava a notícia que a minha tão desejada menina havia nascido cheia de saúde, com 50cm e 2,9kg, e uma foto da Pietra enroladinha em uma manta.

Após dois dias no hospital, procedimento padrão na Ucrânia, pude conhecer a minha filha. Para muitas mulheres, o momento do parto é o momento mais feliz das suas vidas e comigo não foi diferente, porém o nosso "parto" aconteceu após o seu nascimento, foi no instante em que nós nos conhecemos.

Quando peguei a Pietra nos meus braços, o mundo parou por alguns segundos e ali naquele instante eu conheci o maior amor do mundo, o amor de mãe.

A volta para o Brasil

Passamos dias incríveis na Ucrânia, apenas eu, o Dri e a Pietra. Como foi importante ter esse momento só nosso, poder nos descobrir como pais, mas a hora de voltar para casa chegou.

Tentei adiar o máximo possível esse nosso retorno, pois o Brasil se encontrava em péssimas condições diante da pandemia, mas não teve outra opção.

Demoramos 36 horas para chegar em casa, atravessamos o mundo com uma bebê de 40 dias e foi tudo bem. A Pietra é sempre muito calma e mais parece um anjo enviado por Deus.

O que eu aprendi com tudo isso

Durante muitos anos eu senti que Deus havia esquecido de mim, não entendia o porquê de ter tanto sofrimento na minha vida. Por muito tempo eu não sentia gratidão pelas pequenas coisas, não conseguia enxergar o que tinha de bom acontecendo.

Hoje, olhando daqui, eu vejo que cada lágrima derramada, cada dor que eu pensei que não aguentaria, horas em que achei que desistir de tudo, da vida, era mais fácil, todos esses momentos de sofrimento se tornaram tão pequenos diante de toda a felicidade que vivo hoje.

Depois de tudo, entendo que eu precisava de cada uma dessas pedras no meu caminho para poder mostrar para as pessoas que, se eu consegui, elas também conseguem. O meu maior sentimento hoje é gratidão por fazer a diferença na vida das pessoas pela minha história de vida. Ver famílias se formando, pessoas não desistindo de lutar pela sua saúde simplesmente por se inspirarem no que vivi me faz uma pessoa realizada e deu sentido a tudo o que antes parecia ser só dor.

5

TRAVESSIA

Aqui falaremos do encontro das nossas necessidades com as nossas capacidades no âmbito econômico e como atitudes e comportamentos em relação ao uso que fazemos dos recursos que dispomos e das relações sociais criadas a partir disso geram o modelo de sociedade em que vivemos.

CELINA BESSA

Celina Bessa

Empreendedora disruptiva. Graduada em Medicina Veterinária (2007), com pós-graduações nas áreas de agricultura biodinâmica e fitoterapia. Dedica sua carreira ao desenvolvimento de práticas agroecológicas sustentáveis. Como fundadora das empresas BLAZE Coworking para Mulheres e AWEN Colab, atua no desenvolvimento do empreendedorismo feminino como forma de proporcionar crescimento pessoal e liberdade, integrando mulheres do campo e da cidade em uma grande rede colaborativa.

Contatos
www.blazecoworking.com.br
celina@blazecoworking.com.br
Instagram: @blazecoworking / @awencolab

O ser humano é uma ponte
Entre o que é passado
E o existir do futuro;
O presente é instante,
Instante enquanto ponte[...]
Percebe algo do futuro
Através de coisas passadas
Espera algo por vir
Através de algo que já se formou[...]
Assim, alcança
O que será
No que está existindo.;
RUDOLF STEINER

Muito falamos sobre construir pontes, mas não falamos sobre atravessar essas pontes. Em uma sociedade em que os abismos sociais são cada vez maiores e os recursos naturais estão se tornando escassos de uma forma assustadoramente rápida, uma grande parcela da população não consegue ter suas necessidades básicas atendidas, enquanto um pequeno número de indivíduos usufrui de bens e comodidades que ultrapassam suas necessidades.

Esse cenário representa uma visível ameaça à continuidade da nossa sociedade no planeta e o fato do dinheiro estar como ponto central da vida humana requer que o olhemos com cada vez mais consciência. Para saber como essa força age em nossas vidas, podemos nos perguntar:

O que é o dinheiro?

Que forças se manifestam por meio dele?

Qual é a minha relação com o dinheiro?

Como diz Joan Antoni Melé, em seu livro *Dinheiro e Consciência*, "O dinheiro tem o poder de criar realidades futuras. Ele atua como a energia que dá força para que algo seja criado no mundo. Essa energia pode ser construtiva ou destruidora. Não é mais possível ignorar as consequências de nossas escolhas econômicas, seja no âmbito da sociedade, seja a nível pessoal".

As dimensões do dinheiro

O dinheiro que circula na sociedade serve aos mais variados propósitos e cabe a nós darmos as finalidades adequadas para que ele alimente as mudanças positivas que queremos ver no mundo. Em cada ato de consumo, trazer essa consciência para a vida diária é um poderoso exercício de autopercepção.

Observando o dinheiro, podemos perceber três expressões interessantes da sua natureza.

1. Dinheiro de compra

Esse dinheiro é utilizado para adquirirmos bens e serviços inerentes a nossa vida, como alimentação, moradia, vestuário, medicamentos etc. Nessas situações, podemos nos perguntar:

O que eu compro?
Por que eu compro?
De quem eu compro?
Assim podemos saber o que esse dinheiro nutre pelo nosso processo de compra.

2. Dinheiro de investimento

Quando se tem alguma sobra ou economia do dinheiro de compra e se investe ou empresta para alguma finalidade que gere rendimentos, podemos nos perguntar:

Por que eu economizo?
Onde eu invisto?
Por que eu invisto?
Podemos compreender onde investimos e qual é o objetivo desse investimento, já que muitas vezes não paramos para analisar o que os bancos e empresas de capital financiam com o nosso dinheiro, como indústrias bélicas, exploração de mão de obra em países subdesenvolvidos, desmatamento para produção de *commodities*, e se essas práticas são condizentes com os nossos princípios.

3. Dinheiro de doação

É comum pensarmos em doação como uma esmola, onde dispomos para as outras pessoas algo que nos sobra ou que não nos faz falta, mas rompendo esse paradigma, podemos ver na doação as forças que possibilitam todas as formas de vida. A doação está no início de tudo, a Terra doa de si para que nós estejamos aqui, as mães doam de seus corpos para que as vidas de seus filhos sejam criadas. Quando nos perguntamos:

Quanto eu doo?
Por que eu doo?
A quem eu doo?
Podemos entender o que o nosso dinheiro de fato alimenta o que é importante para nós, que esteja vivo no mundo e que o uso dos nossos recursos revela muito de nós. Esse tipo de dinheiro também pode ser subdividido em três categorias.

3.1. Doação social

Aquela que supre as necessidades básicas de outros, já que muitas pessoas não as têm atendidas. Essa doação pode ser feita diretamente para quem precisa ou para alguma instituição que se proponha a atuar nessas situações.

3.2. Doação para uma causa

Quando doamos parte dos nossos recursos para apoiar alguma causa maior, como projetos sociais ou ambientais que visam minimizar os impactos negativos que o nosso modelo de sociedade causa às pessoas e ao planeta.

3.3. Doação para o futuro

Dinheiro que flui para o real desenvolvimento da cultura, educação e progresso humano. É preciso que no futuro esse seja o principal uso do dinheiro e temos que construir isso juntos como sociedade, investindo no desenvolvimento das capacidades humanas e possibilitando a nossa evolução de fato.

O papel da arte na evolução social

A forma que nós, como humanidade, moldamos o mundo em que vivemos é conhecida como escultura social e nesse processo cada pessoa é um artista que manifesta, pela sua vontade criativa, a capacidade de alterar a matéria e forjar o processo evolucionário social.

Quando nos desidentificamos como animais e passamos a aprimorar nossas potencialidades humanas, percebemos a fundamental importância da arte nesse processo. Somente aos seres humanos é dada a liberdade para criar. E assim nasceram as mais variadas formas de arte, que expressam pensamentos, sentimentos e vontades.

A arte é criada para ser doada. Nenhum artista cria somente para si, mas para compartilhar a beleza com outras pessoas em um ato de amor genuíno, por isso a arte tem uma grande virtude sanadora necessária em todas as fases da vida humana.

Na infância, a arte gera uma atmosfera de criatividade e acolhimento que favorece o desenvolvimento e a aprendizagem. Na juventude, estimula a expressão de ideias e a formação de vínculos sociais. Enquanto na vida adulta, atua tanto como fonte de inspiração quanto contemplação.

A cultura e a arte são capazes de suprimir o vazio interno que a nossa sociedade busca preencher com o consumismo de bens materiais.

Solidariedade econômica

Aprendemos nas escolas que a evolução natural se deu por meio da competição e replicamos esse pensamento no modelo de sociedade que criamos, mas basta um olhar mais atento e percebemos que tudo flui em total cooperação na natureza. Com essa visão, podemos nos empenhar em aplicar esse modelo também em nossa sociedade e, então, conseguiremos a real dignidade de vida para todas as pessoas.

Em uma sociedade onde não existe igualdade econômica e as pessoas deixaram de ser vistas como cidadãs e passaram a meras consumidoras, estimuladas a um consumismo desenfreado que produz cada vez mais desigualdades, devemos buscar por uma fraternidade econômica, na qual as formas de se ganhar dinheiro sejam mais seguras, inteligentes e justas e que os indivíduos sejam respeitados e valorizados por suas diversidades culturais, já que o âmbito econômico nos faz perceber que somos totalmente interdependentes na medida em que as nossas necessidades são atendidas pelas capacidades de outras pessoas.

Quando desenvolvemos o senso de autorresponsabilidade, atitudes impensadas e impulsivas dão lugar a ações com propósito, deixamos de consumir as coisas pelo preço e buscamos o seu valor. A economia solidária, criada com base na cooperação, repensa a relação com o lucro e os meios de produção, dando lugar a atividades economicamente viáveis, socialmente justas e ambientalmente corretas, que geram trabalho digno, renda e diminuição das desigualdades. Com isso, atravessamos as pontes sociais e encurtamos as distâncias entre o mundo que temos e o que queremos construir.

Referências

BOS, L. *Confiança doação gratidão: forças construtivas da vida social*. 2. ed. São Paulo: Editora Antroposófica, 2020.

MELÉ, J. A. *Dinheiro e consciência: a quem meu dinheiro serve?* 2. ed. São Paulo: João de Barro Editora, 2017.

STEINER, R. *Economia viva: o mundo como organismo econômico único*. 4. ed. São Paulo: Editora Antroposófica, 2018.

6

O TAL DO "VENCER NA VIDA"

Ler ou ouvir uma história nos inspira, nos fortalece e nos faz acreditar que também somos capazes de transformar nossas vidas. Já me inspirei inúmeras vezes nas boas histórias que me fazem sair da zona de conforto e ir além. Desejo que um pouco da minha história de luta, de amor e alegria, de busca por igualdade de oportunidades e por independência financeira também o(a) inspire.

CLÁUDIA AQUINO DE OLIVEIRA

Cláudia Aquino de Oliveira

Natural de Uberaba, Minas Gerais, desde 1984 vive em Cuiabá, Mato Grosso. Bacharel em Direito, advogada inscrita na OAB-MT nº 7230, graduada pela Faculdade de Zootecnia de Uberaba-MG, Bacharel em Música e Licenciatura em Artes pela Faculdade Mozarteum de São Paulo. Primeira Presidente do SKAT – Sociedade Kuiabana dos Amigos do Turismo e, novamente hoje, pelo 2ª mandato, é Presidente, gestão 2019 - 2021. É mulher BPW – *Business Professional Women*, desde 2011, associada da BPW Cuiabá. A advogada é proprietária da Aquino Advocacia Sociedade de Advogados, com escritório em Cuiabá-MT, atuando em diversas áreas do Direito, em especial nas áreas de direito trabalhista, previdenciário e empresarial, prestando consultoria e assessoria jurídica para diversas associações e sindicatos patronais da cadeia produtiva do turismo. Foi Vice-presidente da Ordem dos Advogados do Brasil, seccional-MT, gestão 2013-2015.

Contatos
claudiaaquino@aquinoadvocacia.adv.br
Facebook: Cláudia Aquino de Oliveira
Instagram: claudiaaquinoo

Nasci e cresci em Uberaba, no interior de Minas Gerais, ouvindo meus pais dizerem que a maior herança que me deixariam seriam a educação e os "estudos". Eu tinha convicção de que, se estudasse muito e concluísse um curso superior, e teria grandes chances de *vencer na vida*.

A expressão é das décadas de 50 e 60, o maior prêmio de uma pessoa à época era *vencer na vida*, o que significava que a pessoa teve êxito, sucesso na carreira e na vida pessoal, que acumulou patrimônio, também conquistou o respeito da sociedade, razão do sucesso profissional.

"Comprei a ideia" e aproveitei todas as oportunidades que tive para estudar e, consequentemente, *vencer na vida*. Com nove anos, além da grade curricular da escola, iniciei o curso de piano no Conservatório Estadual de Música Renato Frateschi, em Uberaba (MG). Nove anos depois, eu estava graduando como Técnica em Piano. Durante os anos em que frequentei o conservatório de música, também cursei o Magistério de Educação Artística. Não bastando, no mesmo período, fiz o curso de inglês básico e o intermediário no Instituto Cultural da Língua Inglesa, tendo recebido os diplomas também em 1979. Aos 17 anos, já tinha conquistado três diplomas, com muito orgulho.

Eu tinha entendido o que os meus pais diziam e estava decidia a *vencer na vida*.

Em 1980, ingressei na Faculdade de Zootecnia de Uberaba e, pasmem, fiquei em 4º lugar na classificação geral do vestibular. Com a pontuação que eu fiz, poderia até me matricular na faculdade de Medicina. Vale ressaltar que minha mãe desejava que eu cursasse Direito e fosse magistrada. Mas é bom ficar registrado que ela nunca influenciou na minha decisão.

Já estava cursando zootecnia, mas eu também queria continuar com o piano. Assim, no mesmo ano, entrei para a Faculdade Morzateum de São Paulo e cursei Licenciatura em Artes, com opção para música e, ainda, bacharelado em Piano. As aulas dos dois cursos aconteciam aos finais de semana e a cada quinze dias, mais ou menos, minhas amigas e eu íamos para São Paulo, que fica a 480 quilômetros de Uberaba. E assim foi por três anos.

Minha vida se resumia praticamente aos estudos, o que absorvia quase todo o meu tempo. Em contrapartida, eu sempre estava entre as melhores alunas. Por outro lado, eu já buscava formas de ganhar meu próprio dinheiro, então por algum tempo fui professora de educação artística da rede estadual de Minas Gerais, lecionando para turmas da 1ª a 4ª série primária.

Abro aqui um parêntese para confidenciar que o dom e o prazer de ensinar sempre me acompanharam. Mesmo nos anos do colegial, me preparando para o vestibular e, nos últimos anos do curso técnico em piano, eu tinha meus alunos de aula particular de português e inglês.

Em dezembro de 1983, aos 22 anos, conclui essa fase da vida acadêmica e já tinha três cursos superiores e mais tantos outros diplomas. Eu pensava: "Estou a um passo de atingir o almejado sucesso profissional e *vencer na vida*, como mamãe gostava de dizer".

Mas a vida não é linear, nem tudo depende exclusivamente das nossas decisões e eis que nessa fase surge a primeira grande decisão que mudou o rumo da minha vida.

Falei até aqui da minha intensa vida escolar e acadêmica. E você deve estar se perguntando: nossa, mas Claudia só estudava? Não! Não mesmo! Sempre encontrei tempo para a minha vida pessoal, para o lazer, para os amigos, também para as viagens em família. E estou contando isso porque, na noite da minha colação de grau do curso de Zootecnia, em dezembro de 1983, fui pedida em casamento e fiquei noiva.

Passados sete meses, mudei-me para Cuiabá, acompanhando a família do noivo, para começar a organizar o tão sonhado casamento, que seria o resultado de sete anos de relacionamento, entre namoro e noivado, também para começar a trabalhar. Como não éramos casados, apesar de eu ser aventureira e corajosa, era muito tradicional. E vim para o Mato Grosso sob a responsabilidade do meu cunhado e morei na casa de uma tia do meu noivo.

Já adianto aqui que esse casamento, marcado para junho de 1985, não aconteceu, faltando 30 dias para a cerimônia. Dias antes de distribuir os convites, com tudo pronto, eu rompi o noivado. Naquele dia eu tomei as rédeas da minha vida e comecei a fazer as minhas escolhas, independentemente da aceitação e aprovação da família ou de qualquer outra pessoa. Ato esse que julgo de muita coragem e arrisco dizer que tem a cara da mulher que é "dona da p**** toda".

Considero essa a segunda decisão mais importante tomada até então. Imagine, não é comum uma noiva, que mudou para uma cidade de outro estado, acompanhando o futuro marido, desmanchar um casamento, com tudo pronto, faltando apenas 30 dias para subir no altar, para o tão sonhado SIM. Nesse momento, eu entendi que para *vencer na vida,* além de estudar, era preciso coragem.

Estabelecida em Cuiabá, enquanto aguardava uma oportunidade para atuar como zootecnista, eu comecei a trabalhar no departamento administrativo de uma empresa de autopeças. Confesso que eu me encantei com o trabalho. Foi a primeira e única vez que tive a minha carteira de trabalho assinada.

Nessa empresa, conheci e me apaixonei pelo homem que viria a ser meu marido. Ele era um dos sócios e, em outubro de 1986, nos casamos e constituímos uma linda família. Tivemos dois filhos, meus maiores tesouros: Thales Oliveira Pereira e Talita Oliveira Pereira.

Ficamos casados por quase dez anos e, durante esse período, fui esposa, mãe, dona de casa, funcionária na autopeças, exerci a atividade de zootecnista e fui professora de piano no Conservatório de Música de Brasília, porque moramos quase dois anos lá. Perceberam que eu, ao longo desses anos, coloquei em prática todas as minhas formações – zootecnista, professora e pianista –, inclusive realizando vários recitais?

Quando voltamos de Brasília, eu, com um sócio, Sr. Dito, abrimos uma empresa, a Terrafértil e iniciamos um trabalho de produção de húmus de minhoca. A produção era vendida para os supermercados de Cuiabá, para viveiros, e até para culturas de milho irrigado. À época, a empresa era a maior do estado.

Em meados de 1995, a cultura de minhoca estava em alta e o SEBRAE-MT criou um curso de minhocultura. Todo mês iniciava uma turma nova e fizemos uma parceria. A última aula do curso era uma aula prática que acontecia na chácara, na sede da nossa empresa.

Com essa parceria e com a produção, ganhamos visibilidade no mercado, e eu passei a dar muitas entrevistas para Globo Rural e Manchete Rural. Cheguei até a ser indicada para um prêmio muito importante da época: "Bamerindus – Gente que Faz".

Porém, como tudo na vida tem ônus e o bônus, as consequências dessa visibilidade não foram boas e abalaram meu casamento. Quando percebi o que estava acontecendo, tive que escolher entre o trabalho e o casamento, optei pela família. Decidimos, então, no final do ano de 1995, que encerraríamos as atividades da empresa. E o último dia de funcionamento da Terrafértil foi em 31 de janeiro de 1996.

Até então, eu me sentia muito realizada, a alegria era minha companheira diária e eu me considerava uma pessoa muito feliz, muito realizada. Eu tinha vencido na vida. Porém, para a minha surpresa, do dia para noite perdi o chão, quando, inesperadamente, meu marido pediu a separação. Meu mundo desabou naquele dia.

A parti daí, eu era uma mulher jovem com duas crianças pequenas, de cinco e sete anos, sem o marido que na época era o meu amor, e sem nenhum parente por perto. Sim, até hoje meus parentes, em Cuiabá, são minhas amigas e meus amigos. E graças a Deus tenho muitos.

Aqui abro mais um parêntese: na infância, eu li o livro *Pollyana*, de Eleanor H. Porte, e foi com aquela menina órfã que aprendi o "jogo de contente". Desde então, sempre busco o lado bom das coisas e encontro forças, motivação e alegria para seguir. Garanto-lhe esse jogo funciona!

Em meio a esse turbilhão de sentimentos e de emoções, concluí que eu precisava voltar a estudar. Eu precisava fazer um curso que pudesse me trazer independência financeira para garantir um futuro para mim e para meus filhos. Algo que dependesse apenas do meu esforço para dar certo.

E qual foi a minha decisão?

Eu disse a mim mesma: vou prestar vestibular para Direito. Vou ser a melhor aluna da turma. Terminando o curso, vou prestar concurso e serei Juíza de Direito, como minha mãe sonhou um dia.

E foi o que fiz e busquei nos cinco anos seguintes. Não refutei nenhuma oportunidade de trabalho que me apareceu nos momentos em que eu mais precisava. Trabalhei alguns meses na imobiliária de uma colega da faculdade de Direito, depois trabalhei no supermercado Biglar e logo passei no concurso para oficial de justiça do Fórum de Várzea Grande. E estando lá, também estagiava em um escritório de advocacia e ainda era vendedora externa da livraria Janina.

Com essas fontes de renda e mais a pensão alimentícia, durante cinco anos do curso de Direito, eu me dediquei e me entreguei de corpo e alma aos estudos. Em julho de 2001 concluí o curso, recebendo a placa de melhor aluna da turma, da qual eu tenho um imenso orgulho. Até aqui tudo estava saindo como o programado.

Dediquei-me tanto durante o curso que, no baile de formatura, em agosto de 2001, eu já havia passado na primeira fase do exame da ordem. E na sequência, fui aprovada no temido exame da OAB.

Tão logo consegui que a Dra. Maria Erotides Kneip, minha amada mestre, me exonerasse. Eu requeri a minha carteira da Ordem. Ela era a diretora do Fórum de Várzea Grande, havia sido minha professora de Direito Penal, fizemos muitos tribunais de júri, trabalhamos muito juntas nos plantões de finais de semana. E o sonho dela, que não era mais o meu, era me colocar a toga. Com meu estágio no escritório, eu me apaixonei pela advocacia. E eu não tinha nenhuma dúvida de que minha missão era advogar.

Inicialmente, eu e mais dois colegas de turma montamos um escritório e essa sociedade durou por quase dois anos. Em junho de 2004, parti para a carreira solo e constituí a Aquino Advocacia. Para minha sorte, meus filhos, Thales Oliveira Pereira e Talita Oliveira Pereira, são meus colegas de profissão.

A minha carreira, bem como a minha vida, é repleta de obstáculos superados, momentos de dificuldades, êxitos, empreendedorismo, muito sucesso e merece um capítulo à parte.

É uma bênção olhar para trás e ver que, após vinte anos da conclusão do meu quarto curso superior, conquistei o que mais desejava quando criança. Pude dizer *venci na vida*, e mais, tenho a felicidade de saber que caminham ao meu lado, além de Deus, meu filho e minha filha.

Como advogada, tenho um carinho especial pelo projeto OAB Mulher, do qual participei desde o início. Com esse projeto, pudemos empoderar e transformar a vida de inúmeras mulheres mato-grossenses. O projeto teve um resultado tão expressivo à época que chegamos a receber uma moção de aplausos no Senado Federal e ainda um convite para participar do Encontro Nacional da Advocacia, no Rio de Janeiro, em 2014.

Fazer parte do seleto grupo de palestrantes daquele evento fez meu coração explodir de felicidade. Eu, advogada com pouco mais de 10 anos de atuação, tinha vez e voz e estava sentada com ministros, desembargadores, juízes, promotores, procuradores, entre outras personalidades do meio jurídico. Para descrever esse dia e esse momento, apenas uma palavra: gratidão.

Corajosamente, depois de empoderar tantas mulheres, fui candidata à presidência da OAB-MT. Não ganhei as eleições, mas me senti vitoriosa pela coragem de me candidatar e por perceber que o propósito da minha candidatura se conectava com muitos colegas que acreditam no empoderamento da mulher.

Nesses anos de busca por espaço e igualdade de oportunidades, concluí que mulheres precisam confiar e acreditar em outras mulheres. Sim, nós somos capazes, temos competência e capital intelectual para ocuparmos toda e qualquer posição.

Meu coração é só gratidão por cada dia vivido, por cada obstáculo vencido e por cada conquista.

Desejo imensamente que a minha história, aqui contada brevemente, possa servir de inspiração para você. Se eu puder servir de força e motivação para uma mulher que seja, já terá valido a pena.

7

SAINDO DO FUNDO DO POÇO

Mentes bloqueadas por paradigmas acreditam que o fundo do poço não tem saída, se conformam com o que pensam e se permitem viver uma vida medíocre. Muitas pessoas querem uma mudança, mas se sentem perdidas e não sabem o que fazer. Nunca é tarde demais para buscar uma saída. É possível e ela existe. Como sei disso? Muito simples, as soluções só existem por conta dos problemas, ou seja, para cada problema existe uma solução.

CRISTINA LASMOVIK

Cristina Lasmovik

Assistente Social graduada pela Universidade de Tocantins (2013), com pós-graduação em Gestão de Projetos e Programas Sociais pela UCAM-Universidade Candido Mendes (Salvador/BA). Graduada em Letras – Inglês e Literatura – em 2018, pela Universidade Estadual da Bahia.

Contatos
lasmovik@hotmail.com
Instagram: Cristina_lasmovik
75 98164 4780

Saindo do fundo do poço

Ultimamente ouço muitas pessoas dizerem que estão no fundo do poço. Acredite, a maioria não sabe como foi para lá e não faz ideia de como sair de lá. Mas afinal, o que é o fundo do poço?

O fundo do poço ao qual estou me referindo neste texto nada mais é do que uma situação ruim que você está vivenciando e acredita que não existe saída. Eu afirmo que, por mais ruim que seja a sua realidade, existe uma saída, assim como também é possível afundar mais ainda. Tudo depende de você acreditar no poder transformador e realizador que existe dentro de você.

Mas o que realmente importa nesse momento não é saber o que o levou até o fundo do poço. O que realmente interessa é saber o que fazer para sair dali. Pode ser mais simples do que você pensa, porém difícil. Para início de conversa, sugiro a você pensar diferente, fazer coisas diferentes para ter resultados diferentes. Que tal essa sugestão? Pense comigo, tudo o que você vem fazendo tem o levado para a sua realidade. Se está bom para você, ótimo, continue fazendo as mesmas coisas; se está ruim, faça diferente e terá resultado diferente. Isso é uma questão de lógica.

Nossos paradigmas não nos permitem enxergar de fato como as coisas realmente são porque acreditamos em coisas que nós mesmos nem sabemos porque acreditamos, apenas ouvimos nossos pais falarem. Nossos pais ouviram os pais deles dizerem e, assim, sucessivamente. Nessa situação, não existem culpados, apenas não fomos educados para usar o cérebro, ou seja, pensar por nós mesmos. Além de tudo, somos educados a agir de acordo com o modelo que a sociedade implantou pelas mídias e outros meios de manipulação de forma sutil.

É muito importante entender que não há problema fora de você. Todo problema que existe está dentro de você. Parece louco, eu sei, mas é real. Possuímos uma mente e devemos aprender a utilizá-la. Temos dois tipos de mentes: o consciente, ou seja, o racional, e o subconsciente, o irracional. Pensamos com a mente consciente e o que quer que comumente pense será absorvido por sua mente subconsciente, que cria imagens de acordo com a natureza dos seus pensamentos. O subconsciente é a saúde de suas emoções, também a mente criadora. Segundo Joseph Murphy, se você pensar coisas boas, acontecerão coisas boas. Se pensar coisas más, acontecerão coisas más. É assim que a mente funciona. A mente consciente nos permite pensar, raciocinar, tomar decisões. E a mente subconsciente absorve tudo que você ouve, pensa e fala sem filtrar nada, apenas absorve e executa obedientemente. Sugiro que, a partir deste momento, observe bem seus pensamentos, eles vão fazer toda diferença para sua evolução e no seu desenvolvimento pessoal.

Fomos criados para viver com harmonia, paz, saúde, prosperidade e muita abundância. Esse foi o propósito do nosso criador quando nos criou. Caso você esteja vivendo o contrário, algo está errado e precisa ser consertado. Dentro de você existe um poder desconhecido para reverter a situação a seu favor. Precisa ser descoberto, afinal está escrito: "conhecereis a verdade e a verdade vos libertará". Tudo depende de você. Em que você pensa, acredita, onde e como está olhando para o problema e o que você faz para que o universo conspire ao seu favor. Precisamos acreditar na nossa mente, ela tem um poder extraordinário.

Neste capítulo vou sugerir seis passos importantes que utilizei para sair do meu fundo do poço que atingia as seis áreas da minha vida: espiritual, emocional, familiar, profissional, sentimental e material. Se deu certo para mim, pode dar certo para você também. Ficarei feliz e grata por contribuir com sua transformação.

Decisão – passo 1

> *Presunção é uma névoa que envolve o verdadeiro caráter de um homem além do que ele possa enxergar. Enfraquece sua capacidade inata e fortalece todas as suas inconsistências.*
> NAPOLEON HILL

O primeiro passo para sair do fundo do poço é reconhecer o lugar que está, decidir sair e pensar para onde quer ir.

Enquanto você não decidir realmente sair de onde está, é porque não está doendo o suficiente. A dor está suportável, pode afundar mais um pouquinho. Quem sabe doendo mais, talvez você decida sair.

A procrastinação, o oposto da decisão, é um inimigo comum que praticamente todas as pessoas precisam dominar. A falta de decisão leva a maioria dos homens e mulheres ao total fracasso em determinada área de suas vidas ao estar buscando sucesso. Geralmente são aquelas pessoas fáceis de serem influenciadas por opiniões dos outros. Permitem que fofocas, rumores, opiniões alheias formem seu pensamento. Quais são os seus pensamentos diários? Saiba que tudo o que você pensa, sente e acredita se replica. É inevitável, queira você ou não. Recomendo que faça uma análise de sua vida. Vai perceber porque sua vida está do jeito que está.

Confie em si mesmo para tomar suas decisões. Quando começar a colocar em prática, não confidencie suas decisões a ninguém, exceto para pessoas que você sinta harmonia e simpatia e que podem ajudar no seu objetivo. Muitas das vezes amigos, até mesmo parentes, podem nos prejudicar sem querer com opiniões. Isso pode detonar sua confiança.

Foco – passo 2

Para quem realmente decidir sair do fundo do poço, recomendo que tenha total clareza de onde está e aonde quer chegar. Trace uma meta. De início sua mente pode pensar que será difícil alcançar, mas quando você dividir sua meta em pedaços, sua mente entenderá que assim ficará mais fácil alcançar seu objetivo.

Quando você tem uma meta a cumprir e foca nela, nada o detém. Um namorado pode trair, um chefe pode desmerecer você, uma amiga rejeitá-la e vai estar tudo bem, porque você sabe exatamente o que quer e como vai fazer para chegar ao seu objetivo. Caso contrário, ficará muito difícil você vencer. Nossa energia vai para onde focamos. Pense onde e em que você está colocando seu foco.

Perdão – passo 3

O perdão é a chave da libertação do seu eu interior e libera seu campo energético. Sem o perdão, dificilmente você evoluirá. É necessário o perdão para curar e limpar mágoas, rancores e feridas enraizadas que só levam para o abismo mais e mais. É como tomar uma dose de veneno a cada dia até a morte. Enquanto não adquirir essa consciência, não sairá facilmente de onde está. Lembre-se de que perdão não é esquecer o que lhe fizeram de ruim, mas no ato da lembrança você não sentir mais o ódio. Quando nos colocamos na posição de vítimas, bloqueamos nossa evolução. Culpar não vai ajudar a resolver os problemas. Pelo contrário, vai afastar as soluções. Não existe culpa, existem escolhas e consequências, portanto faça bem suas escolhas. Quem planta espinhos, jamais colherá morangos. Temos esse livre-arbítrio. Se temos uma consciência harmoniosa, usaremos a nosso favor ou a favor da humanidade.

Quando abandonamos a necessidade de estar sempre julgando as coisas como boas ou más, certas ou erradas, sentimos um silêncio maior em nossa consciência. Entenda, o problema nunca vai estar no outro ou em algo. Sempre será você, porque é você que está permitindo que todas as coisas ruins aconteçam em sua vida. Perdoar é o maior ato de vingança que uma pessoa pode fazer. Costumo dizer: quer se vingar? Perdoe. Quando temos a capacidade de perdoar a nós mesmos e ao próximo, sem dúvida passamos para o próximo nível.

Fé – passo 4

Um desistente nunca vence, e um vencedor nunca desiste.
NAPOLEON HILL

Nossa mente subconsciente aceita todas as ordens dadas a ela em uma disposição de fé absoluta e age de acordo com essas ordens. Muitas vezes as ordens dadas precisam ser repetida várias vezes (afirmações positivas) até a mente subconsciente absorver e assim interpretar.

Escreva em um papel o que você precisa nesse momento para sair do fundo do poço, desde que sejam afirmações positivas (ex.: eu sou confiante, eu sou realizadora, eu sou criativa...), e leia duas vezes por dia. Não espere um plano perfeito para você alcançar seu objetivo, comece a se ver e sentir como se seu objetivo já tivesse realizado. Sinta-se merecedora e sua mente subconsciente se encarregará de entregar planos que vão levar ao alcance na realidade. Portanto, fique atenta às inspirações da inteligência infinita e às intuições. Seja grata e coloque já em ação de acordo com o que você receber. Ter a certeza de que algo vai ser seu chama-se esperança. E sentir que este algo já é seu chama-se fé.

Ação – passo 5

Força de vontade e pensamentos positivos não são suficientes. Seja firme, determinada e decidida em querer mudar. Tenha um desejo inabalável e descubra seu propósito de vida. De nada adianta decidir, focar, perdoar, ter fé e não agir. É como nadar e morrer na praia. A ação é o principal passo para você sair do fundo do poço.

Está escrito: "levanta-te e anda que eu serei contigo". Faça o que precisa ser feito, coloque seu plano em ação e se imagine vivendo como se já estivesse alcançado seu objetivo. Tenha certeza de que Deus estará consigo. Caso contrário, mofará onde está (no fundo do poço). É importante saber que a generosidade faz parte do processo da sua transformação. É dando que se recebe, um princípio universal.

Gratidão – passo 6

Gratidão não é apenas agradecer: "Deus, muito obrigado!" Isso chama-se educação. Gratidão nada mais é do que sentir com toda sua alma a alegria dentro de você pelo que você é e possui. A expressão da gratidão é uma força poderosa que gera muito mais do que já recebemos. Sinta o alinhamento com o seu criador. Quando você ora, está falando com Deus. Quando você silencia (medita), Deus fala com você. Seja grato pelo pó de café, seja grato pela geladeira que você tem, mesmo que ela esteja vazia. Seja grato porque você tem uma geladeira, não se aborreça com sua atual situação. Saiba que é passageiro, assim como a noite e o dia. Você atrai do universo o que você emana. Por isso, emane amor, perdão, abundância e gratidão, e terá o retorno em dobro e será feliz. O que você está emanado para o Universo?

Acreditar em mim faz eu ser cada dia melhor. Sei que posso, sei que mereço, sei que sou capaz de realizar todos os meus sonhos, porque o meu criador me deu tudo o que preciso para ser quem eu nasci para ser.
CRISTINA LASMOVIK

Referências

HILL, N. *Quem pensa, enriquece: o legado.* Porto Alegre: Citadel Editora, 2018.

MURPHY, J. *O poder do subconsciente.* Rio de Janeiro: BestSeller, 2019.

8

NADA É DEFINITIVO

O objetivo deste capítulo é mostrar que, quando se quer algo com muita vontade, determinação e foco, o universo conspira a seu favor. Eu ainda era jovem quando percebi que tinha que fazer escolhas que, naquele momento, pareciam ser definitivas. Assim fiz e hoje sei que nada é definitivo. O tempero da vida é poder mudá-la, permitindo trocar o ritmo musical, ciente que existem escolhas que deixam sequelas para sempre, sejam boas ou ruins. A melhor sequela que a vida me deixou é minha filha, Thalyssa, com 30 anos, fruto do primeiro casamento. A pergunta que me faço é: por que será que fui convidada para fazer parte desta obra? Qual sequela terei? E eu mesma respondo: fui convidada porque sou dona da minha vida, faço minhas escolhas e sei conviver com as sequelas. Sou dona do meu destino, do meu sucesso, do meu fracasso, do meu cair e do meu levantar.

CRISTINA S. MAÍNI

Cristina S. Maíni

Foi modelo durante sua juventude e hoje é advogada formada, desde 1997, inscrita na OAB RJ, 2010, com escritórios na zona Oeste do Rio de Janeiro. Sua especialidade é em direito do consumidor, direito de família e previdência. Foi conciliadora no Juizado especial cível no bairro da Taquara, de 2015 a 2018, na cidade do Rio de Janeiro. Palestrante, empresária, dona do salão de festa Tô na pedra, situado em Pedra de Guaratiba.

Contatos
dracristinasouza@yahoo.com.br
Instagram: @cristinamaini
Facebook : cristinamaini

Determino aquilo que vou mudar.

Se fiz escolhas que me arrependi e que não consigo mudar de imediato, deixo-as de lado para que novas sobrevivam sufocando as velhas.

Não sou árvore, não preciso ficar no sol se quero sombra. Sou águia e posso voar alto. E assim você também pode. Quanto às sequelas, só o tempo me dirá.

Sobre mim

Muito jovem ainda, de origem pobre, filha de mãe solteira maluquinha, mas maravilhosa, tão especial que sabia que o melhor para minha criação não era sob os cuidados dela, e sim com outras três maravilhosas mulheres, Santa Gentil, Lourdes Rotondo e Carmem Rocha, registro aqui, apesar de serem falecidas, o meu eterno agradecimento.

Apesar de não fazer parte de uma família tipo comercial de margarina, nunca me queixei, nem tão pouco tive traumas por isso.

Com 18 anos, eu não tinha conhecimento que eu era muito mais do que eu via no espelho. Eu achava que só tinha beleza. Modéstia deixada de lado, eu fui uma jovem linda. Na verdade, eu nem era tão linda assim, mas eu acreditava que era. E é isso que faz a diferença. Enquanto hoje, jovens lindas se submetem a procedimentos para ficarem como "blogueiras", eu simplesmente me sentia estonteante.

O único problema é que eu achava que esta era a única ferramenta que eu possuía.

Fui atrás de ganhar a vida. Se eu soubesse o quanto eu tinha mais que beleza a meu favor, minha vida teria outro rumo. Mas isso não é um lamento, e sim um adendo, pois caso você não seja bonita saiba que temos tantas qualidades, nosso pote vem transbordando, apenas não enxergamos. Não sou prepotente, metida ou soberba, apenas não sou hipócrita, as pessoas me diziam que eu era linda e eu tinha espelho, e usei a beleza em meu favor.

O Show de Calouros

Me inscrevi no Show de Calouros do SBT. Mesmo sem cantar nada. Era um quadro onde duas moças, de maiô e salto alto, competiam uma dança. Andar de salto alto era um desafio que eu tinha que superar se eu quisesse vencer. E isso eu queria muito.

No dia que fui aprovada para integrar o quadro do programa, passei a treinar andar de salto. Era uma verdadeira comédia. O programa apresentado por Silvio Santos era líder de audiência.

Quando se quer algo, tudo coopera, mas cabe a você providenciar o resultado, foi o que eu fiz. Em cima do salto, eu andava desengonçada. E tinha apenas 30 dias para me especializar.

Em 1º de janeiro de 1981, foi ao ar o programa Show de Calouros, onde eu me apresentei dançando de salto alto; não só dancei, como o salto faz parte de minha vida hoje.

Tenho a certeza de que uma das ferramentas da mulher poderosa é um salto alto, não que ela não possa ser poderosa sem ele. Mas o salto facilita muito. Não é a toa que no filme *O diabo veste Prada*, Meryl Streep, como Miranda, aparece sempre em saltos lindíssimos.

Apesar de simpática, a outra candidata não foi vitoriosa, pois para ela faltava a certeza da vitória. Eu me via vitoriosa, mesmo que o resultado fosse negativo. Se você não se vê assim, ninguém verá. Essa é a diferença.

Essa vitória abriu portas para minha carreira, participei do grupo de dança de Jonhn Luiz e suas Sexy's Girls, fui integrante do grupo Água na boca, participei da "famosa banheira do Gugu", fiz revistas de lingerie, desfilei para grifes famosas, saí em escolas de samba e, ao final, fiz diversas capas de revistas. A última delas vou contar para vocês como foi; paralelo a isso nunca abandonei a faculdade de direito. Recebi muitos elogios e muitas críticas também. Aprendi cedo que você vale quanto pesa.

Quem me criticou até continuava pensando que fotografar nua é coisa de mulher desclassificada, mas ao me tornar financeiramente melhor, a crítica desapareceu.

Certo dia eu ouvi um papo, entre produtores, que uma atriz famosa não aceitou fazer um ensaio fotográfico nua nas ruas de Paris. E foi assim que me meti na conversa e logo eu era quem estava sendo cotada para fazer o referido ensaio ousado.

Marcos Mesquita, meu querido amigo e produtor, fitou os meus olhos e exclamou com alegria — Maíni, você pode ser presa, deportada, você tem ideia disso? Já estou vendo o Jornal Nacional, "Modelo brasileira, Cristina Maini, detida nas ruas de Paris completamente nua".

Confesso que me deu um gelo na barriga. Mas quando Marcos punha uma coisa na cabeça, ninguém tirava. Respondi:

— Completamente nua não! De luvas, chapéu e botas! Demos uma gargalhada gostosa e fomos à luta.

Sabíamos que tudo ficaria muito caro, levar fotógrafo, modelo, maquiador e produtor para Paris. Então, decidimos que só iríamos eu e o fotógrafo.

Tudo acertado, fomos à produtora para ver as passagens e acertos finais. Mas mudaram de ideia. Não confiaram que eu conseguiria fazer as fotos nua nas ruas de Paris em pleno dia, com pessoas transitando. Um sonho perdido. Fiquei muito triste, pois eu já visualizava as fotos, as revistas nas bancas e os programas de TV. Eu acreditava no sucesso, eles não.

Mas nem tudo estava perdido, decidimos bancar todo o ensaio e vender as fotos depois. O único dinheirinho que tínhamos usamos.

Já em Paris, me hospedei num hotel e Frederico (o fotógrafo) em outro, pois se algo desse errado, ninguém saberia onde estavam as fotos.

Na manhã seguinte, na hora marcada, chegaram o motorista e a limusine, como num filme.

Quando a limusine chegou, eu já estava maquiada, cabelos escovados, de sobretudo, botas de salto alto, luvas, chapéu, tudo preto, pode parecer exagero mas eu estava linda.

Frederico ia em outro carro a certa distância. Paramos então na entrada do maior museu de arte do mundo, o Louvre.

Limusine estacionada, à espera de Frederico se posicionar com a câmera e me dizer onde eu ficaria, apenas com gestos, não tinha como nos falarmos.

Atenção, luz, câmera ação, juro que essas palavras passaram em meu pensamento, eu incorporei uma atriz de Hollywood, em plena Paris.

Abri a porta da limusine, tirei o sobretudo, completamente nua, exalando autoconfiança e sensualidade, fiz diversas poses apoiada na limusine e sob o olhar do motorista que assistia a tudo pelo retrovisor do carro, com a cara mais assustada do mundo.

Frederico deu o sinal para irmos a outro local.

Seguimos para a famosa torre, lá não foi tão fácil assim, havia crianças próximas, eu não poderia fazer isso.

Mas tudo coopera, não é mesmo?

Eis que um vendedor de balões passava no local e chamou a atenção das crianças. Apressei-me a posicionar e os *flashes* ocorreram.

Depois da torre Eiffel, seguimos para a "boca" do metrô, para a Champ's Elysee, o Arco do Triunfo, os cafés parisienses, enfim nenhum lugar passou despercebido de nossa aventura.

Algumas mesinhas na calçada com pessoas idosas vestidas com seus cachecóis, tomando café e, do nada, surge eu completamente nua, sentando na mesa e sendo fotografada. Cheguei sem pedir licença, saí sem dizer adeus. Deixei apenas a fragrância de meu perfume.

Da detenção

Como nem tudo que reluz é ouro, minha aventura também teve alguns percalços.

Ao fotografar em frente ao Opera Garnier, local considerado um dos mais bonitos e importantes de Paris, fui flagrada pela polícia francesa.

A policial recolheu meu sobretudo e me entregou para que eu me cobrisse. Na verdade, eu acredito que pelos policiais do sexo masculino não havia objeção alguma em me conduzirem nua até a delegacia.

Já vestida e agora detida, circulei por boa parte da cidade luz, dentro do micro-ônibus da polícia, até chegarmos à delegacia.

E Frederico? Onde estaria? Sabiamente, sumiu como pó. E por conta de sua *expertise,* conseguimos trazer todo o ensaio para o Brasil. Quanto ao motorista da limusine? Disse que nada sabia. Mas se mostrou fiel e se manteve o tempo todo comigo enquanto eu era interrogada. Fiquei por lá umas seis horas. Meu receio era ser deportada, mas me lembrava da repercussão disso caso acontecesse, e isso me tranquilizava.

Depois de um longo tempo aguardando, fui liberada. Disseram que aguardaram por 6 horas, caso algum cidadão reclamasse de minha conduta, aí sim eu estaria com problemas. Para o hotel me levaram. No outro dia, estampava a manchete do jornal Lequipe: "Modelo brasileira nua na capital francesa".

Acreditava que tudo havia acabado, mas para minha surpresa, Frederico ainda queria a foto perfeita. Ele viu um Rolls-Royce vermelho estacionado bem em frente ao hotel, e lá estava eu novamente nua. Confesso que me senti diminuída perto da infinita beleza daquele automóvel.

Tão logo fizemos as fotos, saímos rápido daquele lugar. O motorista português, agora já era nosso cúmplice, corria com a limusine como se fosse um piloto de fuga de assalto a banco. Finalizamos nosso trabalho em Chamonix Mont-Blanc; pelo nome já dá para perceber que não é brinquedo não. Retornamos ao Brasil e, quando levamos o material fotográfico para editora Block, a revista *Ele e Ela* não titubeou em adquiri-lo. O final disso foi uma linda capa de revista, com o título: "Cristina Maíni nua em Paris".

9

UMA HISTÓRIA DE ESSÊNCIA, AMOR, CONEXÃO E LEGADO

Ao vivenciarmos uma experiência de entrega e presença, somos capazes de revolucionar nossos olhares e amadurecer a coragem para nos transformar. Neste capítulo, uma história de amor entre mãe e filha traz à tona o valor de um legado. É pelo refinamento da marca e da imagem pessoal que criamos uma realidade autêntica e conectada com nosso Eu e nossas virtudes mais genuínas e potentes.

DANIELA BACELAR

Daniela Bacelar

Empresária e estrategista de *branding* pessoal. É especialista em lançamentos editoriais de sucesso, ajudando profissionais a terem posicionamento estratégico para uma atuação com autoridade e resultados satisfatórios por meio da visibilidade com a sua escrita. É graduada em Estética, Beleza e Imagem Pessoal pela Estácio de Sá. MBA em Comunicação Corporativa (em curso). Facilitadora da metodologia LEGO *Serious Play*, é também *trainer* em Perfil Comportamental DISC. Formação em *life* e profissional *coach* (Brascoaching). Executiva internacional em *Personal Branding*, com formação em *Storytelling Marketing*. Autora do livro *Expresse seu potencial através da sua marca*, Coautora dos livros *A arte da liderança empreendedora e o coaching*, *Empreendedores digitais do século XXI*, *Coleção focos em Resultados/Oratória*. Idealizadora e organizadora do Projeto Livros que Marcam com o livro *Encontre sua marca* vol. I. Criadora do método "PFDI – Plano de Projeção Posicionamento, Fortalecimento Destaque de Imagem e Gestão da Marca Pessoal".

Contatos
www.danielabacelar.com
danielabacelar@danielabacelar.com
Instagram: @danielabacelaroficial
71 98816 3533

Cada livro, cada volume que vês, tem alma. A alma de quem o escreveu e a alma dos que o leram e viveram e sonharam com ele. Cada vez que um livro muda de mãos, cada vez que alguém desliza o olhar pelas suas páginas, o seu espírito cresce e torna-se forte.
CARLOS RUIZ ZAFÓN

Experimentamos a beleza de estarmos vivos quando nos damos conta do quão interrelacionais somos. Por natureza, nos constituímos na constante relação com o outro e é dessa força comunicativa que emerge o nosso crescimento humano. Só fluímos na vida quando tomamos consciência e estamos abertos para aprender com as histórias alheias.

Por isso, venho aqui dividir com você, leitor, um pouco da história que carrego, pois sei que é partilhando minha caminhada, difundindo meus ensinamentos, que estenderei minha mão ao outro. Ao ser capaz de revelar quem somos verdadeiramente, de escancararmos o nosso ser, permitimos que o outro também seja livre para se transformar.

Sempre tive como missão influenciar pessoas, porém foi apenas com o tempo que percebi a naturalidade e espontaneidade dessa minha característica altruísta. Revendo a minha história, vejo que faz total sentido o que faço e como as minhas atividades estão alinhadas com essa minha missão de partilhar.

Em minha trajetória, pude vivenciar como o *networking* me proporcionou aprendizado, me trouxe a gana de crescer com cada profissional que tive o prazer de trabalhar junto, sejam companheiros de *lives*, sejam entrevistadores, participantes de eventos. Na pandemia, tive a honra de, apesar de todas os delicados desafios vividos coletivamente, contribuir com meus talentos e habilidades. Iniciei um projeto de *lives* no Instagram, em que abordei mais de 200 assuntos de modo solidário. A repercussão desses encontros tem me estimulado a fomentar e difundir cada vez mais o conhecimento. É o que digo: o visual convence, mas é o relacionamento com o outro que conecta.

Sempre acreditei no autoconhecimento como a ferramenta mais importante e a chave para alta *performance* e sucesso pessoal e profissional. Por meio dessa caminhada de desenvolvimento pessoal que ajuda a nos conhecermos e, assim, sermos capazes de projetar uma melhor marca de nós mesmos. Desde que adentrei no autoconhecimento, todos os processos vividos até então têm sido profundamente ressignificados por mim.

Nos tempos atuais, a construção da figura de autoridade tem sido um caminho bastante valorizado para os que desejam ter reconhecimento em seu campo de atuação, mas tudo leva tempo. Quem olha para mim hoje, com um trabalho consolidado como *coach*, estrategista de marca pessoal, mentora e palestrante, com quase 20.000 seguidores em redes sociais, talvez não consiga enxergar a minha trajetória. Para honrarmos o presente, é preciso exercitarmos lembrar nosso passado. Como tudo começou em minha trajetória profissional? Vamos revisitar alguns passos dessa minha jornada desde o início. Eu, para descobrir minha marca atual, passei por processos de formação transdisciplinar e muita prática. Esse percurso exigiu autoconhecimento, definição de objetivos e posicionamento, que resultaram em dinâmicas e recursos transmitidas em meus treinamentos e mentorias.

Hoje ajudo pessoas a encontrarem suas marcas pessoais, focando em seus potenciais, pois compreendo o talento como uma facilidade natural que cada um possui. O aprimoramento dos pontos fortes é fundamental. Não tenha dúvida: você é a sua melhor marca.

Essência

Lembro-me de uma ocasião, ainda criança, em que eu e amigas criamos um grupo de dança *cover* das paquitas da Xuxa (ícones referências para as meninas brasileiras dos anos 80 e 90) e fomos oferecer nossos serviços no bairro onde morávamos.

O que aprendi desde lá é que técnica não é suficiente para despertar interesse, muito menos o caminho para o coração das pessoas. Tudo começa nos relacionamentos e, quando agregamos o fator conexão, as pessoas sentem-se apreciadas por nós e identificam uma vontade em comum que nos liga.

A principal fonte da minha missão é de produzir sistematicamente um conteúdo consistente, com clareza e coerência, de boa qualidade, que leve ao público informações confiáveis para promover a gestão da marca pessoal, ampliando e potencializando-a pelo seu propósito.

Este é mais um livro que compartilha a minha vida com minha querida mãe, Petronila Maia Bacelar, uma mulher especial que sempre reverberou amor e alegria por onde passou. Agradeço pela oportunidade de convivermos, com trocas genuínas de sentimentos, palavras e gestos em nosso dia a dia. Hoje sinto falta da sua energia contagiante e das nossas longas conversas. É inegável como Petronila era um espírito de luz, ao fazer nosso coração dançar em sua presença.

Legado

Muitas pessoas se debruçam sobre a tarefa de criar um legado, de serem lembradas para sempre, enaltecidas após a morte por algum feito. Mas, no final, o que importa não é o que fazemos na vida, nem o que as pessoas dizem ou pensam sobre nós, mas quem nós nos tornamos.

Todas as realizações pessoais podem ser superadas e esquecidas. O uso mais sábio do tempo é quando construímos um legado eterno. Você não veio ao mundo para ser lembrado, mas para cumprir um propósito nobre e sublime que ajudará no seu avanço e nos demais, a se preparar para a eternidade. Isso, sim, é edificante!

Ao encontrar seu caminho, a pessoa se torna mais positiva e motivada perante as questões da vida. Ela também se torna mais paciente e generosa, pois passa a se cuidar e a despertar sentimentos nobres, como empatia, senso de coletividade e amor ao próximo sem interesse, virtudes que minha mãe carregou por toda a vida. Assim, ao descobrir qual é o legado que você quer deixar, tudo começa a fazer mais sentido, principalmente as escolhas pessoais e profissionais.

A vida é um sopro. O sopro pode passar a qualquer momento e, por isso, devemos estar com as malas prontas para as impermanências da vida. Esteja sempre próximo da sua família, declame o seu amor profundo, pois a vida é passageira. Ela é uma eterna dança das cadeiras. Estamos dançando, mas não sabemos em qual momento vamos parar.

Não tenhamos medo de amar. Sejamos pessoas corajosas. Há de se doar sempre o melhor das pequenas às grandes ações. Ao darmos o que temos, com entrega e presença, ao amarmos cada gesto, dançamos a vida com um sorriso no rosto sempre com fé e esperança. Minha mãe era uma pessoa disponível a todos, com os acertos e erros que a envolviam assim como a todos nós.

Quero compartilhar com você uma história verdadeira para trazer à tona o legado que uma pessoa é capaz de deixar.

Conexão

Foram 26 dias intensos de uma mistura de medo e insegurança em penar na falta que a minha mãe faria. Sempre soube que este dia chegaria, mas nunca estamos verdadeiramente preparados. Após ler o livro *A morte é um dia que vale a pena ser vivido*, de Ana Claudia Quintana Arantes, pude encontrar o significado do porquê deveria ser assim. Em 13 de maio de 2018, no Dia das Mães, escrevi a seguinte publicação em meu perfil no Instagram. Veja a potência que as palavras possuem.

"Não existem palavras que são capazes de representar o amor entre a mãe e seu filho. Mesmo nos piores momentos, sei que você estará de braços abertos para me escutar e me dar conselhos, e que seu carinho incessante sempre fará com que me ajude e me guie pelo caminho correto da vida, mas espero que saiba que todo esse carinho e amor é reconhecido eternamente por mim, e espero estar ao seu lado até o último segundo de nossas vidas neste mundo. Um feliz Dia das Mães! Um eu te amo carinhoso de sua filha!".

Há 10 meses do encontro dela com Deus, de sua partida para uma vida melhor, pude compreender a genuína e eterna conexão que construímos e cultivamos juntas nessa relação de mãe e filha.

Na tarde de 4 de fevereiro de 2021, o médico me disse que o fígado de minha mãe estava no limite, mencionando as opções possíveis: intubar, fazer diálise ou investir em cuidados paliativos, pois não havia mais nenhuma forma de trazer de volta o órgão dela para suas funções normais.

Eu e meu irmão não hesitamos e optamos em lhe proporcionar alívio e conforto. Lembro nitidamente o médico respondendo: "serão os piores dias da sua vida, mas para a sua mãe é o melhor".

No decorrer das horas, fui vivendo essa angústia ao me deparar com a finitude da vida, com a possível falta que familiares e amigos podem fazer.

Minha mãe era evangélica e intercessora da igreja. Chamamos uma pastora para orar por ela, como era de sua vontade. Ao abrir a Bíblia, a palavra destacada foi de Apocalipse: "Conheço as suas obras, eis que coloquei diante de você uma porta aberta que ninguém pode fechar, sei que você guardou a minha Palavra e não negou o meu nome".

Em minha ignorância, não me sentia confortável em ver minha alma gêmea partindo. Lutei contra mim, falando para meu irmão que não gostaria de vivenciar este momento da sua partida, mas foi justamente eu que tive a bênção de estar com ela na hora da sua partida. Hoje já entendo melhor a magnitude da experiência vivida.

Dia 5 de fevereiro. Tive mais essa oportunidade de estar ao lado de minha mãe, dando valor ao seu rico legado construído de forma memorável. Como já sabíamos que estava chegando a hora da sua partida, solicitei aos familiares e aos amigos mais próximos para enviarem mensagens de áudio para ela. Foi duro demais para mim, mas creio que, para ela, ouvir tantas manifestações genuínas de carinho, de como ela fez a diferença na vida dessas queridas pessoas, aqueceu o coração dela.

Falei para meu irmão: "fique aí, pois não tenho condições de estar com minha mãe, já que via nitidamente a proximidade da sua partida por causa da diminuição de seus sinais vitais". Deixei a cargo dele a despedida, porém nem eu nem ele tivemos uma noite tranquila. Petronila resistiu a mais uma noite, de idas e vindas, com seus batimentos cardíacos entre 67 e 40.

O dia 6 foi o derradeiro. Levantei da cama já dizendo: "deixa eu ir ao hospital, porque minha mãe está me esperando para partir".

Quando cheguei, senti falta do seu sorriso, de seus olhos brilhando, de suas palavras gentis e afagas de sempre: "que bom que você chegou, meu anjo, minha boneca, minha princesa". Pude perceber ainda que ela estava ali ouvindo tudo, lúcida. Não sei dizer se lutando ou esperando a sua hora, mas fato é que estive por mais três horas junto dela. Quando peguei em sua mão e acariciei minha cabeça com ela, sabia que não teria mais aquele afago e carinho que só uma mãe pode conceder.

Às 10h05, quando minha filha Bela disse: "estou te esperando, volte para casa, eu te amo", foi naquele momento que liberei a vida de minha preciosa mãe. Uma lágrima saía do canto de seus olhos, pude perceber que ela estava se despedindo. Foi, então, que aceitei por amor.

Foi também quando conectei com Deus, ouvindo louvores que ela gostava, e a ler os salmos que ela lia, na vibração maior e sagrada que existe dentro de nós. Sem precisar mostrar nada a ninguém, só senti aquele momento e entendi que precisava ser feito, mesmo que contrário ao nosso desejo.

Nos quinze dias finais, vínhamos fazendo preces, uma oração ao Pai-Nosso pela cura, mas quando vi que minha mãe já não se conectava mais, consegui entender que o melhor não era o que eu desejava naquele momento, o melhor era justamente aquilo que doeria tanto em aceitar.

Como Ana Claudia Quintana menciona em seu livro *A morte é um dia que vale a pena viver*, "Aliás, é algo que acontecerá independentemente do nosso desejo. Quando permitimos que aconteça o bem, aquilo flui, e é como se fosse um tempo vivido com todo o significado de amor do mundo. No momento em que estamos conectados com o outro e dizemos, do fundo do nosso ser, da nossa essência, 'que aconteça o melhor', isso é poderoso. Acontece o melhor, e é rápido".

Todas as doenças são parecidas, mas nossas experiências com a dor são próprias de expressões e comportamentos que nos são singulares. Cada ser humano é único com sentimentos próprios de cada um.

Foi quando coloquei a minha mão na cabeça dela, orei o Pai-Nosso e disse amém, minha mãe se despediu. Às 10h20, nosso horário, ainda assim fiquei olhando sem acreditar. Olhei para um lado, para o outro, não tinha ninguém naquele momento a não ser um médico. Chamei: "doutor, acho que minha mãe faleceu". Foi quando a equipe toda veio fazer aquele protocolo costumeiro de óbito.

Hoje compreendo que realmente a morte é um dia para ser vivido, e foi assim a de minha mãe. Por fim, o médico me chamou em um lugar reservado e me perguntou: "posso te abraçar? Você e sua mãe foram um exemplo de amor aqui no hospital. Ela não ficou nenhum segundo sozinha, foi bem cuidada, não teve nenhuma infecção nem bactéria. Eu gostaria que, no dia em que minha mãe partir, que seja igualmente como foi a despedida de sua mãe".

Nos últimos momentos de minha mãe e logo após seu falecimento, a equipe de enfermagem cuidou dela, deixando-a linda e cheirosa para o encontro com nosso Pai. A morte para o reencontro com o divino é a única certeza que temos.

Fazia exatamente um ano que entrava no mundo da marca pessoal e pude viver na pele o que sempre comungo com os profissionais da área. A ilustração desses derradeiros dias dela no hospital, 26 exatamente, vi todos ficarem apaixonados e impactados com a sua presença. Após o expediente, muitas pessoas a visitavam, mostrando as suas interações sempre positivas em direção a ela.

Quando amamos o que realmente temos, fazemos a diferença. Minha mãe sempre foi uma pessoa que não se importava com valores materiais, não ligava para roupas, casas. O que ela queria era estar bem, alegre, sorridente e feliz, sempre emanando o melhor para o outro.

Essa foi a história de um amor genuíno, puro e pleno de verdade, entre dois seres. Um amor que liberta, um amor que despede, pois qualquer outro sentimento deve morrer com o corpo, mas tudo o que aprendemos com a partida de alguém permanece sempre dentro de nós.

Legado

Acredito que todas as pessoas que fizeram parte algum dia da nossa jornada e que já foi para os braços do Pai continuam a fazer parte da nossa vida por causa de tudo o que vivemos com ela. Ela já é parte da nossa vida e sempre será.

Essas pessoas deixaram um legado, inspiraram, se tornaram exemplos. Acredito fielmente que todos nós estamos aqui por um propósito. Deus, com a sua sabedoria, nos fez diferentes e cada um tem uma impressão que lhe é íntima. Tenho certeza de que minha mãe não será esquecida, pois soube deixar valores muito especiais: caráter, sensibilidade, qualidade de vida.

Sigo com o meu propósito, levando o que aprendo, ajudando e compartilhando meu conhecimento. É isso que me faz enxergar a vida sempre por meio de novos ângulos, tendo consciência da sua natural transitoriedade, pois estamos continuadamente nos movimentando, seja em outra relação afetiva, seja em outro emprego, em outra carreira, em outro sonho de vida.

Autenticidade

Espero que a minha história, principalmente neste momento coletivo tão delicado que vivemos de pandemia, o convide, meu querido leitor, a uma viagem para dentro de si, a olhar-se de modo inteiro, em pé de igualdade com os outros seres humanos, e brotar em ti a consciência que, no caminho, só há duas certezas: o nascimento e a morte. Hoje compreendo e aceito que a morte é bela, porque é um ato sagrado.

Deixo aqui minha última reflexão: a imagem pessoal não é quem nós somos, mas é a imagem que podemos transformar. Esse é um dos principais pilares que norteiam minha vida pessoal e profissional. Antes de me tornar empreendedora, comunicadora, mentora e empresária, para além dos rótulos sociais, sou humana.

Sou uma mulher e, tal como tantas outras mulheres, sou uma guerreira.

Referência

ARANTES, A. C. Q. *A morte é um dia que vale a pena viver.* Rio de Janeiro: Sextante, 2019.

10

A IMPORTÂNCIA DA LIDERANÇA FEMININA PARA O MUNDO

Nos últimos anos, diversos movimentos e campanhas têm sido promovidos tendo como foco a igualdade de gênero, buscando conscientizar o mundo de que as mulheres são profissionais competentes, flexíveis, criativas, visionárias, inteligentes, motivadoras e influentes nos cargos de gerência e direção corporativa; e que muitos são os benefícios de se investir na liderança feminina, com destaque para o favorecimento da diversidade na equipe, desenvolvimento de um clima organizacional mais positivo e de inter-relações pautadas em uma maior empatia, que costuma ser natural na mulher. Contudo a disparidade salarial entre homens e mulheres, o preconceito de gênero, as abordagens machistas, a crendice de que os gastos da empresa podem ser maiores com uma liderança feminina devido a questões como licença maternidade, jornada dupla (conciliar as tarefas domésticas com as da empresa) e sensibilidade extrema decorrente das alterações hormonais são questões que ainda "pesam" na sociedade em geral, fazendo com que o percentual de mulheres em cargos de gerência continue inferior em relação aos homens que ocupam uma liderança.

DANIELA SEIXAS MOSCHIONI

Daniela Seixas Moschioni

Bacharel em Administração pela UFBA. É *Master coach, business and executive, leader, trainer* e consultora comportamental formada pelo IBC. Tem MBA em Gestão Empresarial & *Coaching* pelo IBC/Ohio University. Especialista em Recrutamento & Seleção por Competência e Relações Trabalhistas & Sindicais pela FGV. Trabalhou na área de Gestão de Pessoas e Responsabilidade Social em grandes projetos na área de engenharia e construção, como o Belas Business, em Luanda/Angola, o Projeto Submarino (junto à Marinha do Brasil) e o Parque Olímpico (junto ao Comitê Olímpico Mundial), no RJ. Desde 2016, atua como orientadora vocacional, *coach* de carreira & liderança, treinadora e palestrante. Atualmente reside na Flórida, na cidade de Winter Garden, onde fundou a empresa Better You Insitute na área de Desenvolvimento Profissional, apoiando estudantes que sonham em cursar uma universidade ou aperfeiçoamento nos EUA. É coautora das obras *Vida com propósito, As donas da p toda* e *O fracasso é apenas o que vem antes do sucesso* e do *Guia como estudar e morar nos EUA*, que reúne informações sobre intercâmbio, curso de idiomas, *colleges* e universidades para jovens que sonham em viver uma experiência nos EUA e buscam uma carreira internacional.

Contatos
byiusa.com
contact@byiusa.com
+1 407 233-8326 (WinterGarden, FL, EUA)

Apesar de todos os avanços e mudanças ocorridas nas últimas décadas, é possível perceber que a luta das mulheres por melhores condições trabalhistas e por direitos igualitários não tem sido fácil. Prova disso é que a procura pelo reconhecimento e igualdade de gênero impulsionou e ainda impulsiona vários movimentos feministas em prol da valorização das mulheres.

Esses movimentos se iniciaram, ainda que timidamente, no período colonial, quando a mulher não podia realizar nenhuma outra atividade além das tarefas domésticas, devendo ser totalmente submissa ao seu marido. Ao longo dos anos, esses movimentos têm ganhado força e promovido debates em prol da equidade, desconstruindo a imagem de que as mulheres só desempenham funções subalternas e valorizando o ser feminino. Apesar dos avanços já alcançados, ainda há muito a ser feito nas esferas sociais, a fim de que a mulher realmente obtenha seu espaço e seja devidamente valorizada e reconhecida.

Nesse contexto, pode-se também afirmar que os empreendimentos que desejam se manter competitivos e atingir resultados satisfatórios precisam oportunizar a construção de um mercado de trabalho mais equilibrado, por meio do protagonismo feminino e, consequentemente, da promoção da igualdade de gênero e da ocupação de um número maior de mulheres em cargos gerenciais.

Somente ao analisar a luta feminina por seus direitos e a sua evolução ao longo da história, pode-se compreender melhor por que é tão importante que as mulheres ocupem cargos relevantes nas cadeias de comando de organizações públicas e privadas.

Igualdade de gênero nas empresas

A ideia da família patriarcal fortaleceu por muitos anos a prática de dominação entre os sexos e contribuiu para o desenvolvimento de uma cultura altamente machista, na qual muitos homens consideravam a mulher como alguém inferior, frágil ou uma de suas propriedades. Nessa visão masculina, a mulher representava um ser com menos direitos, devendo ser dominada pelo homem, que teria o direito de tratá-la de qualquer maneira.

A relação entre gênero e função social, com deveres e limitações ensinados desde o nascimento de cada criança, indicava que as crianças do gênero masculino deviam praticar atividades que envolviam a força e receber uma educação formal para se tornarem o provedor de suas famílias. Já as meninas eram educadas para assumirem tarefas domésticas e para a criação dos filhos, sendo que esse tipo de trabalho, não remunerado, não proporcionava às mulheres qualquer tipo de autonomia para construir seu próprio futuro. Ou seja, elas precisavam se casar para ter um provedor que lhe desse o sustento; o que também as isolava socialmente, pois não tinham direito de participar e contribuir com o mundo e a sociedade.

Nesse sentido, os conceitos de dominação foram por muitos anos reforçados e as desigualdades existentes entre homens e mulheres se tornaram uma realidade que deixou sequelas, mesmo depois de décadas.

A busca das mulheres por melhores condições trabalhistas e por direitos igualitários não foi uma empreitada fácil. O reconhecimento pela igualdade de gênero impulsionou vários movimentos feministas em prol da valorização das mulheres. Quando a mulher percebeu que poderia sair da situação de vulnerabilidade em que se encontrava, lutando por sua inclusão na sociedade civil e por direitos igualitários, iniciou-se uma fragmentação da mulher na sua conjuntura passiva, como apenas cumpridora de padrões preestabelecidos, para sua projeção na sociedade, declarando que todos são iguais perante a lei.

Razaboni (2014, p. 03) manifesta que "a luta das mulheres por direitos, independência e emancipação é antiga, tendo em vista que os movimentos feministas remetem ao século XVIII, com o advento da Revolução Francesa e ascensão de ideias iluministas [...]". Porém, Oliveira (2014) destaca que o feminismo é um movimento moderno, que surgiu a partir das ideias iluministas que envolveram os anos de 1680 a 1780; e continuaram a emergir durante a Revolução Francesa (1789-1799) e a Revolução Americana (1775-1781). Seu foco principal é reivindicar os direitos sociais e políticos do público feminino, ao mesmo tempo, nota-se que:

> Foram poucos os pensadores da época que absorveram estes argumentos e passaram a defender a ampliação do papel feminino. A maioria defendia as visões tradicionais sobre as mulheres, que reafirmavam que estas eram inferiores aos homens nas faculdades cruciais da razão e da ética, devendo por sua vez ser subordinadas a eles. A ideia de que as mulheres deveriam ser modestas, silenciosas, castas, subservientes era amplamente divulgada. (CARVALHO, 2011, p. 147).

Isso ratifica que a mulher era vista como um ser inferior ao homem, que deveria ter pouca visibilidade na sociedade, com uma atuação que deveria se ater ao ambiente doméstico, isto é, aos cuidados com a casa, com os filhos e com o marido. E tal visão não era apenas por parte dos homens, uma vez que as próprias mulheres (especialmente as mais velhas e com criação mais rigorosa) tinham preconceito contra aquelas que não seguiam os padrões de vestimenta e comportamento socialmente condizentes com a figura feminina na época.

Oliveira (2014) descreve que os primeiros indícios do movimento feminista ocorreram durante a Revolução Francesa, por meio da publicação do livro *Uma defesa dos direitos da mulher* (título original: *A Indication of the Rights of Woman*), da escritora britânica Mary Wollstonecraft, considerada uma das pioneiras da modernidade feminista. Essa obra aborda não apenas a legitimação e amplitude dos direitos políticos para as mulheres, enfatizando maior atenção ao direito à educação, como também reivindica direitos trabalhistas e outros direitos para a classe feminina.

Um dos grandes indicativos dos avanços rumo à participação feminina no mercado formal ocorreu ainda nos séculos 18 e 19, com a Revolução Industrial. Contudo, as condições de trabalho eram precárias e afetavam crianças, idosos e mulheres de modo contundente, expondo-os a um contexto degradante. E vale aqui mencionar que as guerras mundiais contribuíram para muitas mulheres deixarem seus lares e trabalharem fora, afinal, várias delas ficaram viúvas, pela morte de seus maridos soldados, ou precisaram assumir as contas para prover o sustento dos homens que voltaram mutilados ou com sequelas que impossibilitavam o trabalho.

Assim, após a Primeira Guerra Mundial, a inserção das mulheres nas organizações ganhou força com a popularização do movimento sufragista, que tinha como principal bandeira a extensão do direito ao voto (sufrágio) para o público feminino.

Receber educação formal e exercer a carreira para a qual havia estudado eram outras causas defendidas por elas, que alcançaram uma vitória expressiva na Nova Zelândia, em 1893, com o direito ao voto feminino. Com isso, os movimentos feministas passaram a proporcionar resultados positivos para as mulheres, envolvendo a participação desse público nas mais diversas esferas sociais, fazendo com que a cidadania feminina ganhasse terreno por meio de lutas que se basearam no alcance de condições de igualdade.

Na visão de Carvalho (2011), o movimento feminista está diretamente relacionado às "Conferências Mundiais das Nações Unidas", como a de Copenhague (1980), Nairobi (1985), Declaração de Pequim (1995), Beijing (1995), "Mulheres 2000: Igualdade entre os Sexos, Desenvolvimento e Paz no Século XXI" (2000), 58ª sessão da Comissão sobre o estatuto das mulheres (CSW58 - 2014) e Agenda 2030 (2015) que possibilitaram "[...] o fortalecimento das questões de gênero, buscando a discussão de ações coletivas e estratégias para a formulação e implementação de políticas públicas voltadas para tal objetivo". (CARVALHO, 2011, p.147).

De modo geral, nota-se que da Conferência de Copenhague até a Conferência de adoção da Agenda 2030 para o desenvolvimento sustentável, muitos avanços foram alcançados, dentre eles os direitos de: liberdade, voto, participação na política, educação, renda, viver em uma sociedade livre de discriminação e violência, capacitação e igualdade de gênero. Mas cabe aqui ressaltar que as primeiras ideias feministas surgiram no século XIX, em um período denominado como modernidade. Mas foi durante o século XX, no chamado "Feminismo Liberal", que o feminismo adquiriu uma vertente mais crítica, com novos desafios e propostas, pois envolveu pesquisas acadêmicas, reflexões, lutas radicais e temas sobre violência sexual, sexualidade e direitos sobre o próprio corpo.

Como a maioria das constituições e legislações mundiais consigna promover o bem de todos, sem preconceitos de origem, raça, sexo, cor, idade e de outras formas de discriminação, percebe-se que a igualdade apregoada nas leis possui um relacionamento qualitativo que pressupõe uma diferença entre as coisas que estão sendo comparadas.

Desse modo, percebe-se que a igualdade "completa" ou "absoluta" não existe, pois os objetos não idênticos nunca são completamente iguais; eles se assemelham, mas não se igualam. De tal modo, o tratamento igualitário nem sempre é possível, já que uma pessoa pode necessitar de algo que a outra não precisa. Todavia, essa igualdade significa dizer que, se as duas precisarem de uma mesma coisa, elas terão o mesmo tratamento e acesso para receber. É o princípio da isonomia no direito, o qual assegura que todas as pessoas são iguais perante a lei, considerando sua condição diferente. Isso é traduzido na frase: "tratar desigualmente os desiguais, na medida de sua desigualdade".

A igualdade formal é a ideia de que o direito não diferencia ninguém. Por exemplo, quando a Constituição determina que "homens e mulheres são iguais em direitos e obrigações, nos termos desta Constituição" (art. 5º, I), está estabelecendo igualdade formal entre homens e mulheres. Por outro lado, quando criamos uma norma jurídica como a Lei Maria da Penha (Lei 11.340), que reconhece a situação de vulnerabilidade da mulher em relação ao homem e cria dispositivos especiais para protegê-la, estabelecemos isonomia – igualdade material – entre homens e mulheres.

Como os termos liberdade e igualdade são valores em constante conflito um com o outro, tendo em vista que há mais de uma maneira de pensar sobre a liberdade e mais do que uma maneira de pensar sobre a igualdade, Silva (2008) percebe que falar sobre igualdade envolve abordar duas concepções centrais diferentes. A primeira é a igualdade formal, que é a igualdade que vem da forma das instituições. Um exemplo de igualdade formal é a igualdade perante a lei: todas as leis aplicam-se igualmente a todos. A igualdade formal é um princípio central da tradição liberal clássica e compatível com a liberdade individual.

A segunda concepção de igualdade apresentada por Silva (2008) é a igualdade material ou substantiva, que garante que as pessoas devem ser iguais em aspectos materiais, como riqueza ou recursos. A igualdade material representa desafios reais para o liberalismo clássico e, também, enfrenta desafios próprios. Os três grandes desafios da igualdade material são: medir e alcançar o que cada indivíduo precisa, com o mesmo nível de eficiência; considerar a interferência na diversidade humana, uma vez que os seres humanos têm diferentes talentos, interesses distintos e valores desiguais, que em uma sociedade livre se refletem em uma variedade de bens e atividades que os indivíduos adquirem e seguem.

A igualdade material e formal são acepções consagradas que se completam. Enquanto a igualdade formal significa que a norma jurídica não pode estabelecer diferenciações entre os indivíduos, salvo quando constitucionalmente autorizado, a igualdade material (norma jurídica) busca garantir aquilo que é justo, de modo a possibilitar que os sujeitos disponham das mesmas oportunidades de se desenvolver nos planos intelectual e físico. Com base nisso, entende-se que esses dois tipos de igualdade afetam diariamente a vida das mulheres de modo geral, uma vez que a aplicação de regras quando os grupos são desiguais gera resultados desiguais.

Isso significa que a igualdade formal, que é uma crença de que, para ser justo, as pessoas devem ser consistentemente ou igualmente tratadas o tempo todo, é essencial para que a mulher tenha direitos iguais, inclusive no âmbito trabalhista. Por sua vez, a igualdade substantiva, que vai além do básico de reconhecer a igualdade de todos e identifica diferenças entre grupos de pessoas com o objetivo a longo prazo de maior compreensão, também é primordial, pois visa garantir que a mulher não só tenha suas particularidades respeitadas, mas também acesso a oportunidades análogas.

Nesse sentido, nota-se que, atualmente, mesmo com as diversas transformações sociais, dentre elas as conquistas femininas traduzidas em uma suposta igualdade de gêneros, na obtenção de direitos e liberdades que tornam a mulher mais independente, ainda são raros os casos de mulheres em cargos de liderança, sendo que muitas das justificativas para que determinadas posições sejam ocupadas por homens são infundadas e/ou pouco convincentes.

Vantagens do protagonismo feminino

Como já mencionado, há alguns anos, era muito difícil ver uma mulher ocupando uma posição de liderança nas organizações; mas isso tem mudado (a passos lentos) nas últimas décadas, em decorrência das diversas iniciativas e movimentos feministas a favor da igualdade de direitos, inclusive no mercado de trabalho. E como a liderança corporativa pode ser compreendida como uma competência estratégia e/ou habilidade para motivar, inspirar e comandar um grupo de pessoas (equipe) a fim de atingir determinados resultados, entende-se que o papel de um líder, que é orientar o caminho a seguir para pessoas que trabalham em prol de um mesmo objetivo, pode ser perfeitamente realizado por uma mulher, afinal, assim como o homem, ela possui total autonomia, disposição e capacitação para liderar.

Por sua vez, o conceito de liderança feminina traz um entendimento ainda mais profundo, tendo em vista que, para as mulheres se tornarem líderes, elas precisam atender a um grau de exigência muito maior do que os aspirantes a líderes do sexo masculino. Portanto, o conceito de liderança feminina agrega com ele a luta das mulheres pela sua participação em áreas, cargos e funções que, tradicionalmente, o sexo feminino não tinha acesso. E, justamente por não terem acesso, a sua conquista tem sido mais árdua, mesmo sendo notório que o estilo de liderança feminino engloba questões importantes como criatividade, inovação, resiliência e humanidade, por serem caraterísticas que a maioria das mulheres tem a seu favor.

Hoje é possível encontrar grandes líderes femininas em diversas áreas, inclusive naquelas que antes eram dominadas exclusivamente por homens. Mas a situação ainda está longe de ser igualitária, afinal, no início do século XX, quando as mulheres entraram para o mercado de trabalho formal, sua atuação se manteve restrita a cargos auxiliares, passando por transformações apenas em meados do século 20, quando suas conquistas se expandiram para o campo educacional, com diversas mulheres completando o ensino superior, inclusive no Brasil.

Essa capacitação técnica, somada a atributos como mediação de conflitos, adaptabilidade e sensibilidade, tem popularizado a liderança feminina atualmente e foi consagrada pela Constituição de 1934, quando, legalmente, a mulher passou a exercer o seu direito de voto. E no decorrer do século XXI, os cargos de liderança passaram a ser repassados para uma figura feminina por serem indivíduos mais cuidadosos em suas tomadas de decisões, o que faz com que a deliberação se torne não só mais assertiva, como também mais humanitária e justa. Além disso, é possível citar que:

- as mulheres são substancialmente mais propensas do que os homens a perceber o ambiente altamente competitivo e tendencioso, lidando melhor com as adversidades;

- o sexo feminino é mais qualificado para determinadas tarefas, por ser mais detalhista e disposto a realizar um trabalho transparente e eficiente;
- as lideranças femininas são menos competitivas e mais avessas ao risco do que seus homólogos masculinos;
- as mulheres reagem mais negativamente do que os homens a práticas ilícitas e a injustiças;
- como as mulheres costumam ser responsáveis pela maioria das tarefas de acolhimento de crianças e tarefas domésticas, elas são mais carinhosas, compreensivas e humanas, estando mais aptas para desenvolver estratégias de melhorias sociais.

Apesar das vantagens citadas e da maior facilidade feminina para desenvolver *soft skills* e liderar, as mulheres continuam sendo minoria em cargos de administração e recebendo salários mais baixos que os homens (em média, 14%), segundo levantamento realizado pela OIT com 115 países e divulgado em 2020.

Um dos dados mais alarmantes nesse contexto foi apresentado na pesquisa "Sem atalhos: transformando o discurso em ações efetivas para promover a liderança feminina", fruto de parceria entre consultoria Bain & Company e o LinkedIn. Divulgado em 2019, o levantamento evidenciou que só 3% das cadeiras mais altas nas empresas do Brasil são ocupadas por mulheres. Apesar de 82% das mulheres e 66% dos homens considerarem a igualdade de gênero uma das prioridades das organizações, somente 41% delas e 38% deles relatam que as companhias onde trabalham tratam o assunto com essa ênfase.

Já um levantamento da Catho, publicado em outubro de 2020, constatou que mulheres em posições de liderança ganham 23% menos que os homens, em média. Elas também têm salário menor em outros cargos como: Coordenador (-15%), Especialista graduado (-35%), Analista (-34%), Especialista técnico (-19%) e Especialista operacional (-13%). Considerando que as mulheres sustentam financeiramente 45% das famílias brasileiras, o que se percebe é que tal diferença salarial é injusta, afinal, se for promovido equidade em relação ao salário dos homens, o ganho social poderá se tornar considerável.

Mundialmente falando, esse tipo de benefício foi medido por entidades como a Organização para Cooperação e Desenvolvimento Econômico (OCDE), que estima um aumento do PIB da ordem de US$ 6 trilhões se elas obtiverem equidade nos salários. Para o Fundo Monetário Internacional (FMI), o PIB global cresceria 35% com a igualdade de gênero nas relações de trabalho, indicando que as vantagens de apostar na diversidade de gênero vão além da esfera social, atingindo a rentabilidade das empresas.

Em sua edição 2020, por exemplo, o estudo "Diversity Matters", da consultoria McKinsey, comprovou que organizações que possuem equipes executivas com equidade de gênero têm 14% mais chances de superar a *performance* dos concorrentes. Aquelas em que os funcionários percebem maior equalização entre as oportunidades para mulheres e homens possuem 93% maior probabilidade de obter um desempenho financeiro superior ao da concorrência, devido a uma diversidade nas ideias, o que favorece a criatividade e o desenvolvimento de soluções inovadoras.

Desse modo, entende-se que, apesar de cada líder ter seu próprio perfil e suas particularidades, o mais importante é considerar que, apesar da mulher lidar com questões hormonais, maternidade e tarefas domésticas, não faz sentido reforçar estereótipos de que a liderança feminina é exercida com foco nas emoções, por exemplo, desconsiderando a parte racional. Prova disso é que, geralmente, há características que podem ser potencializadas quando uma mulher assume a equipe, departamento ou empresa, dentre as quais destacam-se:

- Acostumadas a lidar com uma série de demandas ao mesmo tempo, as gestoras tendem a dividi-las, pedindo auxílio à equipe; e essa abertura favorece uma postura semelhante entre os liderados, que passam a compartilhar problemas e soluções, construindo saídas diferenciadas a partir da colaboração;
- Buscando equilibrar vida pessoal e profissional desde cedo, as líderes compreendem a necessidade de flexibilização para resolver as questões do dia a dia. Por isso, têm vantagem na hora de enxergar respostas alternativas, modificar, contornar ou romper padrões e processos rígidos, afinal, o mais importante é impulsionar o resultado pela excelência;
- Quando o assunto é empatia (se colocar no lugar do outro, com base nas suas experiências pessoais), elas são *expert*; e uma das razões pode ser sua maior sensibilidade, que confere a capacidade de perceber as dores e necessidades alheias, pensando oportunidades de atendê-las. Partindo da escuta ativa, comunicação não violenta e flexibilidade, as gestoras conquistam a confiança do time e constroem relacionamentos de qualidade. Também é comum que tenham mais desenvoltura ao negociar com fornecedores, parceiros, investidores e clientes, o que confere uma vantagem competitiva relevante;
- As aberturas para *feedback* e ajuda mútua entre os funcionários proporcionam ambientes acolhedores, com clima agradável e que auxiliam na retenção de talentos. Isso ocorre porque, em geral, as mulheres adotam tipos de liderança menos autoritários, deixando de lado a agressividade para priorizar a harmonia e a produtividade no ambiente de trabalho.

Analisando tudo que foi abordado e levando em conta um estudo conduzido pela Caliper, uma empresa de consultoria credenciada, que analisou exaustivamente o estilo de 59 líderes femininas, conclui-se que, como a mulher em cargo de liderança acaba precisando trabalhar mais do que os homens para ter sucesso, a tendência é que ela contribua mais porque: não se deixa enjaular pelo estereótipo masculino (mas também não cria gaiolas alternativas), pois tem coragem de ser ela mesma; valoriza as diferenças (não apenas de gênero) em vez de tentar eliminá-las ou ocultá-las; está ciente de suas próprias características, muitas das quais são particularmente apreciadas pelos líderes do novo milênio (por exemplo, capacidade de ouvir, colaborar, motivar e demonstrar empatia); e tem consciência do valor que pode trazer para organizações, profissões, governo e administração pública, bem como na vida cotidiana.

Considerações finais

Analisando a história da luta feminina em prol de liberdade e direitos, foi possível verificar que foi criada uma conotação masculina para a palavra *líder*, principalmente porque atribuições densas, que exigem poder de decisão, firmeza e racionalidade, sempre estiveram associadas à figura do homem, como um ser mais duro, autoritário e de uma sociedade patriarcal. Apesar das vantagens para os negócios, pessoas e a sociedade, a liderança feminina ainda é alvo de críticas que não encontram justificativas, além de discriminação e outras barreiras que se impõem para as mulheres que decidem assumir uma equipe.

Assim, embora o número de mulheres gerentes tenha aumentado nos últimos anos, a igualdade de gênero nas empresas ainda é uma miragem, mesmo sendo várias as iniciativas e projetos de apoio à igualdade de gênero, entre eles a Agenda 2030 para o Desenvolvimento Sustentável, que é um programa de ação com 17 objetivos para as pessoas, o planeta e a prosperidade, assinado em setembro de 2015 pelos governos dos 193 países membros da ONU, que, em seu objetivo número 5, diz: "Alcançar a igualdade de gênero e empoderar todas as mulheres e meninas". Esse programa prevê uma série de intervenções, incluindo a garantia da participação feminina plena e efetiva e oportunidades iguais de liderança em todos os níveis de tomada de decisão na esfera política, econômica e na vida pública.

Neste período histórico de grandes dificuldades, em que as empresas se encontram perante uma situação econômica nacional precária e os trabalhadores procuram o diálogo e o conforto, devido ao longo tempo de isolamento social e dificuldades ocasionadas pela pandemia, o que se percebe é que o estilo de liderança "feminino", desvinculado do gênero, tem se tornado ainda mais atrativo devido a atitudes que estão ligadas à sensibilidade feminina, desenvolvida em relação ao contexto sociocultural e ao momento histórico.

Como abordado anteriormente, esse tipo de liderança feminina é gerado por um misto de habilidades como consciência de si e dos outros, excelente capacidade de comunicação, empatia, inteligência emocional, gentileza e paciência, essenciais para garantir justiça e inclusão. Por essa razão, viu-se que os principais desafios socioambientais interpostos para as mulheres alcançarem e se manterem em posições altas, que precisam ser vencidos urgentemente, incluem:

- o preconceito e o cenário de discriminação, por vezes, inconsciente, contra a liderança feminina, especialmente por causa da licença maternidade, que é considerada por muitos empresários como um período de ausência funcional que acarreta prejuízos financeiros e funcionais. Em outras palavras, a mulher é até bem aceita em alguns nichos – como na enfermagem e pedagogia – porém, encontra resistência ao almejar cargos estratégicos ou em áreas tradicionalmente masculinas, como tecnologia e finanças;
- a opção das gestoras por estilos flexíveis de liderança, o que dá suporte a um ambiente acolhedor e à cooperação no trabalho, mas faz com que haja muita discordância por parte daqueles que preferem seguir regras rígidas e gerentes mais controladores e centralizadores. Esses indivíduos têm dificuldade para ver as gestoras como líderes, questionando seu estilo de liderança, desautorizando-as

ou até apresentando comportamentos desrespeitosos para desqualificar sua posição como gestoras;

• a necessidade de flexibilidade e autonomia para atender as demandas de ordem pessoal, como as familiares, já que as mulheres precisam ter jogo de cintura para equilibrar essas questões a um cargo de gestão, a fim de atender as demandas em momento oportuno. E vale aqui destacar que, quando elas têm flexibilidade, se dedicam mais ao trabalho que os homens, dispondo do tempo necessário para solucionar as questões do dia, semana ou mês dentro do prazo;

• embora não costumem cobrar seu time em demasia, há mulheres que estabelecem metas altas para si próprias, tecendo críticas destrutivas em seu interior quando não conseguem atingi-las. Assim, muitas delas acabam nem assumindo uma posição de liderança por medo de falharem, de acumularem funções e não darem conta das responsabilidades. Esse também é um reflexo da pressão social para que cuidem da casa e filhos, o que significa que o trabalho não termina quando saem da empresa, pois ainda há uma jornada em casa. Para superar a autossabotagem, são necessários esforços para que elas se enxerguem como lideranças de qualidade e adaptem as metas ao que realmente é possível.

Vencendo tais obstáculos, é possível verificar que muitos são os benefícios da liderança feminina, sendo que há muitos exemplos de mulheres que são referências em todo o mundo, como:

• Angela Merkel, a primeira mulher a se tornar chanceler na Alemanha, é uma das figuras mais importantes da União Europeia, se destacando pelas medidas intensas no combate à crise provocada pelo coronavírus ao estabelecer o *lockdown* (fechamento total de locais públicos e restrições à circulação de pessoas);

• Michelle Obama, ex primeira-dama dos Estados Unidos, que se destaca por ser uma advogada negra e de origem humilde focada no trabalho social, carisma e em equilibrar os diferentes papéis sociais que a mulher escolhe exercer, tendo em mente que todas são seres em construção e devem seguir aprendendo por toda a vida;

• Camila Farani, também formada em Direito e que é um dos maiores nomes da liderança feminina no Brasil, do empreendedorismo e do investimento anjo, pois se tornou investidora serial, com grande representatividade na luta para superar os desafios e colocar mais mulheres em posições estratégicas.

Assim, conclui-se que a liderança feminina é essencial para melhorar a distribuição de renda, combater o preconceito e atingir a justiça social, mas que as desigualdades de gênero, posturas discriminatórias e ofensivas precisam ser banidas, não apenas do mundo corporativo, mas também do contexto geral da sociedade, para que todos os colaboradores, independentemente do gênero, encontrem motivação para adotarem comportamentos proativos no mundo do trabalho.

Referências

CARVALHO, D. J. A conquista da cidadania feminina. *Revista multidisciplinar da Uniesp*, Saber Acadêmico – nº 11, 2011. Disponível em: <https://bit.ly/2pAwh7H>. Acesso em: 15 set. de 2021.

OLIVEIRA, L. P. R. O movimento feminista: algumas considerações bibliográficas. In: *Anais do III Simpósio Gênero e Políticas Públicas*, ISSN 2177-8248. Universidade Estadual de Londrina, 27 a 29 maio de 2014.

RAZABONI, V. M. *O feminismo nas Relações Internacionais*. Universidade Federal da Grande Dourados, 2010. Disponível em: <https://bit.ly/36vApGu>. Acesso em: 15 set. de 2021.

SILVA, J. A. Curso de Direito Constitucional positivo. 32. ed. *Revista e atualizada até a Emenda Constitucional* nº 57. São Paulo: Malheiros Editores, 2008.

11

TAPA DO DESPERTAR

Uma menina mulher que passou de vítima de violência doméstica à DONA DA P**** TODA.

DANIELE ACÁSSIA

Funcionária pública estadual; advogada; mentora emocional; graduanda em violência doméstica e em *coach* emocional.

Daniele Acássia

Contatos
adv.danieleacassia@gmail.com
95 99123 7371

A lembrança ainda é muito viva em minha mente. Já era madrugada do dia 14 de janeiro de 2009. Ao levar aquele tapa, muita coisa mudou em minha vida. Resolvi me expor com intuito de ajudar. Se você, assim como eu, sofre ou sofreu violência doméstica, aqui é o seu lugar. Vou mostrar como é possível mudar esse quadro, deixar de ser vítima e se tornar a dona da p***a toda.

Assim como qualquer mulher me apaixonei, sonhei em casar, ter filhos e ser feliz, olhando assim parece mais um conto de fadas, mas para mim era simples alcançar tudo isso.

No meu caso não foi bem assim que o trem andou. No início parecia que ia dar certo, erámos dois apaixonados, mas a vida nos dá sinal de que estamos indo no trilho errado, somos nós que não queremos ver. Comigo não foi diferente.

Namoramos, fui traída, engravidei e, apesar da decepção, de todo sofrimento, perdoei.

Parece até que depois da traição fiquei mais apaixonada. Loucura, né? Mas é assim que justifico o porquê permaneci ao lado dele, planejamos casamento e juras de amor.

Sofremos um acidente, fiquei sem andar por seis meses. Minha prima teve traumatismo craniano, perdi minha vó, minha família o culpou e nosso casamento, que não estava bom, só piorou.

Mas eu não desisti, minha vida se resumia em fisioterapia, cursinho, horas de estudo em casa na madrugada, analgésico, gelo, lágrimas, oração e fé que nunca me faltou.

Passei no concurso estadual como Técnica em Enfermagem.

Ele, policial militar, trabalhava um dia e folgava dois. Ajudava com afazeres de casa e com o nosso filho.

Ele já tinha me traído com várias mulheres no município que estava lotado. Quando voltou para a capital não foi diferente, teve casos com outras mulheres também.

Em um almoço em família, todos reunidos, até que percebemos que faltava refrigerante e ele pediu para que eu pegasse o dinheiro em sua carteira. Não mexia em celular, carteira, bolsas, era uma mulher tranquila, mas...

Mulher tem sexto sentido e eu posso provar. Mexi um pouco mais na carteira e encontrei o número de um telefone. Meninas, sempre fui barraqueira, brigava onde tinha que brigar, acabava com a festa se necessário fosse.

Mas o almoço era da família dele. Respirei, guardei o número no meu bolso, peguei o dinheiro, entreguei a carteira e segui com a festa, bela, sorridente e com a cabeça pegando fogo.

Passados uns dois dias, tive coragem e falei: "Falando em traição, eu encontrei esse número na sua carteira. Posso saber de quem é?"

Ele, sem nem tremer a cara, respondeu: "você com certeza já sabe, pois já ligou pra ela".

Claro que ela disse que alguém ligou, pensei.

Mas ele logo em seguida disse: "Você esperou todos esses dias para me perguntar? Com certeza imaginou que eu estava traindo e aproveitou para fazer o mesmo. E decidiu acabar nosso casamento. Moraríamos na mesma casa, porém separados".

Eu fiquei perplexa, encontro um número escondido na carteira, vou tomar satisfação e sou largada. Como assim?

Fomos dormir e eu pensei que tudo aquilo era loucura demais para ser verdade.

No dia seguinte, fui para o trabalho. Eu chegava meio-dia e, às 13h, tinha que estar no hospital; ele fazia o almoço.

Pasmem, cheguei na correria em casa e ele não estava. Entre um banho e me arrumar às pressas, liguei para saber onde ele estava e perguntei onde estava o almoço.

Hoje escrevendo aqui, estou rindo, mas no dia do ocorrido eu fiquei em choque.

Eu: "Oi, amor, eu cheguei e você não está. Preciso almoçar para ir ao trabalho. Entro às 13h.".

Ele: "Ei, te vira, não sou teu marido. Não tenho que fazer teu almoço e nem ficar em casa à sua espera.".

Desligou o telefone. Meninas, eu fiquei literalmente sem palavras. Eu só chorava lembrando as palavras do dia anterior e percebendo que estava se tornando verdade.

Fui trabalhar sem condições e tentando entender o que estava acontecendo.

No trabalho só falei sobre esse assunto, chorei e o hospital inteiro ficou sabendo da minha situação matrimonial. Mais uma lição para a vida: os problemas, sonhos, conquistas não são para ser contados, e sim conquistados.

Conte para Deus e para quem, de fato, vai entender e ajudar, selecione bem.

Meus dias foram só piorando. Quem aqui também tem medo de dormir sozinha? Eu tenho.

Eu saía do plantão às 19h e às 7h tinha que estar na escola.

Em uma de nossas discussões, ele me disse que só havia voltado para casa porque tinha se arrependido de abrir mão da casa. E que agora seria diferente, ele brigaria até pelos talheres. Foi algo que marcou de verdade e me faz refletir até hoje: o quanto não conhecemos o ser humano. Ele que tanto julgou nossos amigos por fazer questão da casa, estava ali dividindo talheres.

Quando eu chegava em casa, ele estava na rua e eu ficava sozinha, sofrendo, pensando onde e com quem ele estava. E ainda o medo de dormir sozinha, passava a noite em claro chorando. Dias difíceis, quantas lágrimas e orações eu fiz naquele quarto. Com lágrimas nos olhos, lembro-me de uma ligação que fiz às 3h da manhã pedindo para que ele voltasse para casa e a resposta bem debochada e alta para que todos os amigos ouvissem foi: qual a parte do "eu não sou teu marido" que você não entendeu?

Mais uma noite em claro e muitas lágrimas e perguntando por que estava passando por tudo aquilo.

Não tinha coragem de contar para a minha família, era vergonhoso. Já estava assim por meses e minha família nem sabia que eu estava separada, muito menos passando por tudo isso.

Por amigas, fui aconselhada a não fazer mais sexo com ele. Acho que não contei que à noite eu era esposa e, durante o dia, ex.

Na tentativa de uma reconciliação, me submetia sem problemas, mas no dia 14 de janeiro de 2009 cheguei decidida a dizer NÃO para o "momento esposa".

Só não esperava que seria alto o preço. Ele ficou odiando quando eu disse não, mesmo assim ele disse que faria. Então me segurou firme pelos braços, tirou minha roupa e eu disse que chamaria a polícia. Ele, numa prepotência enorme, jogou o celular em cima de mim e me permitiu chamar, dirigindo-se ao banheiro. No desespero, pois não esperava que chegaria a tanto, liguei para a polícia e disse para ele o que fiz. Começamos a discutir. Foi quando senti o tapa e meu mundo girou. Em segundos, lembrei o quanto minha mãe apanhou do meu pai, o quanto ela sofreu para me criar, o quanto eu estava me destruindo naquela casa, me humilhando por quem não me respeitava, não me queria, não me merecia e não me amava.

Ali eu percebi que tudo que eu estava fazendo estava errado, eu tinha que ter coragem para fazer diferente, para mudar minha história.

Quando eu me dei conta, estava com a chave do carro nas mãos e do lado de fora da minha própria casa com o carro da polícia na frente.

Ele se trancou na casa e me jogou para fora. Quando eu cheguei na frente de casa e abri os portões, não encontrei policiais e sim uma corporação de amigos do meu agressor.

Eu, odiada, tentando processar o que estava acontecendo, sendo vítima de uma tentativa de estupro. Que fique bem claro que sexo sem consentimento é crime, mesmo sendo seu parceiro. Denuncie e jamais se cale diante desse abuso. E ainda fui agredida psicológica, moral e fisicamente, tive que ouvir policiais amigos intercedendo por ele, sequer queriam me acompanhar à delegacia.

Fui sozinha, registrei o boletim de ocorrência e vi o dia amanhecer. Fiquei pensando o que eu faria, realmente eu não tinha ideia como faria e o que viria pela frente. Mas de uma coisa eu tinha certeza, com ele eu não queria mais ficar e minha vida tinha que seguir.

Mulheres poderosas, não esperem receber um tapa para despertar e mudar a história da sua vida. Estou aqui para dizer que não é fácil, muito trabalho, muitas noites em claro trabalhando e estudando, morando de favor. Mas uma coisa eu garanto, é possível.

A você, sou grata pelo filho que me deu, pelo amor, criação e dedicação que você proporciona a ele todos os dias. É nítido o quanto ele é feliz e grato pelo pai que tem e eu posso dizer sem medo de errar, o quanto você me faz feliz em ser esse paizão. Agradeço ainda pelo tapa que me deu. Nele não veio só dor, sofrimento, lágrimas, humilhação, decepção e vergonha, veio meu DESPERTAR e só assim pude perceber o quanto sou forte, determinada e tenho meu valor. Foram vocês, pessoas boas e não tão boas assim, meus erros e meus acertos, que me tornaram essa mulher empoderada e dona da p**** toda.

Referências

SERAFIM, J. (coord.). *As donas da p*** toda*. São Paulo: Literare Books, 2021.

12

O PODER DA RESILIÊNCIA
DESCUBRA SUA FORÇA

Neste capítulo, vocês conhecerão minha história, como ser resiliente ajudou a me transformar na mulher que eu sempre sonhei. Para ser feliz profissionalmente, sofri muitos dilemas. Algumas pessoas precisam de um empurrão para realizar sonhos, eu precisei cair no fundo do poço, sair dele sozinha e me refazer.

DANIELLE SANTANA

Danielle Santana

Graduada em Pedagogia pela Estácio (2015), pós-graduada em Psicopedagogia na Fafire (2017). Acadêmica de Psicologia na Fafire. Especialista em TEA e outros transtornos e dificuldades de aprendizagem. Palestrante, professora e supervisora de novos psicopedagogos. Outros cursos:
•Teacch (CCS);
•ABA (Ptea/Nic);
•Método das Boquinhas;
•Introdução ao Autismo (Cbi);
•Transtornos e dificuldades de aprendizagem (Nadia Bossa);
•Intervenções Neuropsicopedagógicas (Simaia Sampaio);
•Autismo e Inclusão (Eugenio Cunha);
•TDAH (Dr. Clay Brites);
•Cursos de extensão - Microcefalia e Avaliação psicopedagógica(abpp pe);
•Teste screening Denver (Greyce Kelly Alves);
•Brincar é fundamental (Neurosaber);
•Tudo sobre Tod (Dr. Gustavo Holanda);
•Neurociências e alfabetização (Carla Silva);
•Psicopatologia e aprendizagem (Psicopedagogiando);
Tem paixão pelo conhecimento e desenvolvimento humano, prioriza laços afetivos.

Contatos:
www.daniellesantana.com.br
tiadanipsi@gmail.com
Instagram: @dani_psicopedagoga

O início

Sou Danielle, não quero fazer chorar com minha história, quero incentivar. As dificuldades começaram antes do meu nascimento. Na gestação, fui rejeitada pelos familiares dos meus pais. Anos 80 era um escândalo uma mulher solteira grávida, a família do meu pai não era a favor da união. Minha mãe não aceitou as "sugestões" deles, mas tinha pesadelos com um homem de preto pedindo o que ela tinha na barriga.

Nessa tormenta, me desenvolvi e cheguei ao mundo com muitas dificuldades. Meu pai trabalhava em outro estado, minha mãe entrou em trabalho de parto, mas demorei três dias para nascer. Quase morremos. Não fui amamentada, não vi meus pais no mesmo dia. Os primeiros a me ver foram os que não me queriam, e me amaram.

Eu era uma bebê e já sofria: tive coqueluche, viajei bem novinha, doente e fraca, para que meus pais ficassem juntos. Muito cedo desenvolvi asma, doença que me acompanha até hoje. Outros acontecimentos da infância me tornaram quem sou hoje, mas não dá para contar agora.

Na escola eu era desengonçada, tímida e me sentia estranha. Só se aproximavam de mim meses depois para pedir favores, quando percebiam que eu era "inteligente", pois eu era estudiosa. Minha mãe conta que no primeiro dia de aula eu chorei muito porque não queria brincar, só estudar. Sempre fui boba, sofria *bullying*, era enganada pelas pessoas. Devido à asma, não participava da educação física e não brincava no recreio. Quando tentava, caía e passava vergonha. Preferia ir à biblioteca, era mais seguro. Na 8ª série, me apelidaram de fraldinha. Achava que era carinho. As pessoas estavam sempre sorrindo quando eu chegava. Eu pensava que era engraçada, hoje eu sei que era a boba da corte.

Adolescência conturbada

Aos 14 anos conheci meu primeiro namorado, que tinha 15. Eu não queria namorar escondida, então ele pediu a permissão a meus pais e eles aceitaram. Nessa época eu estava indo para o ensino médio, em que fiz o curso técnico em contabilidade. Eu queria o magistério, mas senti medo das críticas e escolhi o que achavam melhor.

Aos 17 anos eu engravidei, só consegui concluir o ensino médio. Todos os planos de trabalho e faculdade foram por água abaixo. Passei a ser a decepção da família, fui expulsa de casa pelo meu pai, mas depois voltei. Foi uma gestação difícil e de alto risco, com desavenças familiares e problemas de saúde. Meu filho quase morreu devido a um erro médico. Ele passou da hora de nascer, teve falta de oxigenação e eu tive uma infecção grave que nos manteve internados após o parto. Sofri muitas humilhações por ter apenas 17 anos e ser muito tímida e frágil.

Passei a depender dos meus pais e do meu companheiro. E até nosso filho fazer três anos, moramos separados, pois não tínhamos nada. Quando fomos viver juntos, passei a ser oficialmente uma simples dona de casa. Eu vivia infeliz e frustrada, queria estudar e trabalhar fora, não era a vida que eu havia planejado.

Quando tinha cinco anos, meu filho ganhou o irmão, mais um garoto para completar nossa família. Foi outra gestação de risco e um parto complicado. Crises de asma, hipertensão e pré-eclâmpsia, meu bebê nasceu com suspeita de sopro cardíaco e de má formação de órgãos internos. Assustada, tive uma hemorragia que quase me levou a óbito após o parto. Escutei a conversa dos médicos e meu susto causou o sangramento. Fiquei desesperada, mas os exames comprovaram que estava tudo bem e o sopro era inocente, curaria com o tempo. No dia seguinte, já estáveis, aparentemente tudo melhorando, recebi a notícia que meu avô paterno havia falecido. Eu tinha uma ligação forte com ele, não pude viver meu luto devido ao resguardo. Meu leite quase secou. Meu marido ficou desempregado na semana seguinte e eu não tinha renda para ajudar no lar. Recebemos por meses cesta básica da igreja, tempos difíceis.

Voltei a estudar para tentar um estágio. Dessa vez, fiz o magistério, o estágio estava praticamente certo. Eu tive oportunidades de emprego, mas ainda estava amamentando o bebê e abri mão para cuidar dele. Fui criticada e chamada de preguiçosa. Com luta, consegui o estágio perto de casa. Trabalhava quatro horas e estudava à noite, minha mãe ficava com as crianças nesses horários. Em troca, eu dava um valor simbólico como agradecimento, mas eu tinha tempo para cuidar deles também.

A vida foi melhorando, o pai dos meninos passou em concursos e eu ajudava no lar. Mas ainda era difícil, eu usava roupas doadas que não combinavam comigo, não usava maquiagens e bijuterias porque não tinha. Nem perfume eu usava, me chamavam de irmã fazendo referência aos protestantes da Assembleia de Deus.

Concurso público

No final do estágio, abriu concurso para a função de ADI (auxiliar). Não me interessei, pois o salário era quase o mesmo do estágio, mas a carga horária era o dobro. Seria muito cansativo. Eu trabalhava com bebês, mas não gostava da função, que era muito desvalorizada. Mas sendo um cargo público, fiz a inscrição para não ser julgada; fui aprovada. Com medo de críticas, assumi o cargo, que com o tempo melhorou salário e carga horária, mas eu me sentia infeliz. Engordei muito, chegando ao primeiro grau de obesidade. Hipertensa desde adolescente, fui piorando, também surgiram dores ortopédicas. Arrastei-me nessa situação por muito tempo, insatisfeita com meu corpo, infeliz no trabalho e com problemas conjugais. Eu me sentia um fracasso como mulher, dona de casa e mãe. Tudo isso acabava comigo.

Não tinha ânimo para nada. Em 2010 resolvi fazer faculdade, escolhi pedagogia na modalidade EAD, pois não queria me expor. Em 2012 fiz concurso para professora. Aprovei, mas não fui classificada, pela primeira vez não convocaram todos. Minha frustração só aumentou e meu peso também.

Sentindo-me péssima, resolvi fazer algo por mim, tinha indicação para a cirurgia bariátrica há dois anos. Depois de tentar tudo, decidi fazer. Todos foram contra, exceto meu companheiro. E contra todos, fiz o procedimento. Eu não me reconhecia naquele corpo, me sentia em uma prisão. Eu não tinha saúde, eu sobrevivia, muito infeliz. O estopim foi ter que comprar roupa em loja *plus size*, eu sentia que ia morrer. Agora era tudo ou nada.

Gastroplastia

No dia da cirurgia eu estava incrédula, pois já havia sido adiada no mês anterior. Na hora de ir ao hospital, meus filhos dormiam e, ao me despedir, desabei no choro, pensando na possibilidade de nunca mais vê-los. Senti-me como um animal indo para o abate.

A cirurgia foi bem. Eu tinha um corte enorme no abdômen e uma fé enorme de me ter de volta. Fui uma paciente exemplar, fiz tudo certo e em dois anos emagreci 60 kg. Adaptei-me à nova imagem, para mim essa era a minha imagem real. Entendam que eu não faço apologia à magreza e não tenho preconceito com a obesidade, a questão é que eu não tinha saúde e não me sentia bem com meu corpo.

Mais magra, ficava a cada dia mais confiante e segura. Lutei por mim, terminei a faculdade em 2015 e logo ingressei na especialização. Meu objetivo era um diploma para concurso. Escolhi o curso mais rápido, psicopedagogia institucional, mas logo me encantei e desejei fazer o curso completo, institucional e clínica. Com isso, o curso que deveria terminar em 18 meses durou 3 anos, pois eu precisei passar por 3 turmas para concluir. Não importavam as dificuldades, eu queria ser psicopedagoga.

Quando concluí, me vi perdida, não conhecia pessoas, não encontrava sala para trabalhar, não tinha parcerias. Quando vi colegas me excluindo de projetos, me entristeci mais. Nesse período, meu casamento estava pior e meu refúgio eram os sonhos, mas me vi sozinha, pensei em desistir. Um dia, ao orar, pedi a Deus que me ajudasse e, ao acordar, vi um anúncio na rede social de sala para sublocar. Imediatamente contatei a proprietária e fui conhecer o local.

Aprendi a dirigir aos 33 anos, tinha pouca prática e pânico diante de rampas e locais distantes, mas meu desejo era maior. Fui. E ao chegar no local, me deparei com o primeiro desafio, descer uma rampa. Descer era fácil, imaginei que havia outra saída por outro lado, mas havia outra rampa (estreita) para subir. E para sair, o percurso era o mesmo. Foi um desafio. Mas não recuei, fechei contrato para usar a sala por uma hora semanal, que logo seriam três turnos.

Em janeiro de 2018, comecei de fato a ser psicopedagoga, um sonho realizado. Senti a felicidade de fazer o que amo, mas em paralelo mantive meu cargo público, o que de certa forma me incomodava, pois não podia divulgar meu trabalho. E comecei a cogitar a licença sem vencimento. Passei a acreditar no meu potencial, estava feliz e queria viver daquilo. Mas eu tinha medo de largar a estabilidade. Uma avalanche estava por vir.

Em 2016 tive uma crise ortopédica que me causou dores terríveis, o diagnóstico foi hérnia de disco, mas, investigando depois, fui diagnosticada também com IFA (Impacto Femoroacetabular), uma doença que causa desgastes. Pode ter causas genéticas e relação com a obesidade, e, no meu caso, havia mais de um fator para

IFA, e a cirurgia no quadril era inevitável. Também tinha uma lesão nas mãos, STC (síndrome do túnel do carpo).

Mal havia começado a atuar na clínica, em poucos meses precisei realizar a cirurgia da mão direita e suspender os atendimentos por 7 dias. Em 3 meses, o casamento piorou e as dores no quadril também, precisei operar. Foram 35 dias sem atender e retornei usando muletas por mais 60 dias, não desisti.

Eu tinha medo de atender autistas, me achava incapaz e despreparada, então fui estudar mais. Fiz TEACCH, ABA. Cada dia apareciam mais autistas. Com a experiência, me especializei e perdi o medo, muitos indicavam meu trabalho. Sempre fui ética, fazia supervisão, estudava os casos, participava de palestras. Estudar me dava paz, e me qualificava. Meu companheiro concordava com minha ausência, mas só depois entendi que não era apoio, ele queria ficar livre, assim eu não cobrava a presença dele.

Sentia-me feliz e no controle da minha vida. No mesmo ano iniciei a segunda graduação: Psicologia. Eu estava mais forte, corajosa, confiante, mas coisas ruins continuavam acontecendo. Perdi um cão em um acidente no *petshop*, bateram no meu carro novo, meses depois meu marido me abandonou. Fui surpreendida com a separação na semana de provas, o motivo foi um choque. Ele havia tido um bebê com a amante com quem se relacionava há oito anos.

O poço

O divórcio foi o fundo do poço. Fui humilhada, desprezada, senti muito medo. Sozinha, como resolveria tudo? Como daria conta de uma casa e dois filhos rapazes? Eu não sabia sequer sacar dinheiro. Continuei estudando, mesmo sem condições físicas e emocionais. Colegas e professores me ajudaram, mas as dificuldades não pararam por aí. Os estudos e a clínica eram meu prazer, mas tive outras fugas. Bebi em excesso e frequentei lugares que me deixavam vulnerável. Coloquei minha vida em perigo muitas vezes, mas eu precisava viver aquilo para perceber o que ainda importava para mim, pois não via sentido na vida.

Eu já fazia terapia, mas não me identificava com a profissional. Em 2019 consegui vaga com a psicóloga da faculdade, com quem me identifiquei de imediato. Ninguém me enxergou como ela. Eu estava linda, maquiada, impecável por fora, mas ela olhou em meus olhos e disse "você está destruída por dentro". Desabei em lágrimas, a máscara caiu. Logo, eu estava com tratamento terapêutico e psiquiátrico, com depressão e ansiedade generalizada. Pensei e tentei tirar minha vida, fiquei em internamento domiciliar. Foi duro sair dessa fase, um dos meus gatilhos era falar com o ex. Eu precisava abandonar de uma vez por todas o passado, os planos, sonhos e projetos construídos ao longo de 23 anos e meio, mas não conseguia. Precisava encontrar motivos para viver, saber em que ponto da vida me abandonei, me perdi. Precisava me amar.

Precisei tomar decisões profissionais, por 13 anos fui refém da função que me desvalorizava. Salário baixo, não dava para sustentar meus filhos, me adoecia, aguentava pela estabilidade. Percebi que não valia a pena, a vida é incerta e eu precisava me sentir feliz. Optei pelo presente, mas foi uma decisão difícil. Não consegui licença sem vencimento devido a um inquérito injusto, só me restou a exoneração. Tornei-me autônoma, comecei a trabalhar em uma clínica perto de casa, onde ganhava mais, porém, não tinha "estabilidade". Com a pandemia, paramos por meses, dei aulas on-line, vendi lingerie, mas nunca me arrependi da minha decisão. Nunca faltou nada.

Atualmente meu ex recorre na justiça do acordo de pagar meu curso até o fim, tudo está incerto. Quero ver meus filhos felizes, sinto que minha história está longe de um final feliz, mas é vida real, não um conto de fadas.

Não faço planos que não dependem de mim. Encontrei alguém que me respeita, mas ele mora no exterior, sinto saudades. A participação neste livro é a realização de um sonho da adolescência, acho que mereço um final lindo. Será que teremos outro livro?

13

MINHA HISTÓRIA DE SUCESSO, COMO CHEGUEI ATÉ AQUI

Neste capítulo, contarei minha trajetória de vida, as batalhas que enfrentei e como superei todos os desafios e obstáculos que encontrei no meu caminho. Vou falar sobre as minhas inspirações e frustrações, o caminho percorrido e as superações, as dificuldades e oportunidades, de como eu saí do menos que zero ao meu primeiro milhão. Vou falar sobre técnicas que utilizei, livros que li, e mostrar que você também é capaz de chegar onde quiser, basta acreditar na sua força interior, no poder da sua mente e ter muita fé.

ÉRIKA ALBUQUERQUE

Érika Albuquerque

Sou terapeuta, *coach* – profissional e pessoal, utilizo técnicas de Hipnose Clínica, PNL, Conversa Terapêutica. Formei-me Bacharel em Administração de Empresas, com ênfase em finanças em 2011 (Faculdades Anhanguera); em Operador de teles-serviço em 2009; psicanalista e psicoterapeuta (em formação); participei de palestra de Motivação e Liderança em 2010; participei de palestra 5s e suas aplicações em 2010; formei-me em Gestão Empresarial em 2012; em 2017, fiz uma formação em Planejamento Estratégico; repeti o curso em Planejamento Estratégico em 2020; também em 2020, me formei em Políticas Públicas e Assistência Social; participei de um Programa de Desenvolvimento de Lideranças em 2018; em 2020, me formei em *Coaching* para aplicação pessoal e liderança; no mesmo ano, me formei em *Extreme PNL* para *Coaches* e Terapeutas; e concluí o Curso de *Leadership Trends*; em 2021, me formei em *Coaching* com PNL. Participei da VIII Conferência Municipal de Assistência Social em 2018; Psicologia Organizacional, em 2020; Psicologia Holística, em 2020; Psicossomática, em 2020; Introdução aos transtornos de Personalidade, em 2020; Introdução aos Mapas Mentais, em 2020; Introdução aos Princípios da Psicologia, em 2020; Psicologia da Personalidade, em 2020; Sexualidade Moral e Patológica, em 2020; Terapia Cognitivo-Comportamental, em 2020; Gestão das Emoções, em 2020; Curso de Hipnose Clínica, em 2020; em 2021, Programação Neurolinguística (PNL); e Baralho terapêutico. Atualmente exerce a função de escritora.

Contatos
erikarodrigues.adm2@gmail.com / erikaalbuquerqueescritora@gmail.com
Instagram: @terapeutaerikaalbuquerque
15 99642 5650

Quem é a Erika Albuquerque

A Érika é uma mulher que lutou muito na vida para conquistar tudo o que tem hoje. Quando criança, morava na periferia de São Paulo, na cidade de Ferraz de Vasconcelos, em um quartinho doado pela sua vó paterna, morando neste quarto seu pai, Edvaldo, sua mãe Josete e suas irmãs, a mais velha Patrícia e a caçula Simone.

Desde criança Érika foi ousada. Seu pai, sem emprego, saía para vender picolé na rua e em portas de estádios. Às vezes vendia pão com mortadela, e ela sempre que podia acompanhava seu pai nessas vendas para ajudar de alguma forma. Em outras épocas, para obter renda, seu pai fazia vassouras no quintal de casa, e Érika lá estava, aprendendo e ajudando.

Érika vivia naquele cômodo em uma situação precária, sem muitos recursos, porém, mesmo criança, não se sentia confortável com aquela situação, sempre pensava numa vida melhor, uma vida igual às das novelas. Era esse tipo de vida que pulsava em seu coração.

Passado algum tempo, seu pai começou a trabalhar como motorista em uma empresa de transportes urbanos e logo comprou um apartamento na COHAB na cidade de Guaianazes/SP, bairro Inácio Monteiro. Sua mãe realizou um curso de auxiliar de enfermagem e começou a trabalhar em um Hospital na Zona Leste de São Paulo; passou a trabalhar dia e noite.

Quantos Natais e *Réveillon* passamos sem a presença de nossa mãe, pois sua jornada de trabalho 12x36 horas implicava sua ausência em várias datas comemorativas. Com isso ficávamos nos vizinhos e sempre ligávamos à meia-noite para falar com nossa mãe. Apesar de dolorido e marcante, aprendemos que ela abdicou de muitas comemorações para fornecer o conforto, alimentação e vestimentas de que precisávamos.

Com essas e outras várias situações de dificuldades, aprendemos a ser fortes e, desde muito cedo, aprendemos que as conquistas de melhorias na vida necessitavam de muito trabalho, a um custo de abrir mão de momentos, prazeres e muita dedicação, pois, como a maioria, não nascemos em berço de ouro.

Nesse cenário onde os pais passavam o dia todo trabalhando, buscando uma renda e conforto melhor para família, Érika e suas irmãs passavam o dia em casa, uma cuidando da outra.

Érika sempre viu em sua mãe uma mulher forte e guerreira, que trabalhou dia e noite para sustentar sua família, envolvendo além do amor de mãe e filhas, a admiração e o ensinamento de valores pelo exemplo, mas também viu no seu pai o homem sonhador que almeja ter uma condição melhor, muitas vezes colocando os pés pelas mãos, mas sempre buscando uma colocação melhor na vida. Érika é a mistura perfeita dos seus pais, ela pegou as melhores partes de cada um, e vem se lapidando na busca da sua melhor versão.

Passado algum tempo, seus pais decidiram que era hora de mudar da COHAB e compraram um terreno na cidade de Poá, extremo leste de São Paulo, em um bairro periférico, rua de terra, mas era o início de uma nova jornada para construção do sonho das suas vidas: a conquista da casa própria. Ao custo de muito trabalho, a casa foi levantada, a princípio sem acabamento externo e sem um portão de fechamento da fachada frontal. E acreditem, nessa época o sonho de Érika era a instalação de um portão na sua casa, para amenizar o medo, a sensação de insegurança, pelo livre acesso à sua residência em um bairro que possui violência constante.

Érika virou adolescente e, aos 16 anos, em seu primeiro trabalho, vendedora de temperos de porta em porta, fez amigos. Aos 18 anos, ela foi atrás de um emprego, pois precisava ir em busca de uma vida melhor. Sabia que naquele local onde morava não tinha acesso à internet, aos melhores ambientes, convivia bem perto da criminalidade. Mas ela sabia que existia, em algum lugar, um mundo maior e melhor, e partiu em busca dos seus sonhos.

Seu primeiro emprego registrado foi em um bingo, era o primeiro que estava abrindo na cidade. Ela começou vendendo balas e chocolates na cestinha, uma vaga rejeitada por vários jovens que não aceitaram executar esse trabalho. Como Érika sabia que ali era o começo, se dedicou ao máximo a realizá-lo da melhor forma. E quando sua irmã mais velha, que também trabalhava no mesmo local, ingressou na polícia militar, surgiu a vaga de vendedora de cartelas de bingo, então ela assumiu essa nova função. Chegava mais cedo e sempre saía por último, pois ficava treinando locução, que era outra função dentro do organograma da casa de bingo. Ela sempre pensava em ascenção, usava todas as oportunidades como trampolins, para alcançar seu objetivo maior.

Após um tempo, ela saiu desse bingo e foi para outro, já sendo admitida como locutora. Em pouco tempo, após ótimo desempenho na função, assumiu como chefe de mesa da casa de bingo.

Na época que vendia balas e chocolates no bingo conheceu seu marido. Após algum tempo juntos, seu namorado, na época Marcos, ficou desempregado e eles decidiram então tentar a sorte na cidade de Sorocaba. Tiveram a sensibilidade de perceber que aquela cidade era mais próspera, organizada e bonita, bem diferente da periferia da cidade de São Paulo onde ambos foram criados.

Instalaram-se no conjunto habitacional localizado no Wanel Ville, morando por 14 anos nesse local. Érika, nessa nova empreitada, se jogou no mercado de trabalho executando serviço de frentista de posto de combustível, trabalhou em escola infantil, vendeu livros, plano funerário, perfumes, faxineira, corretora de imóveis, manicure, cabeleireira, em concessionária, agência de anúncios e professora.

Até que prestou concurso de auxiliar administrativo na prefeitura de Sorocaba, iniciando sua carreira como funcionária pública. Em 2011, se formou como bacharel em administração com ênfase em finanças.

Passou por muitas dificuldades na prefeitura, rejeição, adaptação ao trabalho, restrição à informação por colegas de trabalho, por ser pobre, por não ter um nome conhecido na cidade, certo isolamento velado.

Porém já faz 10 anos que está no serviço público, passando por vários setores, vários cargos. E acabou conseguindo mostrar seu trabalho e desempenho, consequentemente fazendo novas amizades.

Essa circulação por vários setores e cargos proporcionou um bom conhecimento da máquina pública, também mostrou particularidades nos obstáculos, dificuldades e injustiças que ocorrem com os servidores de carreira. Sentiu na pele por várias vezes aflições, medos e desejos que um servidor público enfrenta no seu dia a dia.

Érika, apesar de um histórico não favorável de vida, sempre colocada à frente de vários obstáculos e dificuldades desde sua infância, reconheceu que foi a lapidação perfeita para transformá-la em uma mulher forte, resiliente, honesta, lutadora e verdadeira, mesmo que essa verdade e transparência no trato com as pessoas causasse espanto, afastamento e inveja, por ela não ser o padrão de trato na sociedade de modo geral. Érika, por essas qualidades, se transformou em uma mulher destemida, não que ela não tivesse vários medos como qualquer pessoa, a diferença é que ela não deixava se abalar ou recuar e sim enfrentar esses medos, pois o sentido de vida para ela é sempre seguir em frente, sem medo de errar. E caso ocorra erros, aprender com eles para que não se repitam.

Érika é um a mulher de muita fé e esperança, tem sempre em sua mente a possibilidade de melhorar a cada dia, não se sente indiferente com as coisas negativas do mundo, mas está sempre lutando por um mundo mais justo e transparente, onde você não seja discriminado pelo seu modo de ser, vestir, falar, pensar, condição financeira, cor da pele, religião e opinião sexual.

Ela luta por respeito, para que as mulheres sejam vistas na sociedade e no trabalho de igual para igual com os homens, mas também ser cuidada em casa.

Érika sempre buscou e continua buscando nos estudos a capacitação contínua, no âmbito profissional e acadêmico, pois entende que o conhecimento é a melhor ferramenta de gestão profissional e de vida.

Érika é filha, irmã e esposa dedicada, busca dar o melhor aos seus entes queridos. Sabe que não será fácil, como nunca foi, mas ela adora novos desafios e uma boa luta, então sempre seguirá em frente.

O ano de 2019 foi um divisor de águas, principalmente depois que passou por uma síndrome do pânico. Foi depois disso que sua vida realmente mudou, ela encontrou seu propósito. Nada mais é do que ajudar as pessoas a encontrarem sua melhor versão para uma vida plena. Ela começou a estudar incansavelmente, tornou-se terapeuta e presidente municipal de um partido político. Ela acredita que, por meio de políticas públicas bem definidas, conseguirá atingir o maior número de pessoas, principalmente as que possuem uma condição menos favorável.

Esse caminho da política é extremamente difícil para as mulheres, primeiro por ser um ambiente na sua maioria masculino, então as mulheres ainda ficam muito em desvantagem quando querem emitir a sua opinião. Outro fator relevante que quero destacar é que as mulheres precisam aprender muito com os homens no sentido de deixarem a competição entre si de lado e passarem a cooperar umas com as outras, pois só assim conseguiremos ocupar o nosso lugar no cenário político.

Ainda no âmbito da desvantagem entre homens e mulheres, no âmbito político e acredito que no âmbito profissional, é mais uma questão cultural do que qualquer outra, imposta por uma sociedade ainda muito machista. E aqui quero destacar que existem muitas mulheres mais machistas do que homens. Digo isso, pois, de modo geral, ainda hoje as mulheres se sentem na obrigação de cuidarem dos afazeres domésticos, cuidarem dos filhos. Isso ainda está muito enraizado, está no nosso DNA. Estamos no processo de mudança, mas ainda teremos um longo caminho para percorrer. Ainda existem julgamentos quando uma mulher decide trocar de papel com o homem. Antigamente, no tempo das cavernas, os homens saíam para a caça e a mulher ficava em casa, cuidando de tudo, mas observemos que nos dias atuais as mulheres, assim como os homens, saem em busca de alimento, saem à caça. Hoje, muitas mulheres possuem a renda principal de suas famílias e continuam com a sobrecarga dos afazeres domésticos.

Vamos fazer um exercício de imaginação

Imagine um casal, o pai, a mãe e dois filhos. A mãe e o pai saem cedo para trabalhar, porém, antes de irem para o trabalho, precisam deixar os filhos na escola. Parece simples. Mas antes de chegarem à escola, a mãe teve que preparar a roupa, lanche, material, bolsa das crianças. Um dia antes ela teve também que se preocupar em fazer o jantar, preparar marmita, lavar louça, cuidar da casa, colocar as crianças no banho etc. No dia seguinte, muitas vezes é a mãe que deixa as crianças na escola, depois se dedica em seu trabalho, busca os filhos na escola, e volta para casa, para ter toda sua rotina novamente, mas ela precisa estar com as unhas feitas, cabelo limpo, cheirosa e cheia de amor para dar. Chegou o final de semana, o casal receberá amigos ou familiares. A casa tem que estar impecável, as crianças bem cuidadas, comida bem-feita, mas se um desses itens não estiver perfeito, qual será a parte julgada? Sem fazer aqui vitimismo, mas na maioria das vezes será a mulher. Ainda vivemos em uma sociedade machista, que muitas vezes isso está tão enraizado em nós que achamos que isso é normal.

Nós assumimos toda a responsabilidade de um lar como antigamente lá no tempo das cavernas, porém com uma grande diferença: também saímos à caça.

Por que é tão difícil nós mulheres permanecermos na política? Tao efetivamente quanto os homens, porque fazer política demanda tempo, precisamos fazer *networking*, reuniões fora do horário de trabalho, elaborar projetos, mas muitas vezes estamos tão ocupadas com os afazeres domésticos que não temos tempo nem disposição para nos dedicarmos a isso. E qual o problema nisso tudo? É que ficamos presos a um padrão que já perdura desde que o mundo é mundo, precisamos ter diversidade na hora de elaborar um plano de políticas públicas, pois só assim conseguiremos atingir de forma efetiva o maior número de pessoas, olhando para suas necessidades e deixemos de generalizar, teremos uma visão mais ampla sobre todos os assuntos.

A questão da competição ainda é muito latente entre as mulheres e estimulada na sociedade como todo. Percebo isso no meu dia a dia, nos ambientes em que frequento. Dificilmente nós nos ajudamos, e isso se dá pelas mulheres serem na sua maioria movidas por suas emoções.

Quero citar aqui um dos meus ambientes de trabalho, a Prefeitura Municipal da cidade em que teve uma prefeita mulher, mas em suas secretárias, aproximadamente 22, tinham apenas 4 mulheres ocupando o cargo de secretária. Aí pergunto, não existem mulheres competentes para ocupar este cargo? Na minha percepção, é simplesmente por ser um ambiente dominado pelos homens, nós mulheres ainda somos preteridas.

De agosto a novembro de 2020 passei pelo processo eleitoral, comecei a me envolver mais nesse ambiente. Confesso que fiquei perplexa com tantas coisas que presenciei, mas quero focar e me ater em comentar sobre as pequenas situações em que fica evidente a nossa falta de espaço. Durante a campanha, em várias oportunidades nos reuníamos para alinhar estratégias, para nos motivar. Eram convidados todos os candidatos da coligação. E algo que me deixava pensativa era o fato da candidata à prefeita ser uma mulher, porém à sua volta estavam assessorando a maioria esmaga-dora de homens. Quando ela estava discursando e chamava pessoas pra compor o palco, sempre eram homens. E nós mulheres sempre ficávamos de plateia por horas. Em um contexto geral, onde defendemos igualdade, precisamos aprender a enaltecer umas às outras, independentemente de representatividade ou popularidade, pois isso é algo que estamos construindo.

Na busca pela minha melhor versão e com o meu propósito de vida definido (ajudar o maior número de pessoas), me sujeito a várias situações para entender melhor as emoções.

Na maioria das vezes submeto as minhas emoções ao extremo e tento de forma excessiva encontrar a solução, encontrando várias formas de lidar com cada uma delas.

Parei também para analisar várias pessoas com perfis diferentes, dando estímulos a elas para entender suas reações e emoções. Entreguei-me de corpo e alma a esse estudo.

Conversei com várias pessoas, dos mais diversos tipos de relacionamentos, conjugal, pais e filhos, amigos, trabalho etc., a fim de entender melhor as relações interpessoais.

Li alguns artigos e livros, mas o que mais chamou minha atenção e enriquece toda minha afirmação de que a nossa mente é capaz de tudo, inclusive de nos destruir, é o livro *Mais esperto que o Diabo*. Fiz mais cursos para que eu pudesse ter embasamento teórico e um comparativo, utilizando de várias ferramentas para encontrar a melhor maneira de ajudar aqueles que me procuraram nesse período.

No meu ponto de vista, nós mulheres precisamos ocupar todos os espaços na so-ciedade, precisamos ser mais colaborativas umas com as outras, em vez de competir entre nós, pois dessa maneira conseguiremos evoluir mais rápido e iremos mais longe.

Mulheres que fizeram e fazem a diferença em minha vida

A primeira que quero citar é minha mãe, uma mulher forte que dedicou sua vida a cuidar das suas filhas e netos, mesmo trabalhando fora. E por um longo período em dois empregos, ela buscava e busca até hoje proporcionar o melhor para os seus. Uma mulher sábia, que na sua humildade soube transmitir os mais belos valores que carrego até hoje, como honestidade, generosidade, humildade, bom caráter; acima de tudo, ela me ensinou que posso ser o que eu quiser. Sempre me incentivou e me ajudou, está sempre comigo em pensamento e no coração. Devido à minha vida corrida, nos falamos pouco, mas ela sempre está pronta a me acolher quando preciso.

Também não poderia deixar de homenagear minhas duas irmãs, uma se tornou sargento da polícia militar, uma mulher de fibra, destemida, que sempre soube aonde queria chegar. A outra é enfermeira, cuida das pessoas, sempre muito dedicada, uma pessoa incrível que desde muito nova se lançou ao mundo na busca de seus objetivos e não parou mais.

Tenho muitas amigas que me incentivam e colaboram comigo de várias formas. Algumas acreditando em mim, outras participando dos meus sonhos, dos meus projetos, mas todas com a mesma importância, mulheres incríveis que, assim como eu, sabem que precisamos nos apoiar.

Agradeço a Deus por esta oportunidade de falar um pouco sobre mim. Tenho certeza de que este é só o começo de uma grande jornada.

Referência

HILL, N. *Mais esperto que o diabo*. Porto Alegre: Citadel Editora, 2014.

14

REAGI

Fiz uma escolha. Ninguém mais poderia fazer isso por mim.

Construí minha vida em torno de uma multinacional totalmente masculina. Aprendi e desenvolvi centenas de pessoas por meio de projetos, *workshops* e treinamentos. Aos 38 anos, me tornei mãe e, aos 40, decidi começar a escrever um novo e desafiador capítulo.

GIANE CAMARGO

Giane Camargo

Sou paulistana da Lapa/SP, casada com João Rodrigo e mãe do Caio, de 2 anos. Formei-me em Administração e Marketing e em Técnica de Gestão Empresarial. Atuei por 18 anos em multinacional nas áreas de Qualidade, Projetos, Recursos Humanos e Marketing. Minhas maiores paixões profissionais estão em transformação cultural, desenvolvimento de pessoas e na escrita.

Contatos
www.reagi.com.br
giane@reagi.com.br
Instagram: @gianefcamargo
11 99422 8066

Foi por volta de 1997, com a equipe da oficina de teatro de Cajamar, apresentávamos uma peça no palco da Apae (Associação de Pais e Amigos Excepcionais), em Jordanésia. Eu interpretava uma personagem chamava-se "Azulmira", a borboleta de uma asa só que conseguiu voar, uma das histórias fantasiosas de Emília do Sítio do Pica Pau amarelo. Foi um fato muito marcante, pois estávamos lá para ecoar que não existem limites ou barreiras para quem tem vontade, que podemos ser e fazer o que queremos, com determinação, luta e apoio.

Desde que me lembro, por volta dos 10 anos de idade, eu costumava brincar de teatro na oficinas de artes no Sesc em São Paulo. Era o lugar que eu gostava de estar, falar, soltar a voz, criar e viver pessoas diferentes, viver o desafio que a arte nos apresenta: enviar mensagens pela conexão com pessoas.

Quando veio a juventude nos anos 90, fiquei entre continuar a "brincadeira" com teatro ou ir à busca de um emprego. Como tinha muito claro meus sonhos e ambições na época e entendia a minha real situação familiar, sabia que, para galgar meus sonhos, precisaria trabalhar muito e não daria para continuar brincando de teatro. E lá fui eu enfrentar as pequenas portas de agências de empregos. Comecei vendendo anúncios de jornal em portas de comércios, sim! Isso existia... não dá para acreditar. Após um tempo, consegui uma vaga numa empresa onde fabricava fôrmas para pizza. Ali fui operadora de prensa e organizadora de caixa, fazia uma atividade braçal e ficava admirando os colaboradores nos escritórios. Compreendia que eles ganhavam mais pelo seu trabalho intelectual e isso me motivava a buscar conhecimentos. Com a chegada da Internet, nos anos 2000, fiz um curso de computação e digitação, foi o que me rendeu a primeira oportunidade de trabalhar em escritório numa empresa familiar na cidade de Cajamar. Foi o máximo chegar em casa e contar para família que eu havia conseguido um emprego "no escritório", isso era um grande mérito. Consegui uma oportunidade em outra empresa, a Rodabril. Ali foi onde eu comecei a virar gente grande: aprendi a emitir nota fiscal, vender, conferir caminhão e lidar com pessoas de diferentes cargos e personalidades. Comecei a perceber que o que eu fazia de melhor era estar conectada e engajando as pessoas. Fiquei nessa empresa por quase três anos, aprendi muito, conheci muita gente, aprendi o valor de todos dentro de uma empresa, de quem faz e serve café e de quem toma as decisões estratégicas. Ali eu conheci um pequeno exemplo do mundo o qual eu sonhava em fazer parte: o corporativo.

Um dia, estava no ônibus a caminho do curso técnico de gestão empresarial em Jundiaí, passando em frente de uma empresa na rodovia Anhanguera, em SP. Olhei e disse: *um dia eu vou trabalhar aqui. Vou ser uma grande profissional, vou aprender inglês e viajar o mundo. Quero conhecer pessoas, aprender coisas novas e trazer grana para casa. Poder comer em bons restaurantes, para que eu possa levar meus pais num bom médico, viajar, desfrutar da vida.*

No curso técnico conheci vários temas sobre gestão e passei a gostar muito. Foi lá que conheci meu primeiro mentor, foi meu professor da matéria de gestão do tempo, e para ele que entreguei meu currículo por uma tentativa numa nova empresa, pois naquele momento estava ocorrendo uma demissão em massa na empresa onde eu trabalhava. Então veio a minha primeira grande sorte-oportunidade para trabalhar. Sabe onde? Naquela grande empresa que eu passei na frente de ônibus. Acreditem, eu não sabia que ele – meu professor – trabalhava lá, na multinacional SKF.

Quando iniciei essa minha jornada no mundo corporativo, eu era a única mulher no chão de fábrica, e não tinha sapato que servisse em meus pés, mas lá estava eu, sentia que ali era meu lugar. Aprendia sobre métodos de 5S e ensinava. Limpava máquinas num pátio cheio de homens, vestindo jaleco e sapato maior que o meu pé, mas eu não me importava, sentia que estava agregando para mim, para meus colegas e para a empresa. Os dias passavam e eu tomava consciência do que acontecia ao meu redor. *Bullyings* pela estatura, por ser mulher, por estar ali entre eles. Eu senti medo, mas com coragem segui em frente! Cada sensação de preconceito me fazia querer ficar mais firme ainda, aprender, me posicionar, levar nossa voz feminina para ecoar na massa masculina. A hierarquia era forte e rígida, eu percebia que a luta seria árdua, e foi.

Me lembro sempre de um trecho do livro de Sheryl Sandberg falando que o medo está na base de muitas barreiras enfrentadas por nós mulheres. Medo de não ser apreciada, medo de fazer escolhas erradas. Medo de atrair uma atenção negativa. Medo se ser uma fraude ou do medo do fracasso (...) São tantos, que seria uma grande lista. Mas o ponto aqui é que hoje temos acessos sobre os estudos da neurociência, e aprendemos que o medo é um sentimento e que podemos compreende-lo e exercitar nosso cérebro desenvolvendo uma visão mental, visualizando os motivos desses medos, interpreta-los e substitui-los por uma ação de enfrentamento da situação. Em média, um sentimento vem e vai em 90 segundos, e se tudo o que eu ponho foco aumenta, quanto mais foco colocarmos na solução o medo vai diminuindo e dando espaço para o sentimento de poder, de coragem, de uma atitude proativa, faça esse exercício é libertador!

Aos poucos fui conquistando espaços, desenvolvendo e atuando com times de melhorias na fábrica. Nesse período surgiu a oportunidade para entrar na faculdade, fui estudar Administração, mas precisei vender trufa para pagar as impressões porque livros eram absurdamente caros! Surgiu então uma das primeiras oportunidade em empreender.

Inteligência Volitiva: competências daqueles que sentem necessidade de agir pela própria sobrevivência ou por uma visão formada, dos que têm paixão por executar e são autoconfiantes para desencadear ações que provoquem a mudança do *status quo* e que solucionem problemas que surgem inusitadamente.

Sempre tive muita paixão por realização, ultrapassar desafios, quebrar barreiras. Se não tem frio na barriga, não tem graça. Um dos meus grandes desejos era fazer um intercâmbio nos Estados Unidos, mas na época eu precisava juntar muito dinheiro. Foi então que passei a fazer um segundo turno. Além de trabalhar de dia na SKF, aproveitei as férias da faculdade e arrumei um bico numa pizzaria. Mesmo após finalizarem as férias e voltar para faculdade, continuei indo nas noites de sexta a domingo, e todo o dinheiro juntei e fui realizar meu sonho. Fui fazer intercâmbio em Boston. Atualmente, para muitos, esse sonho não está tão longe, porém na época era bem desafiador. Com menos 17 graus, sofri de frio ao tentar entrar no alojamento alugado porque a moça mal entendia o que eu falava. Fiquei do lado de fora passando muito frio por horas. Chegando à escola, ao fazer o teste de nível, eu estava bem abaixo do nível aqui do Brasil, mas continuei firme, estudei o dia todo durante 40 dias e foi incrível. Morei com pessoas do mundo inteiro, conheci cidades, parques, neve e o melhor: a borboleta estava com novas experiências e pronta para voltar, compartilhar seus aprendizados. Anos seguintes, desembarquei na Europa para aprender técnicas de facilitação: um conhecimento genial que nos ajuda no engajamento de equipes usando diferentes ferramentas e dinâmicas explorando o máximo do nosso cérebro e com foco nos diferentes perfis das pessoas. Foi bem desafiador estudar em inglês no meio dos europeus. Fui tomando consciência que quanto mais a gente se desafia, mais a gente aprende, e o nosso entorno também, pois fazemos parte de uma sociedade, e tudo o que somos e fazemos gera impacto em alguém.

Com a graduação, estudos de idiomas e cursos sobre gestão de projetos e equipes, fui me desenvolvendo e nascia um novo olhar daquela menina que começou com vinte anos. Queria alçar voos altos, no céu e no chão, e percebia que o preço ia ser alto, pois exige dedicação, persistência e estudo.

> *Se fracassar, ao menos que fracasse ousando grandes feitos, de modo que a*
> *sua postura não seja nunca a dessas almas frias e tímidas que não conhecem*
> *nem a vitória nem a derrota.*
> THEODORE ROOSEVELT

Veio então a oportunidade em liderar uma equipe. Com toda força de vontade e experiências, ainda achava que o convite para um cargo de liderança era como se recebesse um prêmio, só que não é. Aliás, é bem o oposto se você não está preparado. Aprendi que ser humilde é, também, assumir quando não estamos prontos e que isso não é mal e nem vergonha, aliás faz um bem enorme para você e para quem precisa de você. Foram quase três anos onde depositei todo aprendizado de técnicas de facilitação e gestão de projetos. Foi durante esse período que mais errei na carreira, porém foi onde mais aprendi. Na raça, consegui entender o que era liderar. Tive êxitos, falhas, sorte, mentores, bons líderes e meu marido. Eu percebia que não era aquele "o momento", tive muitas intuições e *feedbacks* que doeram a alma. Me tiraram sono, lágrimas e da zona de conforto. E que bom que eu os recebi, agradeço meus gestores da caminhada, não teria sentido sem vocês. Então chegou a hora da mudança novamente. Com a mochila cheia, lá fui eu alçar o voo de consultora em transformação cultural na América Latina. Foi a melhor fase da minha carreira, pois fiz o que eu mais amo: conectar com pessoas, engajá-las, impulsioná-las para transformação de mentalidade, para uma nova perspectiva profissional.

Intuição: faculdade ou ato de perceber, discernir ou pressentir coisas, independentemente de raciocínio ou de análise.

Vontade: é a capacidade pela qual tomamos posição frente ao que nos aparece. Diante de um fato, podemos desejá-lo ou rejeitá-lo. Ante um pensamento, podemos afirmá-lo, negá-lo ou suspender o juízo sobre ele.

A **vontade** e a **intuição** sempre andaram ao meu lado, sempre dei atenção para elas, e convido você a fazer um exercício e começar a repensar em quais são as suas reais vontades que estão aí adormecidas, e se puder leia sobre intuição, suas diferentes teorias, e dê espaço para percebê-las, vai notar quantas coisas começam a fluir, naturalmente. Claro que se não houver atitude, não haverá transformação. Nada está isolado. Intuir, querer, trabalhar e sonhar, é um processo que requer dedicação e colaboração, não fazemos nada sozinhos.

Em 2018, eu e marido tomamos a decisão de engravidarmos, algo que nós queríamos, mas eu tinha muito medo de perder a liberdade que havia conquistado. Mas é chegada a hora e nosso filho nos escolheu e assim chegou Caio, meu grande amor. Um dia um amigo me disse: ser mãe é a razão da vida, e foi assim que eu o concebi: hoje meu filho é a razão da minha existência, de tudo o que eu penso e faço. Depois da sua chegada, tudo mudou. Minha mente, meu corpo, meus sentidos. Um amor tão intenso e sem limites, a maior alegria é estar perto dele, cuidando, vendo seu desenvolvimento, ensinando novas palavras, novas cores, novos sabores. Ele chegou e me ensina a ser uma mãe a cada dia. E mais que isso, uma filha melhor. Não posso imaginar tudo o que minha mãe passou em seus anos de luta com três filhas, vida simples, nos anos 60, com seus vinte e poucos anos. Que mulher guerreira!

Chegada a pandemia, com o meu filho Caio de 6 meses, aceitei um novo desafio na empresa: coordenar a equipe de marketing para fortalecer a marca no digital e a estratégia da tríade da economia sustentável. Me arrisquei, pois era tudo novo, dinâmico e bem intenso. Com Caio no colo, amamentando, driblando a louça e roupa para lavar, comida para fazer, e uma equipe para liderar à distância. Sorte a minha em ter tido meu marido super parceiro e mentores para me apoiarem. Foram lutas diárias e aprendizados durante um ano. Juntos, reconstruímos uma nova equipe, fortalecemos a marca para com a tríade da economia sustentável e superamos o primeiro ano de pandemia com êxitos.

> *Você é o único representante do seu sonho na face da terra.*
> EMICIDA

Final de 2021, chega o novo ciclo, veio a coragem da tão sonhada decisão em empreender. Algo me chamava, uma voz interior incontrolável ecoava aqui dentro. Foi então que, após dias de confidências com família, líderes e mentores, tomei a decisão de começar uma nova história. Essa decisão veio forte com a chegada do meu filho, veio o despertar para projetos que estavam ali adormecidos. Sonhos que eu havia fixado num quadro e no coração, e estavam prestes a acontecer. Caio chegou e de mansinho veio me mostrando coisas que eu havia abandonado. Aquela criança que sonhou, brincou e interpretou a borboleta havia crescido e se transformado, mas que, ao construir sua carreira, foi aos poucos se esquecendo do mais importante: a sua própria essência. Olho para trás e vejo tantas coisas bonitas feitas, acertos e erros que fizeram cascas e cicatrizes. Tantas pessoas do bem que passaram e outras que ficaram no caminho, das quais jamais esquecerei e serei eternamente grata, afinal, não fazemos nada sozinhos. Olho para o lado e vejo meu porto seguro: meu marido, que é meu maior mentor. E do outro lado vejo meu filho, minha razão de viver. Decido então aos 40 anos recomeçar, agora reconectando com minha essência, aprendendo a ser mãe, quero aproveitar nossas vidas juntos. Não quero dizer para o meu filho o que é importante, quero mostrar com exemplos. Por isso a decisão foi encerrar o ciclo profissional em uma excelente multinacional – a qual eu me formei como ser humano melhor, para alçar novos e desafiadores voos de maneira mais próxima de minha família. Quero aprender coisas novas, resgatar sonhos antigos, descobrir novos mundos. E já comecei! Nasceu a Reagi Consultoria, a qual idealizei em 2016 – quando dentro de mim ressoou a grande vontade em trabalhar a distância, sempre acreditei que seria possível. A Reagi tem como proposta o desenvolvimento organizacional com o foco em programas para transformação cultural, gestão de projetos e mentorias para líderes e equipes. Também nasceu esse ano o clube de leitura onde sigo aprendendo, conectando pessoas e exercitando nosso cérebro. Trocamos ideias, *insights* e aprendizados, é uma evolução colaborativa e tem sido muito agregador.

Passar por transformações é um processo doloroso, requer paciência e humildade, além de ser um desafio diário gerir nossas agendas, dúvidas e expectativas.

Mas que graça tem a vida se não houver frio na barriga? Porque não querer aprender? Porque estagnar na bolha? Fácil não é, nem para mim nem pra você, mas os êxitos vem para quem se permite errar, aprender e continuar. Muitas coisas acontecem naturalmente, e acredito que é muito sobre focar nos seus sonhos, manter-se em movimento e cuidar do seu próprio jardim. Assim seguirei, cultivando minha família, buscando transformações e jamais esquecer que borboletas de uma asa só podem voar.

Que este capítulo lhe traga novos *insights* ou reative seus desejos profundos que estão aí dentro guardados, talvez adormecidos. Assim como eu, você tem a sua própria história e merece realizar seus sonhos.

Um beijo, Gi.

Não abandone nunca sua criança interior, brinque com ela. A força inovadora da sua criança é que vai movimentá-lo. Jamais nunca pare de aprender
JOSÉ LUIS TEJON

Referência

INTUIÇÃO. In: WIKIPÉDIA: a enciclopédia livre. Wikimedia, 2021. Disponível em: <https://pt.wikipedia.org/wiki/Intui%C3%A7%C3%A3o>. Acesso em: 21 dez. de 2021.

PACHECO, E. P. *Inteligência volitiva*. São Paulo: Sensus, 2012.

SANDBERG, S. *Faça acontecer*. Editora Companhia das Letras, 2013.

SIEGEL, D.; BRYSON, T. P. *O cérebro da criança*. Editora nVersos, 2015.

VONTADE. In: *WIKIPÉDIA: a enciclopédia livre*. Wikimedia, 2021. Disponível em: <https://pt.wikipedia.org/wiki/Vontade>. Acesso em: 21 dez. de 2021.

15

O SUCESSO É RESUMIDO EM UMA PALAVRA

Se tem algo em que sempre acreditei foi no meu potencial, pois eu sou mulher. E se existe um ser que é capaz de se moldar, construir, reconstruir e começar quantas vezes for necessário, somos nós, mulheres. Neste capítulo, você vai ler sobre a grande descoberta que fiz ao longo da vida e com ela baseio toda a minha trajetória, seja pessoal ou profissional. Uma única palavra que leva ao sucesso.
Você já sabe qual é?

IANA FURST

Iana Furst

Mulher, mãe, humana. Especialista em marketing digital, estrategista digital, *social media, copywriting, storytelling*, gestora de empresa, empreendedora de publicidade, sócia-proprietária do Coworking Três Passos e da Viu Comunicação, graduanda em Marketing, líder *coach* pela Condor Blanco Internacional, consultora de imagem. Livre e autêntica.

Contatos
iana@agenciaviucomunicacao.com.br
www.agenciaviucomunicacao.com.br
Instagram: @marketingseminfluencia / @coworkingtrespassos
Facebook: iana.furst

Quando dei meus primeiros passos no mundo do empreendedorismo, não sabia direito que rumo tomaria, mas sabia que, devido às minhas escolhas, a soma das certas e erradas, teria de achar um modo rápido de tocar a vida, buscar o sucesso que sonhei, garantir o sustento da minha família e me realizar enquanto pessoa e profissional.

Como fiz isso? Colocando a cara e o sonho em um empreendimento – e me mantendo firme desde então. E o que isso tem a ver com o fato de ser mulher? Simples. Mulheres são sensíveis, mesmo quando são duras e fortes. Mulheres são intuitivas, agem de acordo com suas crenças e com aquilo que sentem, guiadas pela multiplicidade que permeia sua vida. Afinal, quem mais é capaz de educar filhos, gerir uma empresa, criar projetos paralelos, viver relacionamentos e ainda encontra tempo para ir à manicure?

Unindo todas essas experiências, somadas a nove anos de varejo de moda, um *networking* do qual me orgulho e muito aprendizado, surgiu o protótipo do que hoje é conhecida como *Viu Comunicação* – na época Divas Compay.

Uma empresa criada por mulheres, liderada por mulheres, que emprega mulheres e oportuniza desenvolvimento, liberdade profissional e criativa e, acima de tudo, que empodera. Não pense que nosso grupo é formado assim porque buscamos contratar apenas mulheres, nós somos um empreendimento que não tem o famoso "mimimi". Gostamos de nos ver como uma empresa livre, que crê, luta, cresce e não aceita limites e barreiras pré-impostas. Se hoje estou onde estou é porque não aceitei ninguém dizendo que a porta era grande ou pequena demais. Tanto eu quanto o Viu acreditamos que identidade, autenticidade e humanidade fazem a diferença para o sucesso.

Autenticidade, creio que essa seja a palavra que nos define. Em um mercado competitivo e extremamente concorrido, onde existem mil fórmulas fantásticas e gurus vendem regras para fazer múltiplos dígitos seguindo uma receita que transforma todos em iguais, a Viu acredita na **identidade**, que pessoas conectam com pessoas e preferimos nos posicionar como uma empresa que humaniza e constrói marcas e não como uma agência que replica fórmulas publicitárias.

Quando você replica fórmulas, as pessoas criam o pensamento de que trabalhar no meio digital é fácil, o caminho de uma vida tranquila, com presentes de marcas, roupas lindas e festas – vende-se uma mentira.

Estudar - estudar muito –, esse sim é o lema mais importante, é preciso entender de pessoas, produtos, marcas, linguagem verbal e não verbal, comportamento, história, *hypes* e toda a infinidade de assuntos que venham a surgir. É preciso que você esteja inserido em diversos meios, diferentes personalidades, ser social, estar sujeito a colocar a cara e suas opiniões para lidar com críticas, conceitos, opiniões e, ainda assim, manter-se firme e forte nas suas convicções – e é aí que nós mulheres nos sobressaímos. Nossa contínua capacidade e desejo de fazer mais e melhor é o diferencial que exploro todos os dias para obter minha melhor versão.

Já parou para pensar em quantas vezes ouviu frases como "pense fora da caixa", "inove no seu negócio", "não desanime", mas ninguém te diz o que fazer? É exatamente isso, ninguém vai dizer. O segredo é justamente esse. Descobrir o seu próprio modo de fazer acontecer, com a sua personalidade e autenticidade. Temos de parar de encontrar desculpas para tudo e começar a focar em soluções.

O que te impede de crescer? Realmente são as dificuldades ou é o medo de inovar? Medo de correr riscos e especialmente o medo de errar? Não existe mudança ou inovação sem medo, muito menos sem erros. O que é importante é fazer com que essas palavras sejam impulsoras e não travas em nossas vidas.

Eu assisti a uma série de vídeos que me motivaram em momentos em que eu começava a desanimar: Mulheres que Mudam o Mundo, no canal Me Poupe, da Nathalia Arcuri.

Isso me mostrou que a força está dentro de nós, mas por vezes é importante buscar exemplos, motivação e até mesmo identificação para sentirmos que não estamos sozinhas. O sentimento de culpa por não estar com os filhos, a correria do dia por não conseguir se organizar, as dúvidas sobre feminilidade, vida pessoal e negócios. Todas estamos no mesmo barco, mas alguns de nós decidem naufragar e outros, remar.

O mundo digital se transforma a todo instante e é importante que você, que decidiu trilhar um caminho nessa área, ou em qualquer outra, se pergunte: o quanto estou disposta a mudar de estratégia ou atitude para me manter no mercado? Saber no que acreditamos é fundamental para trilhar caminhos no empreendedorismo, que certamente não são fáceis, mas nos realizam.

Lembro-me quando tirei minha carteira de motorista, a sensação de liberdade. Poder ir e vir aonde eu quisesse sem depender de alguém, mas quando bati o carro a primeira vez, eu também soube que todas as consequências e responsabilidades seriam minhas. Ter o próprio negócio, carreira, profissão, empreender é a mesma coisa. Você se torna tão livre quanto responsável por tudo que está por vir. E pelas pessoas que você abraça para seguir o caminho com você.

A Viu teve a grande virada de chave quando a Camila, minha sócia, entrou para a agência. Juntas, traçamos um objetivo: ser a maior agência de publicidade da região e, breve, uma das maiores do estado. Ser referência. Quando alguém pensar *quero que alguém me ajude a fortalecer minha marca*, essa pessoa teria de, na mesma hora, lembrar: as "gurias" da Viu fazem!

Como herança de trabalhos anteriormente desenvolvidos por mim para outras empresas, eu trouxe uma missão: gerar emprego. Oportunizar que profissionais em início de carreira pudessem ter aqui a oportunidade de começar de maneira estruturada, mas respeitando a liberdade criativa de cada uma, sua personalidade e identidade. Inserir essa identidade individual ao DNA do grupo da empresa.

Camila veio com uma visão de empresa horizontal, em que a hierarquia existe, mas também a democracia e todas as ideias e projetos são definidos ouvindo a voz de todos. O fato de nos tornarmos uma empresa 100% feminina não foi planejado. Tivemos diversos colaboradores homens, bons profissionais inclusive, mas nossa metodologia de trabalho acabou não sendo condizente com eles. Já as meninas que entraram, intuitivamente foram se adaptando, algumas seguiram caminhos próprios e outras conectaram conosco. E hoje suas características se incorporaram tanto a nossa empresa que as GU DA VIU (uma abreviação de "Gurias da Viu" – regionalmente falando) tornou-se uma marca à parte da Agência. Acabamos nos tornando um dos nossos *cases* de sucesso no quesito identidade.

Quando dou cursos e falo sobre como fazer algo, como traçar uma estratégia ou buscar resultado em alguma ação, a primeira coisa que eu digo é: *coloque sua identidade*. Não existe sucesso no mundo em ser cópia ou réplica de métodos ou produtos. Muito menos de pessoas. Uma cópia sempre sai mais barata do que a original. Concorda comigo?

De iguais o mundo – e o mercado – estão cheios, então as perguntas são: o que a torna única? De que modo o mundo vai ver quando você começar a colocar a cara no sol? Se eu pudesse dar um único conselho para mulheres que estão pensando em se aventurar e empreender, não importa em que ramo ou mercado, seria esse. Saiba o que a torna única.

Muitas vezes é preciso deixar ir, mudar os planos e rever prioridades. Deixar de lado distrações, divertimento, perder momentos e até mesmo pessoas. Pessoas que não estão alinhadas com o seu eu, que param de fazer sentido para o universo que você passa a viver ou construir. Pessoas que você acreditou que fariam a diferença e lutariam guerras por você, mas no fim das contas deixam sentimentos negativos crescerem dentro delas e o apoio que você esperava não vem. **Empreender, construir o seu alicerce, é muito sobre abrir mão. Do que você está disposta a abrir mão? Do**

Iana Furst | 115

relacionamento, dos planos dos pais, da expectativa familiar sobre seguir o caminho que planejaram para você? Buscar o sucesso de acordo com o que você acredita tem muito a ver com a resposta para outras perguntas: do que você está disposta a abdicar? Qual a prioridade da sua vida?

Eu abri mão: de uma carreira, relacionamento, amizades que deixaram de fazer sentido de um dia para o outro. Renunciei a estabilidade, rotina, dias repletos de certezas e mergulhei em um mundo totalmente diferente, repleto de plantio e colheitas incertas. Muitas vezes com erros que me custaram caro.

Acredito que posso pedir licença para citar um pouco da história da Camila. Que ao escolher seguir uma vida confortável e estável, teve de abrir mão de sentimentos, certezas e ousou traçar o próprio caminho, independentemente da herança empresarial da família ou de um relacionamento construído sobre uma sólida base e recomeçar do zero, em uma cidadezinha distante, com pessoas que não entendiam seu jeito de ser, mas que ela soube, passo a passo, mostrar que a vida é feita de diferenças e poucos julgamentos, e que a profissional que mora em cada uma de nós é responsável por tornar sonhos e planos em realidade.

Todas as vidas são interessantes. Construções, diferenças e individualidades, cabe a nós decidirmos de que maneira contaremos a nossa.

Minha mãe decidiu seguir passos próprios, não foi fácil para ela, para nós ou para os familiares. Sair fora de uma estrada tradicional é difícil ainda hoje, imagine você nos anos 80. Traçamos um caminho de muito trabalho, críticas, perdas e dores, mas com trabalho e determinação ela construiu o seu legado. E eu tento, independentemente, construir o meu.

Não acredito de modo algum que cheguei aonde quero, financeiramente com certeza não, mas trabalho todos os dias para deixar a minha marca no mundo. Para que o dia que eu me for, as pessoas que conviveram, conheceram, tiveram qualquer contato comigo tenham lembranças, boas ou ruins, mas que eu tenha contribuído na busca e construção dos sonhos. É disso que acredito que somos feitas, de sonhos, sejam quais forem. **Sucesso não é apenas uma conta bancária recheada. Sucesso é viver de acordo com o que você acredita e se sentir completa**. Não vai ser alegria todos os dias, mas certamente no balanço final valerá a pena.

Então, qual a receita do sucesso?

Nos *sites* de pesquisa, existem milhares de respostas: mude hábitos, acorde cedo, acredite em você, estude, pratique esportes... a receita é amplamente divulgada e tem milhares de autores. Mas eu acho que o caminho é mais simples do que imaginamos (simples, não fácil).

- Conhecer a si mesma: ou seja, saber o que quer, sonhar, acreditar. Quando você tiver as respostas do que faz sentido para você, certamente as outras respostas virão naturalmente.
- Reconhecer o valor da família. Ela é a base. Sempre. É na família que a pessoa que somos ou seremos começa a se moldar. Ter exemplos, inspirações, motivações e incentivadores faz toda a diferença. Quando trabalhei em uma grande empresa, certo dia, conversando com a recrutadora de talentos, ela me relatou que sempre em uma entrevista de emprego questiona o candidato sobre a relação dos pais com

o trabalho ou profissão que exercem. Esse relato pode dizer muito sobre o futuro do candidato na empresa, pois está diretamente ligado ao sentimento que ele tem com a palavra trabalho. Interessante, né?

• Entender que para chegar ao topo é preciso encarar terrenos íngremes. Pedras e renúncias fazem parte. Não existe como chegar ao ponto mais alto se você andar apenas por terrenos planos.
• Defender bandeiras: se você não sabe quais são as causas que você defenderia até debaixo d`água, você não sabe no que acredita, o que busca, o que quer construir. Não estou falando das causas da modinha, aquelas que todo mundo acha que precisa levantar a bandeira mesmo sem saber quase nada, estou falando daquelas que têm a ver com a sua vida, e mesmo que ninguém se posicionasse, você faria.

Através dos séculos existiram homens que deram os primeiros passos por novas estradas armados com nada além de sua própria visão.
AYN RAND

Foi-se o tempo em que nós, mulheres, precisávamos de permissões ou limites para moldar nossas vidas. Não somos movidas por formatos sociais nem por cronogramas dizendo o que fazer em cada altura da vida (ou em cada idade).

Existem projetos que vão muito além do trabalho, além do que se pode ganhar, além do que se pode oferecer. Projetos que nos envolvemos, pois acreditamos numa causa, acreditamos no outro, num ideal e, acima de tudo, na vida. O mundo nos tem, e nossos mundos são todos diferentes uns dos outros. Não é necessário saber viver dentro dos limites, é preciso sim acreditar que fora das fronteiras existe muito a ser descoberto e construído.

Uma das mulheres que mais me inspira no mundo é, sem dúvida, Luiza Trajano. Uma pessoa que teve na vida a sua melhor universidade, e como a própria Luiza diz, a vontade de "fuçar" fez toda a diferença. As informações que recebemos e buscamos, as inspirações que temos, isso é muito importante, mas o que realmente faz a diferença é saber qual atitude tomar, como utilizamos aquilo que aprendemos. Conhecimento sem atitude não é nada. Capacidade de inovar, ouvir, ter empatia, abandonar ideias fixas daquilo que um dia nos disseram que é verdade. É nesse movimento de aprendizado e construção, unido a atitudes únicas, que o sucesso se desenha.

Somos poderosas, fortes, inteligentes, intuitivas e capazes de promover coisas que nem sequer podemos mensurar, pois na medida em que tudo acontece, vamos seguindo a linha e dando novos passos em direção aos objetivos. Não temos o compromisso de acertar sempre, de fazer tudo como manda o figurino. E no momento que aceitamos isso e nos permitimos seguir novos rumos sem medo, o horizonte se expande. Todos os caminhos até aqui percorridos.

E eu espero, do fundo do coração, que tenha sido uma inspiração para vocês. Que juntas possamos seguir adiante, sem tanta cobrança ou disputa, construir um caminho onde nossas filhas poderão se orgulhar e, quem sabe, não enfrentarão tantos desafios além daqueles que a vida coloca naturalmente. Ser mulher não deve ser um deles.

Com o passar do tempo, descobrimos que felicidade é além do ter, é ser e estar. Que a vida é indescritível e surpreende a todos os momentos. Não é preciso observar o que os outros estão fazendo, a verdadeira importância está naquilo que nós fazemos. A realização e felicidade estão nas pequenas coisas, e que esses acontecimentos nem sempre são perfeitos, mas eles nos moldam. É importante ter claro o que queremos, na verdade, nos tornar. O sucesso pode ser simples, nós é que complicamos.

16

COMO BUSQUEI MEU LUGAR NO MUNDO
LIDERANÇA, EMPREENDEDORISMO, ASSOCIATIVISMO

O despertar da líder, professora, empreendedora que da roça foi para o mundo por meio do estudo e do trabalho. Assim, chegou ao posto de liderança da mais importante associação empresarial da cidade de Xanxerê (SC). Muitas pessoas se identificarão em vários momentos e a verdade é uma só: nada se consegue sem esforço, vontade, determinação e foco.

IRENE SÁ

Irene Sá

Graduação em Letras Inglês na Facepal, em Palmas/PR; pós-graduações em Português, Literaturas (URI-RS), Espanhol e Inglês, (Unoesc Xanxerê -SC); aperfeiçoamento internacional em Inglês, em Nova Iorque, Londres e Toronto; curso em *Business* na LSI (Londres e Toronto); curso em *Marketing and Strategies for Developing Countries* na UNB - Normal University -, em Pequim (China); TESOL, na Mississippi College (Estados Unidos); professora, empresária, agente de viagens e relações internacionais; vice-presidente regional do Conselho Estadual da Mulher Empresária de Santa Catarina (CEME); presidente da Associação Empresarial de Xanxerê (ACIX) - Gestão 2021/2022.

Contatos
irenefisk@gmail.com
Instagram: @irenesaaffolter
49 98839 7389

S ou filha de uma professora prendada e de um pai agricultor que tocava acordeom à noitinha e amava jogar futebol. Os livros, a escola, a música e o futebol sempre estiverem presentes na minha formação inicial. A participação dos meus pais na igreja e na diretoria do time de futebol da comunidade também foi um elemento importante e que marcou a minha vida. Esses fatores despertaram em mim o interesse em participar da comunidade desde cedo.

Aos 11 anos, saí do interior para estudar em Abelardo Luz (SC), onde fui morar com meus avós. Essa história é comum para a maioria dos jovens que saem do interior para dar sequência aos estudos na cidade.

Primeiro grande impacto

Lá na comunidade do interior onde morava com meus pais, eu era importante, pelo menos eu me achava, pois era a filha da professora e do presidente da comunidade. Quando cheguei ao colégio, na cidade, percebi que ninguém notava a minha presença. Diante desse cenário, aconteceu algo muito significativo para mim: percebi que as pessoas chamam a atenção pela beleza, posição social ou inteligência. Como eu não me achava bonita e não era rica, restou-me a alternativa de ser notada pelo conhecimento. Assim, decidi que aquela turma passaria a me perceber. Tratei de estudar (e muito)! Tínhamos professoras exigentes e eu escolhi a mais brava de todas, a professora de História.

Na disciplina dela, recebíamos longos textos que tínhamos que estudar e apresentar oralmente. Na minha vez, após estudar muito, fiquei em pé e apresentei o texto "A Tomada de Creta e Constantinopla pela Quarta Cruzada", com a segurança de uma maestrina. Naquele dia, naquela aula, todos me "perceberam", aplaudiram e, na sequência, fui eleita presidente de sala.

Assim, nascia uma líder na 5ª série, turma B, do Colégio Anacleto Damiani. Continuei sendo eleita presidente de sala nos anos seguintes e, na 8ª série, fui eleita presidente do grêmio estudantil.

Independência

Na minha infância, vi minha mãe receber o seu salário e entregá-lo todo a meu pai. Um dia, olhei para minha mãe com aquele guarda-pó branco e pensei: "quero ser professora, mas não quero ser assim".

Quando eu tinha oito anos, observei que uma moça bonita vinha aguardar o ônibus em frente à nossa casa. Eu ficava pensando: "quero ser igual a ela, pegar ônibus sozinha e ir estudar para ganhar o meu dinheiro". Mal sabia eu que ela se tornaria minha professora de 5ª a 8ª série e, mais tarde, também a minha grande amiga-irmã que a vida generosamente tem me dado o privilégio de ter. A moça bonita representava para a menina de oito anos a liberdade e a independência.

Aos 15 anos, houve outra mudança de cidade para fazer o Magistério. Dessa vez, fui morar na casa de uma família conhecida, tudo acordado com meus pais. Eu estudava à tarde e fazia companhia para a senhora, dona da casa, nos outros períodos, também ajudava nas tarefas domésticas. Eu estava feliz, pois sabia que este era o caminho para um dia trabalhar e ganhar o meu dinheiro e, assim, conquistar a minha independência.

Um ato de coragem

Uma amiga me convidou para visitar a família do irmão dela em Passo Fundo (RS). Era início das férias de julho e meu irmão mais novo viria me buscar porque meu pai não permitia que eu andasse de ônibus sozinha. E justamente naquele fim de semana seria a viagem.

Na verdade, esse meu gesto foi meu grito de liberdade. Eu fiz consciente, pois se eu pedisse, seria negado. Então, decidi aproveitar a oportunidade e depois pagar o preço. Assim fiz a viagem e conheci lugares lindos. Fiquei em uma casa belíssima que eu nunca tinha visto nada parecido antes.

Cheguei de volta a Xanxerê, peguei minha mala e fui *de ônibus, sozinha,* rumo à minha casa no interior. Meu pai estava furioso, mas por obra do Criador, bem mais calmo do que eu imaginava. Então, consegui fazer com que ele me escutasse e, pela primeira vez, eu falei com meu pai, assim, frente a frente. Dos cinco filhos, meu irmão mais velho e eu estávamos estudando fora. Expliquei ao nosso pai que ele não tinha absolutamente nada para reclamar da nossa conduta, que éramos ótimos filhos, tínhamos excelentes notas e que, se quiséssemos fazer algo errado, faríamos durante a semana, enquanto estávamos longe dele. Enfim, ele continuou bravo, mas não me deu a surra. No entanto, ele disse que eu não iria mais estudar. Pensei: *Meu Deus! Meu sonho não pode acabar por isso!* Mas também me acalmei, pois era o início de férias e até o dia da volta às aulas ele poderia mudar de ideia (e foi o que aconteceu).

Assim, terminadas as férias, voltei para a cidade *de ônibus e sozinha!* Eu irradiava alegria! Minha liberdade! Minha conquista da confiança do meu pai (porque, da minha mãe, eu já tinha). Agora, só faltava um trabalho para eu me tornar independente, pois enquanto eu dependesse do dinheiro dele, estaria sob o seu domínio.

O medo

O medo paralisa. O medo impede você de ir adiante. A situação do jeito que está você já a tem. Tente uma possibilidade diferente e isso somente vai acontecer se você enfrentar o tal medo. Monja Coen diz: *Tem medo, vai com medo mesmo!*

Foi o que eu fiz. A partir daquele episódio, nos tornamos muito amigos. Nunca mais meu pai se posicionou frente a mim de forma autoritária. Por meio do diálogo, houve aproximação, a conquista da confiança e do relacionamento saudável, que gera crescimento.

O tão sonhado 1º trabalho remunerado

Veio na metade da 2ª série do magistério. A diretora da escola me indicou para ser auxiliar da secretaria no Colégio La Salle. Eu fui a escolhida e não foi sorte. Foi merecimento. Devo isso pela minha atuação como aluna, disponibilidade em ajudar nas horas extras, meu interesse em melhorar a minha sala de aula e o colégio, meu respeito e educação pelos outros: tudo isso foi levado em conta pela diretora ao me escolher.

Como eu já tinha carteira assinada, a essa altura estava segura e, então, decidi pagar pensão em casa de família. Aos 18 anos, veio a faculdade que eu mesma consegui pagar. Escolhi Letras/Inglês justamente por inglês ser um "bicho-papão". Eu sabia o verbo *to be* no presente e passado e, ainda, muito mal. Sofri os quatro anos de faculdade e foram as únicas notas vermelhas do meu renomado histórico escolar. Foram os únicos exames que peguei na vida acadêmica. O inglês veio para me testar: mal sabia eu que ele seria a palavra-chave da minha vida.

Palavra-chave

Acredito que todos tenham uma palavra-chave que define a sua história ou foi decisória na sua vida. A minha foi "inglês". Sofri nas mãos dele (se é que ele tem mãos). Passei vergonha a ponto de um dia eu decidir: "Chega! Vou dar um basta nisso! Vou dominar 'esse' inglês!"

E, mais uma vez, eu enfrentei o medo. Enfrentei a dificuldade e comecei a procurar cursos fora da faculdade. Eu economizava durante o ano inteiro e ia estudar nas férias em Porto Alegre ou São Paulo. Também estudava em casa e fui, em grande parte, autodidata em meu aprendizado e domínio da Língua Inglesa. O inglês tem sido fundamental, tem dado tudo a mim e aos meus filhos, pois Matheus, meu filho mais velho, mora nos Estados Unidos e conseguiu um ótimo trabalho devido à fluência no idioma. Todavia, o mais impactante foi ele ter passado no teste como vocalista da banda americana Citizens At Risk, o que comprova a qualidade do inglês que ele aprendeu aqui. O inglês também tem sido importante para Pedro, meu filho mais novo, também fluente, que se tornou professor de inglês na FISK Xanxerê. O inglês tem aberto portas para mim e meus filhos.

Professora e empresária

Comecei a dar aulas na escola pública durante meus últimos anos de faculdade, o que me fez sair do cargo de secretária. No entanto, somente a sala de aula não me bastava: eu queria algo mais, algo meu, onde eu pudesse ensinar do meu jeito, com a metodologia que eu acreditava que faria meu aluno aprender outra língua de verdade.

Nesses primeiros anos de aprendizado na escola pública, com novas amizades e muito *networking*, recebi o convite para atender um grupo de engenheiros e veterinários do grupo Sadia (atualmente BRF). Essa empresa foi fundamental na minha vida de empreendedora porque me levou a questionar: "por que não abrir a minha própria escola?"

Abri primeiramente a *Pink & Blue Freedom* e, três meses depois, ganhei diretamente da matriz em São Paulo a franquia FISK. Três anos mais tarde, mudei para o centro da cidade e ampliei as instalações; 12 anos depois, em 2000, inaugurei a sede própria no coração da cidade, onde estamos localizados atualmente.

Experiências internacionais

Após um ano de abertura da minha escola, senti a necessidade de estudar no exterior para me capacitar ainda mais, haja vista a demanda que existia. Minha cidade recebia muitos profissionais de grandes centros, já com intercâmbios e conhecimento no idioma, que procuravam minha escola para praticar o inglês e o espanhol. Como nunca fui de me acomodar, embora tivesse estudado em grandes centros, não me sentia segura e sentia que precisava me testar. Mais uma vez, vencendo o medo, embarquei em Guarulhos e desembarquei no aeroporto internacional John F. Kennedy, em New York, para minha primeira experiência internacional. Foram 40 dias de imersão no Wagner College, na Staten Island, em regime internato, o que me ajudou muito, principalmente a ter mais segurança.

No ano seguinte, levei meu primeiro grupo de alunos à Disney, os quais viveram uma experiência incrível e puderam praticar o inglês que estavam estudando. Os grupos de viagens internacionais seguintes da minha escola de línguas foram imersões de 30 a 40 dias, com estudos, certificação e turismo nas cidades de Toronto, Londres, Nova Iorque, Los Angeles e San Francisco. Vieram missões no México, Argentina, Paraguai e Uruguai, também nos Estados Unidos. Na companhia de duas professoras da minha escola, fizemos o renomado curso internacional para professores na Mississipi College (TESOL) e, no ano seguinte, por meio de bolsa da Business School da USP, cursei Estratégias e Marketing para Países em Desenvolvimento na UNB, em Pequim, na China. Fiz algumas viagens turísticas e outras de estudos. Até o momento, foram 34 países visitados, mas a intenção é dobrar este número.

Associativismo

Lembre-se: *o que te trouxe até aqui não é o que vai te levar adiante.* Frase do título de um dos *best-sellers* de Marshall Goldsmith: *What Got You Here, Won't Get You There.* O legado que trouxe você até aqui não levará a sua empresa nem você para o futuro, razão pela qual temos que estar atentos, em constante aprendizado e reinvenção com a clareza de que sozinhos pouco conseguiremos.

Precisamos, além de planejamento, de pessoas, de equipe, de *networking* para a expansão, pensar fora da caixa, de conhecimento, de engajamento e de cooperação para nos fortalecermos e chegarmos mais rápido e fortes ao cumprimento de metas e propósitos traçados.

Desde os primeiros anos da minha empresa, percebi a importância do associativismo e a necessidade de participar de clubes de serviço, do clube recreativo, da igreja, das ações comunitárias. Isso tudo aumentaria a rede de contatos, me ajudaria no processo de expansão da minha empresa, além de, como empresária e cidadã, estaria contribuindo com a comunidade.

Além do clube, entrei para a Casa da Amizade das Senhoras Rotarianas. Passei a fazer parte da Associação Empresarial de Xanxerê (ACIX) e, nos últimos 11 anos consecutivos, participei das diretorias da entidade. Em 2017, fui cofundadora do Núcleo das Mulheres Empresárias, com o objetivo de fortalecer e capacitar a mulher para postos de lideranças tanto nas corporações quanto na política, bem como atendê-la nas necessidades diárias da sua empresa. Como primeira ação de abertura do NME, trouxemos a renomada Monja Coen, com a presença de 900 pessoas no Anfiteatro da Universidade do Oeste de Santa Catarina (Unoesc), mostrando a união e a força das empresárias xanxerenses.

No início de 2020, fui convidada a fazer parte da diretoria do Conselho Estadual da Mulher Empresária CEME), tornando-me vice-presidente regional do Oeste, por meio do qual atendo seis municípios.

Nesse mesmo ano, fui convidada para ser a próxima presidente da mais importante associação da cidade e, em nome das mulheres, aceitei esta grande e honrosa responsabilidade.

Sou a terceira mulher eleita neste cargo em 50 anos e isso mostra como cada mulher pode e deve buscar o seu lugar no mundo que a rodeia. A nossa representatividade ecoa na formação de novas empresárias. Mais do que nunca, um gestor precisa ter uma visão holística dos processos e, sendo mulher, mãe, empresária e líder, temos essa maestria em nossa essência.

Hoje represento a liderança feminina, pela qual tenho me empenhado, como presidente da Associação Empresarial de Xanxerê (ACIX).

Considerações finais

Não desperdice as oportunidades que chegam até você! Se não vierem, vá você em busca delas, crie-as. Se der certo ou errado, pouco importa: o erro faz parte do sucesso. O que realmente conta é o aprendizado que você terá em ambas as situações, naquelas que você tiver sucesso e naquelas em que fracassar. É o processo evolutivo do ser humano.

No entanto, se você não sair do lugar, ficará estagnado e dará início ao seu declínio. Este movimento de aproveitar as oportunidades gera alegria, saúde, vontade de viver mais e intensamente. Este movimento é um convite à vida, ao crescimento, à coparticipação, colocando você como autor da sua história.

Enfrente as situações, sejam quais forem: pague o preço necessário, assumindo toda a responsabilidade e as consequências. Cresça. Estude. Busque o conhecimento e se aproprie dele.

Se uma atitude que você toma reverbera no universo, imagine o que não faz com a sua vida e com os que estão ao seu redor? Somos seres em movimento: não podemos ficar parados e culpando os outros pelo nosso próprio fracasso. Sou adepta à frase de Nelson Mandela, "eu nunca perco: ou ganho ou aprendo". Foi uma escolha que fiz bem cedo, aos 11 anos, quando disse: "vocês vão me perceber", por meio da persistência, dos esforços, estudos, erros, acertos, buscando competências para postos que a vida trouxer até mim.

Como busquei meu lugar no mundo? Simples: com vontade, estudo, determinação e foco. Não há nenhum segredo nesta trajetória de vida: os fatos aconteceram porque foram buscados. Somos protagonistas do nosso destino. Deus nos deu o livre-arbítrio, o poder da escolha e eu escolhi vencer dentro dos meus parâmetros de princípios e ética, não na métrica dos outros.

Escolha ser você! Escolha viver a sua verdade! Escolha ser feliz! Pratique o auto-conhecimento. Depois, vá espalhar a sua luz por aí!

Referências

HELGESEN, S.; GOLDSMITH, M. *Como as Mulheres chegam ao Topo*. 1.ed. Rio de Janeiro: Alta Books Editora, 2019.

PINHEIRO. L. *No topo: o desafio de dirigir entidades empresariais*. 2. ed. Florianópolis: Palavra Com Editora, 2011.

17

NÃO OLHEI O TAMANHO DA PEDRA NO CAMINHO. EU CONTORNEI!

Desenvolvi a habilidade de "fugir", mesmo que fosse para estudar em cima de uma goiabeira. Lá eu me sentia longe do mundo, sem ninguém para atrapalhar os estudos de geografia e história geral, que eu amava. Era a minha forma de fugir para Veneza e outras partes do mundo por meio de um atlas. Na primeira vez que fui a Veneza, em 2014, subi os degraus da Ponte dos Suspiros chorando. Lá em cima, levantei os braços e gritei "Os livros me trouxeram até aqui". Pronto! Eu acabava de cunhar um dos meus bordões.

IZABEL VIEIRA

Izabel Vieira

Economista pela UNAMA. Pós-graduações: MBA em Gestão da Qualidade, Universidade Cândido Mendes; Ecoturismo, UFPA – Universidade Federal do Pará; Educação Ambiental, UNB; Empreendedorismo Rural e Desenvolvimento Sustentável, UEPA – Universidade do Estado do Pará; Propriedade Intelectual Inovação no Agronegócio e Indicação Geográfica, UFSC – Universidade Federal de Santa Catarina. Consultora e Mentora em Negócios, Gestão da Qualidade, Inovação, Indicação Geográfica e *Startups*.

Contatos
mistralconsultoria@gmail.com
Facebook: izabel.vieirabalieiro
Instagram: @mistralconsultoria
91 99986 7698

Uma amiga diz que minha história daria um livro ou uma série. Segundo ela, minhas histórias são melhores que a novela das 21 horas.

Nada foi fácil para mim. Perdi meu pai aos 8 anos. A mãe casou outra vez quando eu tinha quase 10. Sou a mais velha de 4 meninas.

Como a primeira, sempre fui muito cobrada. Desde os 10 anos eu ouvia "tens que dar exemplo para as tuas irmãs". Como eu odiava essa frase!

Sempre fui considerada rebelde. Não me calava diante de coisas que eu não concordava e não entendia por que teria que calar. Apanhei com cipó/cinto e fui obrigada a chamar aquele homem de pai. Como irmã mais velha, eu cuidava das menores na ausência da mãe.

Logo que esse homem foi morar em nossa casa, destruiu todas as fotografias do meu pai. Mas não conseguiu tirar de dentro de mim as memórias e o amor. Foram oito anos de sofrimento. Muitas surras e desrespeitos à minha dignidade, corpo e mente. Meu caderno de poesias, escritas por mim desde os 12 anos, foi rasgado. Os abusos psicológicos foram em forma de julgamentos e sentenças do tipo "tu não presta", "tu vais ser isso ou aquilo".

Dos 14 aos 17 anos, às tardes, trabalhava na casa de uma senhora fazendo doces, salgados e tomando conta de seu filho de cinco anos. Amava passar as tardes naquela casa. Assim eu tinha um motivo para ficar longe do ambiente em que vivia.

Desenvolvi a habilidade de "fugir", mesmo que fosse para estudar em cima de uma goiabeira. Lá eu me sentia longe do mundo, sem ninguém para atrapalhar os estudos de geografia e história geral, que eu amava. Era a minha forma de fugir para Veneza e outras partes do mundo por meio de um atlas.

Na primeira vez que fui a Veneza, em 2014, subi os degraus da Ponte dos Suspiros chorando. Lá em cima, levantei os braços e gritei "Os livros me trouxeram até aqui". Pronto! Eu acabava de cunhar um dos meus bordões. Claro que ninguém ao redor entendia o que estava acontecendo. Mas eu sabia, exatamente, o "preço" que eu paguei para chegar até ali. Era um sonho desde os 12 anos.

Na última surra, por motivo fútil, fui espancada cruelmente. Não pude me defender, fui socorrida por vizinhos. O rosto ensanguentado, nariz quebrado e um afundamento no lado direito. Só descobri o afundamento e que o nariz cresceu com deformidade há 3 anos, quando fiz alguns exames no otorrino.

Por muitos anos eu não conseguia falar desse tempo sem chorar. Ainda não consigo descrever muitos dos abusos que sofri. Quem sabe um dia eu supere todas as mágoas.

Izabel Vieira | 129

Após esse espancamento, saí de casa. Fui morar com a avó materna. Eu já trabalhava no escritório de uma indústria de confecções. Em cinco meses, pedi demissão e fui para outra empresa próxima de onde morava. Passei três meses com a avó e três meses na casa de um tio. Depois aluguei um quarto na casa de uma vizinha amiga.

Nunca parei de estudar. Aos 20 anos, engravidei e não queria casar. Queria criar meu filho e estudar fora. Separei quando meu filho estava com 10 anos.

Mudei de emprego seis vezes. Sempre mudava para galgar níveis mais elevados e ganhar um pouco mais para custear meus estudos.

Quando na faculdade, por 4 anos, eu vendia 50% do vale refeição para comprar livros. Digo sempre, "economizei do estômago para investir no cérebro".

Terminei a faculdade de economia já no 7º emprego em uma empresa pública federal, onde fiquei por 14 anos e 8 meses.

Sou muito curiosa e sempre que aprendo sobre um tema que gosto, quero aprender mais. Passei por três cargos, de assistente de contabilidade a economista. Vi que na empresa pública eu não cresceria mais. Decidi sair e montar uma empresa de consultoria.

Casei-me novamente antes de montar a consultoria.

Quando decidi encarar a "carreira solo", fiz acordo para sair da empresa no final de julho de 1998. Em agosto, preparei um currículo e levei ao SEBRAE para credenciar como prestadora de serviços. Falei para o gerente "Já posso trabalhar para vocês. Mas não me chame antes de outubro. Vou construir uma casa." No dia 27 de outubro, eu estava fazendo minha primeira viagem para ministrar cursos no Sudoeste do Pará. Passei duas semanas longe de casa. Chorei que nem bezerro desmamado.

Trabalhei muito para criar uma nova carreira. Viajei todo o Estado do Pará, parte dos estados do Amazonas, Amapá, Maranhão, Rondônia, Paraíba, Bahia, Ceará.

Quando comecei a consultoria, eu tinha somente uma graduação. Como eu amo estudar, em março de 1999, comecei um MBA em Gestão da Qualidade.

Passei muitas noites acordada, montando conteúdo para meus cursos em Qualidade no Atendimento, Técnicas de Vendas, Estratégias em Vendas, Técnicas de Arquivo e palestras motivacionais. Nessa época não se tinha opção de pesquisas pela internet. Investi em muitos livros, revistas técnicas e cursos de curta duração.

Em 2001, fiz a segunda pós-graduação em Ecoturismo, na Universidade Federal do Pará. Nesse mesmo ano, antes de concluir essa pós, vi uma oportunidade de fazer um curso de extensão na ESALQ USP, em Piracicaba, financiado 100% por uma organização da Holanda, captado pelo IEB Instituto de Educação do Brasil (Brasília). Inscrevi-me. Fui aprovada. A partir desse curso, meu cacife melhorou. Criei outros conteúdos para MPEs (Micro e Pequenas Empresas), colaborei para a criação do curso de pós-graduação "Empreendedorismo Rural e Desenvolvimento Sustentável" na Universidade do Estado do Pará (UEPA).

Nunca parei de estudar. De 1999 até agora já fiz oito pós-graduações, dezenas de extensões e aperfeiçoamentos.

A partir de 2001, quando comecei a atuar na área ambiental, apaixonei-me pela Agricultura Familiar. Então, criei uma série de conteúdos para esse público.

Em 2016, enfrentei um dos trabalhos mais gratificantes e difíceis da minha carreira. Não pelo trabalho em si, mas por algumas dificuldades nos percursos. Percorri toda a Região Sul do Pará levando cursos, oficinas e palestras para comunidades de agricultores familiares. Foram muitos dias de estrada, poeira e dormindo em hotéis "nublados" (sem estrelas).

Costumo dizer que sou "caixeiro viajante do conhecimento". Levo e trago conhecimento. São 23 anos viajando sozinha. Muita solidão, mas também muitas fotografias de paisagens e muitos amigos.

A calça jeans voltava amarelada de piçarra. O coração e a alma leves. Sabor de realização muito grande por contribuir com o progresso da agricultura familiar, com a melhoria da qualidade das produções e de vida das pessoas.

Andei pela Região do Araguaia (Sul do Pará) de março a setembro de 2016 e parte da Região Sudoeste.

Houve semanas em que eu amanhecia em uma nova janela todos os dias. Saía de um hotel pela manhã e, depois do trecho, me dirigia a outro hotel em outra cidade. Em certas ocasiões, levantava-me às 5h, saía às 6h e retornava às 19h.

Redenção foi a cidade onde fiquei mais dias e que era o meu ponto de apoio. Fiz amizade no hotel. Eu tinha permissão, da proprietária, para usar a cozinha e comer o que quisesse. Quando eu chegava à noite, cozinhava dois ovos e os comia com duas torradas (da mochila) molhadas em azeite de oliva (sempre levo uma embalagem de 50ml) e alguma fruta. Sempre tinha bananas e melancia nesse hotel. Em certos períodos, eu ficava mais de três dias. Então, eu ia ao supermercado e comprava uma melancia bem grande, bananas e uma caixa com 30 ovos para repor o estoque.

Passei muitas horas dentro de ônibus, micro-ônibus e em carros da instituição contratante, com gestores dos projetos.

Geralmente, em viagens longas, de ônibus, eu durmo um pouquinho e acordo com mil ideias. Desenho e escrevo muito – sempre tenho um bloco, canetas e lapiseira na mochila. Olho a paisagem pela janela e os "tico e teco" ficam doidos.

Foi nesse período (2016) que comecei a fazer meu *autofeedback*. Seres humanos normais fazem reflexão. A Izabel Vieira nem gosta dessa palavra. Faz logo um balanço geral.

É preciso saber encerrar ciclos e iniciar novos. Novos rumos, novos planos, novas histórias sempre serão bem-vindas.

Comecei a desenhar meu planejamento para mudar um pouco minha carreira e quase tudo na minha vida. Fiz-me muitas perguntas (sempre anotando), do tipo: "Onde quero estar quando estiver com tal idade?", "Com quem quero estar?", "O que quero fazer com tal idade?", "Vou continuar trabalhando ou mochilar pelo mundo?", "Faço o tão sonhado sabático?" etc. Algumas perguntas eram logo respondidas, outras, eu desenhava uma grande interrogação para depois buscar as respostas. Era o início de "arrancar" as penas para, quando emplumada, alçar novos voos.

Nem tudo foram flores. Sofri e vivi fortes emoções nesse trecho. Fui traída por pessoas que se mostravam amigas. Pessoas que me beijavam o rosto e mostraram todo o seu lado nada profissional. Mas também reencontrei pessoas que já conhecia, conquistei muitos amigos empreendedores, colegas de consultoria, profissionais de outras instituições, fiz mais de 2 mil fotografias, aprendi muito sobre cultivos diversos. O resultado superou todas as dificuldades. Quanto às pessoas "nada profissionais", eu soube me defender muito bem, dentro da legalidade e ética que defendo.

Comi muito queijo, vaca atolada, também passei fome dentro de ônibus parado na estrada, por causa de manifestações. Mas eu sempre sacava minha "cumbuca" de sementes oleaginosas e passas, biscoito integral e água morna da mochila.

Foram muiiiiiiiitas emoções! Valeu a pena. Enriqueceu minha vida e minha história. A partir de dezembro de 2016, resolvi mudar minha vida, quase que radicalmente.

A mudança é fundamental para nos renovarmos e ter sangue novo. Limpar a retina e fazer os olhos brilharem em novos projetos. A mudança dói um pouco, mas a emoção de começar de novo com projetos desafiadores amaina todas as dores do processo.

Fiz um balanço de tudo que me fez chegar até ali, o que havia construído, as lições que havia aprendido com os erros e acertos. Digo que fiz como as águias quando chegam a certa idade. Sobem a montanha mais alta, arrancam as penas, unhas, bico e, quando emplumadas, dão seu primeiro voo libertador.

No balanço, avaliei tudo: satisfação pessoal, família, carreira, sucesso, tropeços, relações e decidi que precisaria mudar. Mudar para renovar minha alegria de viver.

Fiz muitas perguntas ao meu passado para decidir como seria meu futuro. A mais importante pergunta foi "como quero estar em 10 anos?". Fazia as perguntas e elaborava as hipóteses.

Trabalhando há tanto tempo com planejamento, decidi fazer, então, um novo projeto da minha vida.

A primeira ação desse projeto foi contratar um profissional de educação física para vir três vezes por semana em minha casa e me treinar por uma hora. Antes, é claro, fiz meu *checkup* anual. O resultado, em alguns meses, foi que ganhei coxas e glúteos.

Outra meta desse plano para viver melhor foi diminuir a carga de trabalho e passar a curtir mais a minha casa e jardim.

A partir do momento que decidi ficar mais em casa, pude constatar que o casamento estava desgastado e que eu, que sempre fui muito feliz, estava ficando amarga.

Sempre tive a consciência de que a minha felicidade é responsabilidade minha. Não posso delegar isso a outra pessoa. Foi aí que, em agosto de 2018, tentei fazer mais um acordo no casamento. Nossos projetos de vida estavam divergentes. Não tínhamos mais objetivos comuns. Apesar de que eu sempre lutei por isso. Eu o ajudei a começar muitos projetos que ele não dava continuidade e ainda me culpava. A relação não estava boa, eu me sentia frustrada, como se me culpasse pelo fim eminente. Passei a me enclausurar cada vez mais no escritório em casa, onde era o meu refúgio. Fica ao lado do quarto. Nele eu trabalhava, estudava, tomava vinho, chorava, ria, falava com amigos.

Sou chorona e até quando escrevo, agora, eu me emociono e lacrimejo, lembrando as noites que passei insones no escritório.

Em 2017, logo depois do plano de mudança de vida, comecei o planejamento para morar em Portugal. No início de 2018, tirei todos os documentos e dei entrada no vice-consulado de Portugal, em Belém, solicitando um visto de residente. Viajei para uma nova vida em setembro. Lá chegando, pude contar com apoio de uma grande amiga, que me ajudou a tirar os documentos necessários para o Título de Residência.

Em setembro de 2019, o SEBRAE me chamou para executar um diagnóstico em Indicação Geográfica no Pará. Como o valor compensava, voltei ao Brasil. Concluí o trabalho em dezembro. Marquei o retorno a Portugal para março de 2020. A pandemia chegou e me prendeu no Brasil. Cancelei o voo e cá estou deste então. Pretendo voltar em setembro deste ano.

Em outubro de 2018 participei, em Lisboa, das discussões na Assembleia Nacional sobre a qualidade da alimentação na educação em Portugal, evento organizado pela FAO de Portugal e pela Rede Rural Nacional. Após o encontro, fui convidada para visitar o escritório da FAO e mostrar um pouco dos meus trabalhos no Brasil. Como eu voltei ao Brasil em 2019, o encontro estava marcado para março de 2020.

Em setembro de 2020, eu começaria o doutorado em Coimbra. O corona atrasou meus planos em dois anos. Parei as consultorias, as viagens e me vi trancada sozinha em minha casa. Montei um plano de contingência como se estivesse em uma guerra. Tirei os móveis da sala e a transformei em academia. Criei uma rotina de tarefas. Pela manhã gravava vídeos motivacionais para os amigos que estavam confinados em suas casas, alguns doentes. Às 8h30, dançar rock e malhar. Tomar banho, almoçar e entrar no escritório para estudar.

Comecei a estudar sobre marketing digital e gostei. Comprei cursos. Montei um *e-book* e comecei o planejamento para levar meu conhecimento para o digital. Hoje tenho três mentorias montadas. A primeira, em Qualidade no Atendimento, será oferecida ao mercado em julho de 2021. A segunda, Estratégias em Vendas, para setembro.

Se tenho algo a dizer para as pessoas que lerão este relato, que possa ajudá-las a seguir em frente, é:

1. As pedras no caminho valorizam a vitória, mas elas não são tão importantes quanto os seus sonhos;
2. Nunca se deixe parar porque alguém botou o pé na tua frente e te fez tropeçar. Levanta e corre;
3. O conhecimento é o único bem que ninguém vai te tomar. Tu o levas a qualquer lugar e não pesa na mala;
4. Cultive pessoas e as boas relações com elas;
5. Faça o bem. Dê amor. Essas são boas energias que tu envias para o Universo e ele sempre devolverá essa energia para si, na mesma medida ou em maior proporção;
6. Nunca, nunca pare de estudar e seja curioso como uma criança;
7. Quando não souber, pergunte e aprenda;
8. Ensine outras pessoas. Passe seu conhecimento adiante. Conhecimento dentro da tua cabeça é somente informação;
9. Planejamento é tudooooo;
10. Sonhe muito, porque é de graça. Mas trabalha firme e forte para realizar esses sonhos;
11. Nunca acredite quando alguém disser que tu não podes fazer algo. Aprenda, faça e ria de quem falou;
12. Não espere criarem oportunidades para si. Desenhe uma na parede e meta o pé.

18

A DESCOBERTA DE OLHAR COM GENEROSIDADE PARA DENTRO DE MIM, QUE ME PERMITIU VIVER A MATURIDADE

Como absolver-se da culpa, aprender com as frustrações e seguir adiante? Como sorrir e chorar, intensamente, encontrando dentro de si a razão para ser feliz? Como usar nosso poder de escolha? Somos mulheres completas, de corpo e espírito, merecemos nosso lugar ao sol e é isso que quero compartilhar.

JANELISE ROYER

Janelise Royer

Sócia nas empresas: Transportes Bernardo, Albano Royer Administradora de Participações Societárias, Startup Serra pra Você! e Quiron Digital. Associada ao Banco da Família. Ocupa os cargos de vice-presidente na Associação Empresarial de Lages – ACIL, diretora de integração da Federação das Associações Empresariais de Santa Catarina - FACISC, vice-presidente Regional do Conselho estadual da Mulher Empresária – CEME, conselheira estratégica do Orion Parque Tecnológico. Já atuou como vice-presidente de serviços; 2ª Secretária e coordenadora do Núcleo da Mulher Empreendedora, na ACIL; 1ª secretária e presidente do CEME. Graduada em Administração pela Unicesumar. Treinamento em *Media Training*, PNL, *Life* e *Executive Coaching*, Empretec, *Master Mind*. Coautora nas obras: *Empreendedorismo feminino, inovação e associativismo*; *Os desafios da mulher empreendedora do novo tempo*.

Contatos
janelise_15@hotmail.com
Instagram: @janeliseroyer
49 99142 4886

Janelise Royer, nascida e criada para ser uma mulher nos moldes perfeitos. Noiva aos 18 anos, casada aos 20, mãe aos 21. Dona de casa exemplar, caprichosa, boa cozinheira, exímia com artesanato, esposa e mãe cuidadosa e amorosa. Estudiosa, mas questionadora. Discutia sobre tudo que não obtinha uma resposta satisfatória – sempre gostou das coisas claras. Amigável, sem distinção. Vivaz, tenaz, curiosa, esperta, mas com medos cravados no seu íntimo, igual a milhares de mulheres.

Daria dor de cabeça aos pais, pois era extrovertida, festeira e namoradeira. Adorava esportes, em especial, o basquete que jogava com amigas que cultiva até hoje. Boa filha, boa irmã, boa neta, boa sobrinha. Uma adolescente normal tentando entender o seu lugar no mundo e com todas as crises possíveis, existenciais e amorosas. Fumava e bebia sempre que podia, já que essa era uma das ideias de rebeldia. Com muitos amigos, nunca fez distinção entre meninos e meninas, porque para ela todos somos humanos. Essa é a descrição de uma adolescente como tantas por aí.

Enfim, não veio ao mundo a passeio, sempre quis viver todas as oportunidades que a vida proporcionava. Amou o quanto pôde, mas nunca viveu romances platônicos, pois até hoje se for para ser morno, prefere não provar – e isso serve para tudo, inclusive café. Paixões não correspondidas são lindas para as telas de cinema, não para a vida que, como diz Mário Sérgio Cortella, "é muito curta para ser pequena".

Casou-se, foi mãe, trabalhou muito, preenchendo o pouco tempo de folga com leitura e pintura. Vivia feliz, mas continuava sentindo um grande vazio. Sempre valorizou mais as perguntas do que as respostas, mas a única pergunta que se fazia era: será que a vida é só isso? Fez vários cursos: programação neurolinguística, *coaching, empretec,* técnica vocal, entrou para a faculdade, cantou no coral, tornou-se espírita, mas o vazio ainda estava lá, era uma caverna escura que a prendia sem mostrar a saída. A mudança nessa percepção de vida, de valor das escolhas e de entender o que realmente precisa, veio por um processo doloroso e que rompeu todas as crenças que trazia consigo. Este furacão chamado **menopausa** arrancou dela tudo o que pensava que sabia e cuspiu verdades nuas e cruas em sua face.

E é esta história que quero compartilhar.

Menstruei ao completar 11 anos e sempre sofri com cólicas intensas e fluxo excessivo. A TPM? Um inferno. Quando comecei a tomar anticoncepcionais, houve a regulação do fluxo, mas as cólicas permaneceram, as náuseas e dores de cabeça por não adaptação ao contraceptivo eram incessantes.

Tive dois abortos espontâneos e duas gestações. Sinto-me feliz pela espiritualidade ter me concedido a bênção de receber quatro espíritos em meu ventre para amá-los e honrá-los. Sim, não se vive o luto por essas almas que não chegam a nascer neste mundo. Pela constelação familiar, pude recuperar esse sentimento e me sentir feliz por ser mãe de quatro filhos. Queria muito ter parto natural, mas na primeira gestação tive complicações no sétimo mês e fiquei de repouso absoluto, até fazer uma cesárea de emergência por descolamento da placenta. Na segunda gestação, correu tudo bem até o final.

Como não me adaptava aos contraceptivos, meu marido fez vasectomia, e isso nos deu tranquilidade na relação. Continuei tendo problemas, desenvolvi uma anemia crônica. Durante a TPM ficava imprestável, pensava em matar todo mundo e, quando vinha a menstruação, me arrependia de ter pensado. Com 31 anos, sob orientação médica, passei a usar DIU de progesterona e não menstruei por 7 anos. Curei a anemia e estava literalmente nas nuvens.

Aos 38 anos, retirei o DIU e não quis recolocar. Então, desenvolvi endometriose, um distúrbio em que o tecido uterino (endométrio) cresce fora do útero e, no meu caso, nos ovários. Fiz tratamento por dois anos e esse período foi horrível. Tinha cefaleia, dores na lombar, nas pernas e nas coxas, sentia como se estivesse em trabalho de parto, tamanha era a dor pélvica. Desmaios, vômito e um rio de sangue incontrolável também faziam parte das reações. Eu me sentia morta. Consultei alguns médicos e, após vários exames, optei pela histerectomia, que não poderia ser por vídeo devido a uma alteração na minha bexiga, que precisava ser corrigida.

No dia 13 de abril de 2017, eu dei um passo sem volta para a maior mudança na minha vida. Passados 15 dias, comecei a sentir os sintomas típicos da menopausa. Fogachos, ressecamento da pele e das mucosas, necessidade de urinar a cada pouco, queda de cabelos e unhas quebradiças e, o pior, um desânimo que me prendia na cama. Passei semanas sem vontade sequer de tomar banho. O pijama me confortava; junto dele, chorava copiosamente. O calor ardia como fogo que subia pelos pés até a raiz dos cabelos, e me encharcava de suor, sempre precedido de uma sensação de desmaio. Sexo? Melhor nem comentar.

Comecei a ganhar peso e, em 4 meses, engordei 12 kg. Isso foi evoluindo gradativamente; após 3 anos, cheguei aos 28 kg. Passei do manequim 36/38 para o 46. Como me senti? Horrível, desanimada, fracassada. Sofria com dores no quadril e na coluna, afinal, minha estrutura óssea não comportava toda aquela massa. Fazia alongamento para amenizar a dor na região lombar e nas pernas. Mudei totalmente meu estilo de vestir, optando por roupas mais leves; surgiu, então, a minha marca registrada: o leque.

A menopausa me destruiu, derrubou todos os muros, todas as crenças e tudo o que eu pensava que sabia sobre mim e "sejam bem-vindos" reposição hormonal e suplementos. Foi ruim? Não, ela trouxe à tona o melhor de mim, por isso, desse limão, fiz uma doce limonada.

Como sempre fui de olhar o lado positivo das coisas, passei a enxergar coisas que antes eu não percebia. A primeira descoberta foi olhar no espelho e ver que agora eu tinha cara da mãe do Bernardo e da Angela, que já eram quase adultos. Isso refletiu uma força que antes eu não percebia. Comecei a me ver com uma elegância no andar, uma determinação e uma coragem, temperadas com sutileza e, ao mesmo tempo, sem a menor necessidade de agradar ninguém. Percebi que a comunicação com os homens – que sempre foi boa – estava mais solta, como se eu tivesse passado no teste e entrado de vez para a patotinha. Minha postura mudou, e isso refletiu nas minhas relações, tanto pessoais quanto profissionais. Uma mulher que admiro demais é a Marília Gabriela e, certa vez, em uma entrevista ao Programa Todo Seu, de Ronnie Von, ela disse que percebeu que os homens falavam com ela coisas que só falavam entre homens e que isso se dava por nunca ter feito distinção ou se imposto como "eu sou uma mulher e vocês são homens", mas sempre ter se colocado como membro da equipe. Compartilho desse sentimento.

Adquiri autoconfiança para me expressar e uma incrível sensação de liberdade intelectual, moral e humana, que ajudou na minha criatividade. No entanto, eu, no auge dos meus 40 e tantos, em que a mulher aflora os seus instintos e, na maioria das vezes, tem uma vida sexual saudável e ativa, tentava entender o motivo de isso não ser parte da minha realidade. Ficava absorta em meus pensamentos, imaginando em qual curva do caminho eu havia capotado esse "bonde chamado desejo", pois sempre gostei da intimidade.

Como engordei muito, fiquei com uma barriga saliente. Os meus seios eram pequenos, sempre gostei deles, mas agora pareciam estar fora de contexto naquele corpo que eu não reconhecia mais. Decidi fazer uma lipoaspiração e uma abdominoplastia, e passei a me olhar com mais amor e com muito mais respeito. Tirei de mim aquela sensação de pena e fui, gradativamente, sentindo que eu ainda era bonita – do meu jeito.

Veio, então, a ajuda das mulheres a minha volta, minhas amigas. Passei a tomar alguns estimulantes naturais, fazer caminhadas diárias e me alimentar de forma mais saudável. Com isso, estabilizei meu peso. Iniciei terapia semanal e, já nas primeiras sessões ficou claro que não era falta de libido, era a maldita mania que temos de misturar tudo e colocar no mesmo caldeirão. Minha terapeuta me virou do avesso, resgatou coisas guardadas e me ajudou no processo de cura de alguns traumas. Habituei-me a separar as minhas emoções e resolver cada um dos conflitos na medida em que eles aparecem. Aprender a deixar as minhas expectativas claras, em casa, no trabalho, no quarto, fizeram uma verdadeira revolução na minha mente. Parei de sofrer e comecei a me entregar aos processos de forma mais racional, e isso me ajudou a deixar cada coisa em seu devido lugar. Quebrei as crenças impostas na minha criação de que prazer não faz parte da vida de uma mulher decente, e pude entender que sim, eu mereço sentir prazer e ser feliz ao lado do homem que escolhi para ser meu parceiro na vida. A relação ficou muito mais saudável para nós dois.

Sou ponderada, adaptável, ouço mais do que falo, mas quando falo sou objetiva – odeio pessoas prolixas – e não emito opiniões sem conhecer os fatos. Não tenho o menor pudor em dizer que não sei e pedir ajuda. Isso auxilia muito na minha vida profissional, nas instituições em que atuo e, em vários momentos, na vida pessoal. Sempre respeitei as regras, adequando minha postura aos lugares onde era preciso, isso faz parte da vida em sociedade. Mas sou uma pessoa intensa, carrego no peito os quatro elementos – fogo, terra, água e ar – e os uso, indistintamente, de acordo com o momento. Uma frase norteia todas as minhas decisões e foi dita por São Paulo, há dois mil anos: "Tudo me é lícito, mas nem tudo me convém". Isso significa que posso escolher o que quero para mim. Melhor ter paz ou ter razão? A razão pouco importa, eu quero mesmo é ser feliz, livre, leve e sem culpas.

Tenho muitos amigos e amigas, adoro estar rodeada deles, mas não abro mão da minha solidão e dos meus momentos de ócio. Amo viajar e acordar sozinha, tomar café quieta olhando a correria das pessoas ao meu redor. Claro, de vez em quando. Também amo acordar antes do nascer do sol para caminhar, respirar ar puro e clarear minhas ideias. Curto a vida do meu jeito, no meu ritmo. Sou eclética, gosto de tudo que faz meu corpo pulsar. Sou chata quando estou com fome e com sono, e gosto de fazer as refeições em paz. Cada coisa tem seu momento de ser e de estar na minha vida. Procuro usar com sabedoria o meu livre-arbítrio e conviver com as minhas escolhas, sendo boas ou não.

A maturidade me trouxe autoconhecimento sobre meus poderes e, também, minhas fraquezas, e está tudo certo. Não sou a Mulher-Maravilha, que, aliás, sempre sonhei ser quando criança. Aprendi que sou de carne e osso e eles doem quando não são cuidados. Aprendi a fazer opções diárias para estar saudável, manter a mente ativa, estar de bem comigo. Digo sempre, e já citei isso em várias ocasiões, que a pessoa mais importante da nossa vida é aquela que nos sorri no espelho todas as manhãs. Retribua. Cuide dela. Valorize as pequenas conquistas e comemore. Não se apegue a padrões impostos, pois somos essencialmente magníficas. Nossa beleza está no vigor, na alegria, na forma de lidar com situações desgastantes, na entrega que fazemos por amor e no quanto nós nos queremos bem. Resgate o que te faz bem, o que te faz sentir borboletas no estômago, te faz sorrir por nada e se agarre a isso. Seja a mulher mais linda da sua história. Os outros podem não concordar, mas quem são esses outros para nos julgar? As mulheres mais incríveis e fortes que conheço nunca tiveram medo das suas escolhas.

Aquela menina sonhava e com alegria encenava seus sonhos, vivendo diálogos e monólogos em frente ao espelho e no conforto do seu travesseiro. Ao ser mãe, vivi meu papel mais importante e, com meus filhos, escrevi todas as mais lindas histórias que qualquer mulher poderia viver. Aquela menina não imaginava o turbilhão de adversidades e de desafios que precisaria vencer para chegar até aqui. Por crer que sonhos são possíveis e dependem de nós, lutei com todas as forças para realizá-los. Se aquela menina visse a mulher que me tornei, certamente estaria orgulhosa.

Se pudesse realizar um desejo, gostaria de fazê-la crer que cada mulher é única e que todas têm seus dramas, o que importa é tirarmos o melhor de todas as situações. O que mais me ajuda a compreender a complexidade da minha existência é saber que nada é por acaso, estamos aqui para evoluir, para aprender e sermos melhores a cada dia. Minha mensagem para vocês é que nunca esqueçam o maior mandamento: "Amar a Deus sobre todas as coisas e ao próximo como a si mesmo". Façam com que todas as suas atitudes sejam guiadas para o bem da sua vida e de todos à sua volta. Viva cada instante com a certeza de que ele não se repetirá, pois o tempo não volta e cada momento de luta a transformará em uma pessoa diferente daquela que iniciou a batalha. Lembre-se: cuide-se e seja luz para todos que cruzarem o seu caminho.

Ame-se!

19

O DESPERTAR DE DUAS HABILIDADES DO FUTURO PARA UMA JORNADA CRIATIVA DE SUCESSO

Neste capítulo, vocês encontrarão um pouco da minha jornada como empreendedora e o despertar para duas grandes habilidades do futuro, sendo elas a resolução de conflitos complexos e a negociação, que impactaram diretamente no poder de barganha da minha atuação no mercado e promoveu todo meu diferencial pela junção criativa das duas junto aos meus clientes.

KARINE DE FARIA ALVES

Karine de Faria Alves

Enfermeira graduada pela UNIP (2009), com pós-graduação em Saúde Pública (2010), Administração e Gerenciamento em *Home Care* (2011), *Profissional & Self em Coaching* com extensão em *Behavioral Analyst* (2011), MBA em Gestão Empresarial (2016). Atuação no mercado de saúde há 13 anos e com perfil de inovação. Atualmente é graduanda em Direito, desde 2020; mestranda em Resolução de Conflitos e Mediação (2021) e CEO da INNOVARMED Bussiness Intelligence, que tem por objetivo unir a *expertise* da saúde ao mundo jurídico atuando fortemente no âmbito hospitalar, gerando inovação na forma de gerir com excelência e criatividade e entregando estratégias com foco na resolução de conflitos e negociações eficazes, além de líderes moldados ao resultado.

Contatos
ww.karinealves.com.br
karinebusines@gmail.com
Instagram:@karinealvesoficial
62 99255 8445

O futuro pertence a aqueles que aprendem mais habilidades e são capazes de combiná-las de forma criativa.
ROBERT GREENE

Minha jornada empreendedora começou quando compreendi que a minha habilidade de "persuasão" era algo além das minhas capacidades técnicas como enfermeira no mercado de trabalho, resultando em metas alcançadas e entregas com excelência por onde caminhei.

E com este olhar, fui capaz de perceber que meu potencial era algo a mais do que ser CLT, com capacidade de servir esta empresa pelo meu conhecimento e *expertise*, pela minha própria empresa, na falha do processo que ela não desenvolveu. **Aqui a chave virou.**

E diante desse novo olhar do mercado, percebi que o sistema pode corromper a não perceber sua real capacidade pela necessidade de recolocação perante a sociedade e ao que pessoas tangem sob sua vida e direção, que ocultam a **jornada** destinada a você.

E para que a chave virasse na prática, busquei me capacitar no mundo dos negócios, criando relações e conexões duradouras com empreendedores e grandes empresários, tendo apoio e referência durante o processo.

E minha **jornada empreendedora** iniciou há dez anos, como consultora técnica e comercial praticando o "intraempreendedorismo" em empresas, provendo alta *performance* comercial com resultados acima da média e **encontrei meu lugar**.

E por 10 anos estive em grandes empresas, aprimorando habilidades como liderança, estratégia, estudo de mercado, comunicação e foco em resultado. Em 2017, experimentei o outro lado do empreendedorismo, o lado de falhar na estratégia a ponto de fechar minha empresa, mas não de desistir de mim e todo meu potencial.

Aqui entendi que precisava analisar, corrigir e mensurar os pontos fracos e planejar para retomar de forma mais assertiva ao mercado. E nessa análise considerei meus pontos fortes e meu diferencial de mercado, sendo eles:

- Facilidade para resolução de conflitos;
- Intermediação de negociações.

E nesse novo cenário aprimorei estes diferenciais antes de voltar ao mercado, no qual compartilharei com vocês tudo sobre o que estes pontos fortes podem fazer por você na sua **jornada** de empreendedorismo e no fortalecimento das suas relações pessoais.

Habilidade de resolução de conflitos

Durante minha jornada como PJ atuando junto aos meus clientes no âmbito comercial, percebia a dificuldade de tomada de decisão e a procrastinação em devolutivas. Para um vendedor, esse cenário era péssimo e não gerava resultados positivos. E para que a minha *performance* não fosse atingida, busquei conhecimento de como lidar com esse tipo de situação a prover o resultado a meu favor. Por meio de livros e novas estratégias, comecei a aplicar as ferramentas capazes de solucionar os conflitos que impediam a decisão que precisava.

Processo de validação:

A. Estratégia: passei a aplicar o processo de perguntas poderosas e a escuta ativa.

B. Análise da Estratégia: compreendi que os maiores conflitos são internos e são formados por experiências de intolerância e episódios de ansiedade, no qual a permissão de apenas ouvir os meus clientes pude perceber suas necessidades e pontos de valoração de princípios, em que o ambiente e a convivência não permitiam o florescer das habilidades de liderança e a busca pela segurança de tomar decisões e assumir riscos.

C. Resultado: consegui despertar o agir com confiança em tomada de decisões com meus clientes. E como resultado imediato, fechamento de novos contratos e meta comercial atingida.

Segundo Martinelli, Ventura e Machado, "Em relação ao estilo de administração e solução de conflitos, uma pessoa pode agir com base em quatro impulsos em uma situação de conflito: controle, desconsideração, deferência e confiança".

E na minha jornada comercial, passei a compreender cada impulso norteador de ação em meus clientes, em que alguns possuíam mais de um impulso dentro de uma negociação. Na busca incessante por conhecimento, esbarrei nos estilos de solução de conflito definido por Dias, Mitie e Maemoura como sendo eles: restritivo, ardiloso, amigável e confrontador. Não há um melhor do que o outro. E o líder deve utilizá-los de acordo com a situação. Norteando as minhas negociações de forma criativa a meu favor.

A aplicação diária das análises e técnicas de resolução de conflito me permitiu desenhar o caminho para uma boa resolução de conflito com impacto na negociação, porém evidenciou os enfoques que não trazem bons resultados. Será preciso citar para que a *performance* seja lapidada, sendo eles: enfoque da conquista, enfoque de se esquivar, enfoque da barganha, enfoque *band-aid* e o enfoque do *role-player*, definidos por Dias, Mitie e Maemoura.

E diante de tantos enfoques, falarei com relevância sobre o enfoque de conquista experimentado por mim no início dos aprimoramentos de resolução de conflitos.

Esse enfoque tem como referência o **poder** que em um conflito pode ser percebido e evidenciado de forma diferente para as partes envolvidas. No entanto, quando o objetivo é o sucesso na negociação a qualquer preço, ele assume um olhar destruidor e sempre terá um perdedor, que caracteriza a perda efetiva de empatia, gerando a polarização de opiniões e a não colaboração em solucionar os pontos decisórios para as partes, promovendo distanciamento e abertura para novas ideias de solução.

E com essa visão de sucesso a qualquer preço, perde-se o limiar do ponto de equilíbrio, que é o foco na solução.

Portanto ressalto a importância de se aprimorar as habilidades de resolução de conflitos em seus relacionamentos e negócios, visando às oportunidades no mercado por liderar com *performance*.

Habilidade de negociação

Peter Sander diz que "você algum dia vai precisar de algo de alguém. Para que isso ocorra, será preciso negociar". O fato é que todos nós somos grandes negociadores, o que muda é a intensidade, velocidade e valoração que você dá para a ação que os seus relacionamentos geram.

Para que a habilidade de negociação seja lapidada em seus relacionamentos, é preciso entender que negociar é um processo e requer planejamento, estratégia, tática e habilidade de condução. E os pontos-chave para um processo assertivo devem ser considerados como política de ganha-ganha, RAE (rápidas, amigáveis e eficazes), contraparte não é inimiga e considere longos prazos.

E dentro desse cenário de negociação, o que me destaca junto aos meus clientes é a velocidade em que as negociações propostas são solucionadas com a política de ganha-ganha que consigo gerar aos mesmos.

E em uma negociação de sucesso, a velocidade é o diferencial, pois ela está alinhada à entrega do resultado. Competência e conhecimento técnico geram tomada de decisão rápida, porém não governa uma negociação.

Em uma negociação existem variantes emocionais que podem gerar componentes estressantes e mudar a direção planejada. A gestão das emoções pressupõe maior controle do processo à parte que a detém. Aprimore-se em gerir suas emoções nas negociações, evitando gatilhos de ações negativas. Somente com o autoconhecimento dos seus pontos fortes e os de melhoria, conseguirá mapear e focar no aumento de desempenho.

Não se cobre tanto, seja gentil com o seu processo, mas não desacelere.

> *Ninguém é suficientemente competente para governar outra pessoa sem o seu consentimento.*
> ABRAHAM LINCOLN

Nessa experiência de compartilhar as habilidades por mim aprimoradas diariamente em minha jornada de empreendedorismo, compreendi que a resolução de conflitos e a negociação são meu diferencial de mercado. Em 2019, abri minha nova empresa chamada INNOVARMED Bussiness Intelligence com o propósito de integrar, ao serviço de consultorias de gestão e negócios em saúde, estratégias inovadoras de soluções de conflitos e negociação em grandes instituições de saúde, provendo assim abertura para intermediação de grandes negócios e operações no Brasil todo.

Atualmente atendo clientes em todo o Brasil, provendo inovação nos conflitos internos corporativos e aprimorando as negociações, assim como intermediando e modelando novos fluxos operacionais com foco em velocidade e resultado.

Empresas são feitas de PESSOAS + PROCESSOS, e com os fluxos alinhados, o RESULTADO é alcançado.

E a minha JORNADA me trouxe estes ensinamentos:

- Conheça e respeite sua história;
- Mapeie seus pontos fortes;
- Estude a concorrência;
- Escute o que os outros falam sobre você;
- Aprimore suas habilidades de comunicação;
- Ative o modo leitura em sua vida;
- Reconecte-se com a sua jornada quantas vezes possível;
- Ande com pessoas ligadas ao seu propósito;
- Faça *networking* ativo;
- Trabalhe com prazos;
- Priorize ações.

Continuo na JORNADA do empreendedorismo e sempre me conectando para compartilhar e impactar pessoas, processos e habilidades por onde passar.

Referências

ANTUNES, L. (compilador). *Soft skills: competências essenciais para os novos tempos.* São Paulo: Literare Books Internacional, 2020.

DIAS, A.; MITIE, M.; MAEMURA, D. *Mediação e resolução de conflitos.* Rio de Janeiro: Seses, 2016.

MARTINELLI, D. P.; MACHADO, J. R. *Negociação internacional.* São Paulo: Atlas, 2004.

SANDER, P. *Tudo o que você precisa saber sobre negociação: o guia completo da negociação para você desenvolver estratégias e chegar ao acordo em qualquer negociação.* São Paulo: Gente, 2020.

20

POR UMA VIDA CHEIA DE PROPÓSITO E MOMENTOS DE FELICIDADE

Neste capítulo, as pessoas encontrarão inspiração para enfrentarem seus desafios do dia a dia, sejam eles quais forem. A autora já passou por diversas situações complicadas que podem ir ao encontro do que o leitor precisa ouvir para sair da sua zona de conforto, se mexer e ir em busca do seu sucesso tão esperado.

KESIA TAMARA

Kesia Tamara

Eu quero agradecer por você ter tomado a decisão de expandir a sua mente em relação às suas crenças sobre a vida. Este capítulo foi elaborado com base no meu conhecimento sobre Neurociência e Programação Neolinguística. A partir de 2008, iniciei meus estudos sobre essas temáticas e pude ver sua aplicação na minha vida com um salto salarial de 1476,92% dentro da carreira de Tecnologia da Informação, na qual alcancei cargo de Liderança Global em Segurança da Informação na IBM em um período de 10 anos. Em 2017, concluí formação em *Coaching* Financeiro, Executivo, Comportamental, Liderança e Vendas na SILCoaching em Campinas/SP. O processo de *coaching* utiliza as técnicas de Neurociência e Neurolinguística. Fiquei sem entradas perceptíveis durante 2017 e 2018; em 2019, eu pude praticar um salto quântico financeiro de 400% em relação ao último salário que eu recebia na IBM em um período de 7 meses; em 2020, pratiquei um salto quântico financeiro de mais de 1000% em um período de 8 meses; em 2021, coloquei em prática uma metodologia de ensino revolucionária que ajuda você a avalancar seus resultados atuais e o coloca em uma posição de ser dona da sua vida, da sua própria história e da sua própria biografia.

Tenho certeza de que você será impactado com este capítulo e mudará seus pensamentos, mudando seus sentimentos e comportamentos que irão, por fim, ajudá-la a prosperar em qualquer área da sua vida.

Contatos
www.kesiatamara.com
Instagram: @kesiatamara.abundancia

Dona da minha vida

Quando eu paro para pensar sobre o título de capa, seria uma tremenda pretensão da minha parte se eu afirmasse aqui que hoje eu já sou "A dona da p**** toda". Sem dúvida alguma, já tive inúmeras experiências de vida que me colocam em um patamar de saber exatamente sobre o que eu estou falando e contar sobre a minha própria experiência de vida. O que é muito distinto de uma pessoa criar um romance ou simplesmente usar do recurso de *storytelling* e contar a história da vida de outras pessoas.

O que eu posso e vou dizer aqui para vocês é que não importa qual seja o momento pelo qual você está passando, não importa qual seja a dificuldade, não importa o tamanho do vale pelo qual você desceu ou se espatifou, é possível levantar-se, sacudir a poeira e continuar a escalada. A escalada não é, nunca foi fácil nem nunca será. Não estou aqui para iludi-lo com relação a isso. Mas posso afirmar categoricamente que é possível cair sete vezes e levantar nove, como diz um ditado japonês. Eu, porém, prefiro dizer que posso cair oito vezes e me levantarei nove. É sempre além do limite que você deve enxergar a vida. Porque se você enxerga só até o limite, muitas vezes você só dará desculpas para não chegar até ali. Isso se chama autossabotagem. E acredite, você faz isso o tempo todo. Agora, quando sua perspectiva de vida vai além dos limites impostos pela sociedade, pela sua família ou até mesmo por você, você vai sempre conseguir sucesso absoluto nas suas empreitadas. A sua escalada se torna mais fácil pela tremenda capacidade que você desenvolve de levar pancada, cair e levantar.

Posso afirmar isso com veemência, pois das experiências de vida que eu tive que me reerguer, tenho certeza de que muitas pessoas acabam ficando paradas no caminho, *stuck* mesmo, sem saber exatamente o que fazer ou para onde ir. Perdem-se devido ao trauma sofrido pela vida. Os traumas são inúmeros. Eles se iniciaram quando nós ainda estávamos no período gestacionário. Aliás, se eu for discorrer aqui verdadeiramente, os traumas podem ser carregados pelo seu DNA e muitas vezes você pode sentir sensações desagradáveis sem nem saber o motivo. Mas não vou me aprofundar nesse assunto dessa vez. Então, levando em conta o período gestacionário quando a mãe aguarda seu bebê é dali que recebemos toda nossa carga genética de como iniciaremos nossa vida e como vamos nos comportar durante ela, diante de situações favoráveis ou complicadas. Nossa personalidade começa a ser traçada ali, na gestação.

O que eu quero dizer com isso é que, se alguém iniciou uma vida com acolhimento, terá maior probabilidade de desenvolver uma vida mais equilibrada e harmoniosa do que aquela pessoa que iniciou sua vida com rejeição. Mas para **todas** as "regras" existem exceções. Seja SEMPRE a exceção das regras. Elas só servem para manter padrões. E quando falamos de mulheres que querem e desejam ser **donas da p**** toda**, falamos de mulheres **fortes, guerreiras, batalhadoras, vencedoras**! Falamos de pontos fora da curva; da exceção à regra.

Não vou contar os detalhes **tintim** por **tintim** do que me aconteceu em cada fase que superei, porque precisaria de um livro inteiro só para mim. Ou talvez até uma **trilogia**. Mas quero deixar registrado aqui para que todas vocês saibam quais foram os meus vales, quais foram as dificuldades que eu enfrentei, mas superei. E **como** eu fiz para superar essas situações. Fica mais fácil você se identificar comigo se eu disser o que já enfrentei e, de repente, é algo que você está sofrendo agora. E saber que já teve pelo menos uma pessoa que já conseguiu se reerguer dessa situação motivará a se mexer e sair para um **salto quântico lindo**. Dê uma melhoria na sua qualidade de vida tremenda. Inclusive eu tenho um curso chamado "Os 7 Pilares da Superação" e nós vamos nos basear neles para entender como **é possível superar qualquer trauma, qualquer situação caótica, qualquer dificuldade ou problema**.

Os desafios que eu já enfrentei e talvez você esteja passando por algum deles são:

- Nasci de fórceps aos nove meses de gestação.
- Fui molestada aos 10 anos de idade por pessoa próxima da família.
- Senti revolta por pensar que estava grávida por dois anos corridos ao descobrir na aula de ciências que a gestação dura nove meses. Achei que havia ficado grávida com aquele único ato de moléstia que nem penetração teve.
- Minha revolta durou vários anos. Por dois anos fiz tratamento e acompanhamento com psicóloga, mas ela **nunca** ficou sabendo de nada. **Nunca** contei nada para a psicóloga. Eu atirava coisas nas pessoas, tamanha era a minha raiva e revolta. Nem eu sabia ao certo porque eu me sentia revoltada. Só sabia que eu queria ter um bebê para amar.
- Vivi *bullying* na escola. Na verdade, nem existia esse nome lindo na época. Mas eu era a discriminada na escola. Eu era "a japonesa", "a menina do nome estranho".
- Também sofri *bullying* na igreja, lugar onde as pessoas devem viver o amor de Deus. Eu sofri perseguição por ser "a caipira", "a pobre".
- Sofri desilusão amorosa aos 14 anos de idade. Fui traída. Sim, traída. Esse sentimento de traição me acompanhou com um sentimento de revolta e vingança de 1992 até 2008. Foram 16 anos de sentimento de vingança, de raiva.
- Casei-me aos 19 anos. Cedo, mas apaixonada. Decepção novamente. Uma traição que não foi declarada e acho que eu nem queira assumir que ela existiu de fato. Mas, além disso, o fato de conviver com o marido usuário de drogas. Foi uma descoberta após um mês de casados. Nós não vivemos muitos anos juntos. De 1998 a 2001. Eu não consegui carregar essa cruz por tanto tempo. Porque depois de limpo e de ter dado um trabalho enorme para ficar limpo, ele virou alcoólatra. O adicto pode vir a substituir um vício pelo outro. Complicado.
- Divorciei-me em 2001, amando e querendo que ele aprendesse uma lição, que ele sofresse a nossa separação e distância. Voltei dos EUA para o Brasil com nossos

filhos. Ele até se mexeu para vir visitar-nos, mas eu sou sempre **muito dinâmica**. Acabei contando que eu estava noiva e grávida.

• Ele sumiu. Fiquei grávida e desmanchei o noivado porque o ex-noivo era um psicopata que me prendia psicologicamente. Eu vivia uma pressão psicológica eterna. Eu não queria manter o relacionamento já aos dois meses de namoro, mas ele sabia ser demagogo e manipulador, além de ser excelente psicopata social. Ele me ameaçava de morte todas as vezes que eu terminava e ameaçava matar meus filhos.

• Minhas três gravidezes foram conturbadas. Na primeira, meu marido foi preso aos cinco meses de gestação; na segunda, meu marido e eu nos separamos aos cinco meses de gestação; na terceira, quem rompeu fui eu esse relacionamento 100% abusivo, aos 5 meses de gestação! 555... deve ter um padrão que eu ainda não captei.

• Enfrentar uma juventude dos 20 anos com 3 filhos, sem um marido para ajudar, foi complicado. Graças a Deus sempre tive o apoio dos meus pais com relação a isso.

• Enfrentei preconceito dentro da igreja novamente. Porque eu era a "irmã Jezabel", divorciada, na casa dos 20, linda e maravilhosa e com 3 filhos. Todos temiam a "terrível Jezabel".

• Saí do meio evangélico em 2008 e iniciei minha Faculdade de Psicologia. Isso não é ruim, mas coloco aqui como marco, porque isso me **transformou**.

• Também em 2008 decidi **perdoar** aquele traste do traidor da minha adolescência. Isso também foi transformador. Iniciei minha carreira em Tecnologia da Informação na TATA Consultancy Services no cliente Motorola. Fenomenal! Marco.

• Em 2009, iniciei minha carreira em Tecnologia da Informação na IBM, de onde eu fui estupidamente demitida em 2017.

• Perdi minha audi, meu apartamento, perdi **tudo o que havia construído até então**.

• Meu colchão financeiro me aguentou por dois anos sem entradas, sem conseguir arrumar emprego.

• Alavanquei empreendendo em 2019. Foi meu melhor ano financeiro. Fiz 400% a mais do que fazia no meu último salário da IBM. Foi animador.

• Perdi meu contrato após sete meses. Quase desanimador, se eu já não estivesse preparada para quedas, tombos e bofetadas.

• Me reergui novamente em 2020, em plena pandemia. Quando **todos** estavam reclamando, todos passando por situações caóticas, eu estava recebendo **renda passiva**.

• Hoje nós estamos em 2021, em abril de 2021 para ser mais exata. E me esqueci de mencionar que, em 2011 e 2012, eu passei pelo tratamento de um câncer de mama que foi desencadeado devido ao anúncio da morte do meu ex-marido.

• Também deixei de mencionar quatro episódios de depressão: depressão pós-parto, depressão pré-falência da empresa onde eu trabalhava, depressão pós-demissão, autodepressão por falta de colaboração das pessoas à minha volta.

• Recordo-me agora também que tive que enfrentar cirurgia na tíbia e fíbula porque caí e me machuquei nas férias em Gramado. Essa foi a maior dor que eu já senti na minha vida inteira. Aguentei seis pinos, placas e parafusos dentro do meu corpo.

• E agora finalizamos de verdade? Bom, talvez eu tenha me esquecido de listar mais uma vez onde enfrentei medo, decepção, desilusão, tristeza ou qualquer outro tipo de sentimento que possa vir à tona quando tocamos nesses assuntos: raiva, ódio, rancor, vontade de matar etc.

Com todos os pontos colocados, imagino que talvez você tenha se identificado pelo menos com uma situação, visto que eu tenho uma listinha bem grande.

Você pode estar se perguntando por que em um livro em que o título de capa é *As donas da p**** toda*, eu estou falando sobre momentos de derrotas. É exatamente para que compreenda que para ser uma dona da p**** toda, você vai precisar ter muita garra, muita força de vontade, muita persistência, muito instinto de sobrevivência, muita vitalidade, muita vivacidade, muita resiliência. Nada virá de mão beijada, a não ser que você já nasça em um berço de ouro esplêndido, salve, salve! O que não foi meu caso e não é o caso da maioria das pessoas do planeta.

Então, se preparem agora para aprender a **dar a volta por cima**. Hoje eu digo que não dou "voltas por cima", dou "piruetas". Ficou fácil para eu sair de enrascadas. De tanto tombo que levei, hoje eu me levanto com muito mais facilidade. E são esses calos da vida que vão a fazer forte. Resista! Você consegue.

Quando você estiver no vale da sua vida, independentemente se o vale é financeiro, se é emocional, se é de relacionamento, você vai precisar se alavancar de alguma maneira. Ninguém vai passar por aí e pegar na sua mãozinha e dizer "Vem, querida! Vou a reerguer!" Muito difícil você encontrar um "bom samaritano" desses pelo seu caminho. No geral, é você com você mesmo. E eu quero nesse momento que você pare e analise a sua vida como um todo. Uma leitura 360º da sua vida para entender quais são as áreas que você sente que precisa de maior organização e maior atenção e quais são as áreas que vão ajudá-la a alavancar as outras.

Você vai listar de 0 a 10 uma nota para cada item dessa "Roda da Vida", que é uma ferramenta de *coaching* que eu uso e gosto muito, pois ela de fato traz para nós respostas de como está a sua vida.

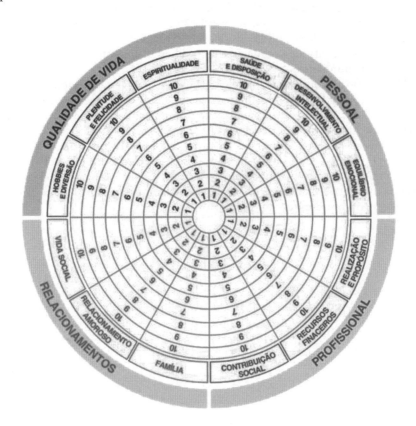

Feita a avaliação, concentre-se nos três pontos em que você conseguiu maior resultado para se equilibrar e sentir **vitalidade** e **força de vontade** para realizar as outras tarefas.

Já as áreas que você teve menor escore, concentre-se em encontrar três ações de 24h para tomar que farão com que você saia dessa situação e procure **força** e **vitalidade** nas outras áreas como apoio.

Também vale você usar uma Técnica de Prioridades. Quando você está no vale, as coisas vão se acumular e não vai fazer um montão de atividades que às vezes são banais, como lavar meias. Liste todas as coisas que você precisa fazer e coloque prioridades na frente da linha onde você escreveu os seus "**todos**" e comece a fazer um a um. Não importa quanto tempo demore para você fazer suas atividades, só **faça**! Essas dicas são valiosíssimas e vão tirar você da inércia de onde se colocou, de onde se permitiu ficar. Dê um jeito na sua vida agora mesmo e saia da inércia! Mexa-se! Mova-se em direção aos seus alvos e aos seus objetivos! Deixe claro os seus alvos e objetivos para que sempre saiba exatamente qual é o planejamento que deve seguir no seu dia a dia.

Em novembro de 2020, canalizei a "Escalada da Abundância". Um Programa de 21 dias de Reprogramação Mental que retira você do lugar onde está e leva você para o próximo nível. Fazer essa autoavaliação é o primeiro passo da "Escalada da Abundância". Fazendo sua autoavaliação, você já vai estar à frente de muita gente que nunca nem ouviu falar desse programa maravilhoso de **transformação de vida – "a escalada da abundância"**.

Hoje eu não me considero a dona da p**** toda, mas acredito que estou no caminho de alguma coisa grandiosa, algo que vai mudar a vida de muitas pessoas. E minha missão de vida é exatamente tocar vidas e transformá-las de maneira impactante para que possam **viver o melhor dessa terra.**

Sempre aproveite a oportunidade que você tem **hoje**. Porque **hoje** é **tudo o que temos!** O passado ficou lá atrás, não tem volta. O futuro ainda está por vir. Então esteja presente no presente momento e viva esse instante da sua vida de maneira **intensa**. É isso que vai deixá-la **sempre intensamente viva.** *Carpi diem!* *Seize the moment!* **Viva o presente!**

21

DE CONFEITEIRA À CONTADORA, SEMPRE EMPREENDEDORA

Muitas dúvidas e uma certeza: ser dona do seu próprio negócio. No início, na gastronomia, uma paixão. Até entender que só de paixão um negócio não vive, é preciso gestão. E ao ver que contabilidade é gestão, percebeu que sua oportunidade sempre morou ao lado e lançou-se à carreira de contadora e sucessora de seu pai. A (melhor) decisão da sua vida.

LARISSE MICUCI

Larisse Micuci

Contadora, especialista em gestão de negócios com foco em pequenas e médias empresas. Trouxe para a área contábil a experiência na atuação em consultoria de mercado junto a grandes indústrias de *Food Service* do país e na coordenação de projetos de capacitação para os gestores desse setor. Sócia e sucessora no comando do escritório contábil 2 Emmes Contabilidade, além de coordenar as rotinas, atua em análises e planejamentos financeiros, tributários e trabalhistas. Assessora seus clientes na formação e uso de controles internos, na análise dos relatórios e tomadas de decisão e na implantação de sistemas integrados e/ou financeiros. Soma-se a isso a paixão pela área de educação e pela troca de conhecimento, a consultora contábil-financeira e cofundadora do projeto "Instituto EmpreenSer", movimento pelo empreendedorismo real criado por e para empreendedores para apoiar a formação e informação da jornada empreendedora.

Contatos
www.2emmes.com.br
larisse@2emmes.com.br
Instagram: @inst.empreenser
LinkedIn: larisse-micuci

Quando era adolescente, bem naquela idade que todo mundo gosta de perguntar se você já sabe o que vai prestar no vestibular, eu nunca consegui cravar a resposta. Eu simplesmente não conseguia me ver na rotina de nenhuma profissão.

Em casa, eu tinha três referências bem distintas: minha mãe, professora do então primário em escola estadual; meu pai, contador com seu pequeno escritório de contabilidade; e meu irmão (14 anos mais velho), formado em publicidade e propaganda e construindo sua carreira com experiências em eventos, agências e multinacionais. Com cada um deles, tive oportunidade de vivenciar diversos momentos que foram me mostrando o que eu gostava e não gostava.

Durante a infância, muitas vezes acompanhei minha mãe na sala de aula e achava o máximo ver como ela abria um novo mundo para as crianças ao ensiná-las a ler e escrever, a fazer as contas básicas, e como as crianças eram gratas e a amavam por toda a dedicação. Era lindo e, mais de uma vez, falava que queria ser igual ela quando crescesse. Mas sempre ouvi como resposta que era muito cansativo e, mesmo que gratificante, infelizmente era pouco reconhecido financeiramente. E assim essa ideia foi se esvaindo e, na adolescência, já nem passava mais pela minha cabeça.

Outras tantas vezes, quando criança, meu pai me levava para o escritório, onde eu tinha uma mesinha reservada na sala dele para estudar e desenhar. Conforme ia crescendo, ia querendo ajudar. E aí sempre recebia pilhas de papéis para separar ou colocar em ordem – naquela época, quase 30 anos atrás, os computadores não eram ainda equipamentos comuns, então tudo era "na unha".

Já adolescente, na tentativa de me encontrar, pedi para o meu pai para ir trabalhar no escritório depois da escola. Não tinha ideia do que um contador fazia realmente, mas achava que podia ajudar na recepção e com os documentos. Os computadores dessa vez estavam lá, muitas tarefas estavam sistematizadas, mas ainda tinham muitos papéis e não era divertido como me lembrava de criança.

Não tive paciência nem interesse de entender o que era de fato o que meu pai fazia como contador. Mas apesar de não me ver nessa carreira, tinha uma coisa que me encantava na vida profissional do meu pai: ter seu próprio negócio.

Então, antes mesmo de ter uma profissão para chamar de minha, eu sabia COMO eu queria trabalhar: por conta própria. De um jeito ou de outro, sozinha, num escritório, numa loja, eu não queria uma carreira em multinacional, não queria um chefe – queria poder ter a autonomia e flexibilidade que eu via na vida do meu pai.

Sabia que isso significava ter muita responsabilidade e muitas vezes levar trabalho para casa, mas isso não era um problema na minha visão. Eu queria EMPREENDER.

Com meu irmão, fui experimentando com ele cada fase da vida profissional, desde a faculdade, as noites sem dormir na época do TCC, e as diversas atividades e funções que ele foi passando até se descobrir e estabelecer. Eu amava ficar sentada ao lado dele enquanto criava logotipos, cartazes e tantas outras peças, e, claro, dar meus "pitacos". E ele amava me ensinar sobre o uso das cores e as mensagens subliminares de cada elemento.

Se tem uma coisa que é contagiante é o brilho nos olhos de quem está começando um projeto, não é mesmo? E esse entusiasmo que ele tinha com as próprias descobertas e em compartilhá-las comigo, me fez começar a pensar em seguir seus passos.

Comecei a ler sobre a profissão e a me interessar. E quando meu irmão foi trabalhar com eventos, pronto, me decidi. Era isso que eu ia fazer. Ufa, finalmente eu tinha uma resposta para a famosa pergunta sobre prestar vestibular. Mas me via na profissão? Não, nunca me vi.

E essa seguiu minha resposta e meu sentimento até os 45 minutos do segundo tempo, ou seja, até o meio do ano do terceiro colegial, quando a escola onde estudava organizou uma visita a uma faculdade que tinha um dos primeiros cursos de Gastronomia da cidade de São Paulo. Um mundo todinho se abriu para mim. Eu poderia seguir uma carreira com uma das coisas que eu mais gostava de fazer: cozinhar.

Pausa para uma informação importante: minha mãe era uma cozinheira de mão cheia. Quando não estava na sala de aula, estava cozinhando, desde as nossas refeições diárias a pratos especiais e doces de qualquer festinha e data comemorativa da família. Sua paixão pelos bolos e doces foi passada para mim, e eu adorava presentear meus amigos, que sempre me incentivavam a vender minhas guloseimas.

Me enchi de coragem e fui contar para os meus pais a novidade (morrendo de medo!). Tive todo o apoio em casa, meus amigos adoraram, mas meus professores nem tanto. Eu ia tão bem em matérias normalmente odiadas (matemática e física), como ia virar cozinheira? Bom, não dá para agradar a gregos e troianos, então segue o jogo.

Entrei na faculdade de gastronomia em 2005. Na época não existia o bacharelado, era um curso técnico de dois anos, mas era tão intenso que valia por cinco. E como toda faculdade, não lhe ensina nem metade do que você precisa para lidar com o mundo lá fora.

Comecei a fazer estágio num *buffet*, desses que fazem *catering* para festas (preparam as comidas e levam para serem servidas onde for o evento). No fim, eu estava trabalhando com eventos e eu realmente me identificava.

Trabalhar com eventos me ensinou que não importa qual a sua função, se determinada atividade tem que ser feita para que as coisas deem certo, você vai lá e faz ou, no mínimo, ajuda a fazer. E que não importa quão cansada você esteja, a alegria e parceria do seu time vai levá-la além. É isso, se tem um lugar em que o trabalho em equipe acontece, é num evento. Sou extremamente grata por essa experiência.

Foi um ano de pura exaustão e aprendizado, mas também bem divertido e, ao final do curso, meu estágio também chegou ao fim. Fiquei alguns meses à procura de um emprego, e numa conversa totalmente aleatória numa livraria, conheci e me encantei pelo trabalho de um grande consultor da área de alimentação. E ele me chamou para a sua equipe.

Na consultoria, conheci de fato o mundo dos negócios. Tive oportunidade de participar de reuniões em grandes indústrias e operadores do setor, e entendi como os dados e a análise deles são fundamentais para a tomada de decisão.

Foi lá também que fui incentivada a me aprofundar no mundo da gestão de negócios e, principalmente, na gestão financeira, que sabíamos ser o gargalo de muitos restaurantes e empresas do ramo. E, novamente, tinha comigo uma equipe que me traz saudade até hoje. Com muita parceria, que virou amizade, a gente tirava leite de pedra e se divertia com isso.

Até o momento que a saudade da cozinha bateu forte, e estar num escritório em horário comercial passou a não fazer sentido. De outro lado, também não me empolgava a ideia de ir trabalhar num restaurante ou coisa do tipo. Até cheguei a fazer algumas entrevistas, mas o coração batia forte mesmo quando pensava em seguir meu sonho: abrir meu próprio negócio de bolos.

Algumas reuniões familiares, muitas noites de conversa com meu travesseiro e estava decidido, era a hora. Só agora tenho clareza para dizer que esse foi meu primeiro desafio como empreendedora, DECIDIR EMPREENDER. É tanto "se" e "será" que vem na cabeça, que se não tem ninguém ao seu lado que te apoie, que acredite junto, a chance de embarcar é pequena.

Agora era hora de estruturar a ideia e montar o planejamento para, enfim, executar. E aqui dois grandes desafios, principalmente do empreendedor de primeira viagem:

1. Fazer um planejamento realista, que englobe não só aquilo que você espera e deseja que aconteça, mas também saiba reconhecer as possibilidades de as coisas não acontecerem da forma ou no tempo que você imagina no cenário ideal.

2. Completar o planejamento antes de sair agindo.

Uma vez tomada a decisão de empreender, é normal a ansiedade falar mais alto e querermos colocar logo a mão na massa, sair colocando as ideias em prática. E mesmo sabendo da importância de um plano de negócios e de como elaborá-lo de maneira consistente, a empolgação de ver seu sonho se tornar realidade – ou a necessidade de retorno rápido – pode fazer você enfiar os pés pelas mãos nesse momento. Foi assim comigo, e as estatísticas mostram que é assim com a maioria dos micro e pequenos empreendedores.

É possível reverter, claro. Porém, quando não existe um caminho real traçado e quais as possíveis alternativas a ele, você tem que estar muito mais alerta para perceber quando as coisas não estão saindo como você esperava e correr para encontrar o plano B, C ou até D.

Logo na minha primeira execução, eu demorei para perceber que havia escolhido o fornecedor errado para a minha loja virtual. Essa foi minha primeira frustração empreendedora: descobrir que eu não sabia ser cliente. Eu não queria ser aquela pessoa que ficava ligando de 5 em 5 minutos e perguntando como estava, e cobrando as entregas que foram acordadas. Tínhamos um contrato, eu estava pagando, e a outra parte sabia o que tinha que me entregar.

Larisse Micuci | 159

Conclusão: demoraram horrores para entregar, eu inaugurei o negócio apenas com o *site* e nunca me entregaram a loja virtual. Com o negócio em andamento, a primeira lição se consolidou: fazer bolos muito bem não me faria uma empreendedora de sucesso.

Eu nunca me vi como uma pessoa com habilidades de vendas. A ideia da loja virtual veio da impossibilidade financeira para abrir um ponto físico, e nunca havia pensado em outras possibilidades (olha aí o planejamento mandando lembranças). Sem a loja virtual e sem ponto físico, trabalhando só por encomendas, vi nas parcerias comerciais uma saída.

Só que as parcerias que consegui me levaram para um caminho que não era o que eu queria. E pela primeira vez me deparei com o DESAFIO RECORRENTE NA VIDA EMPREENDEDORA: a hora da mudança de planos.

É difícil, viu? Entender que as coisas não estão saindo como você imaginava e que as ações que está tomando até aqui estão sendo paliativas, mas não tem perspectiva de colocá-lo no caminho, dói. Você reluta – o que te faz postergar a decisão que tem que tomar. E de novo você está naquele ponto em que "se" e "será" rodam na sua mente, só que agora, além de tudo, questiona a sua capacidade, as suas habilidades de escolha.

Percebi que, para onde quer que eu fosse, uma coisa era certa, eu precisava sair da cozinha e ser gestora do meu negócio: vamos falar de contratos, sociedade, impostos, resultado, fluxo de caixa! Opa! Espera um minuto, é sobre isso que tenho acompanhado meu pai falando e fazendo.

Enquanto eu passava por esse momento-chave com o meu negócio, meu pai também enfrentava uma situação semelhante, era preciso modernizar a empresa, mas depois de 25 anos, sem perspectiva de continuidade, faltava energia. E nesse processo, já fazia uns meses que eu estava me envolvendo e auxiliando com algumas coisas e vendo o quanto tinha de consultoria e gestão na contabilidade. Até que me percebi ali, fazendo parte e (pasme!) gostando.

Depois de muita reflexão e conversas, decidi dar uma guinada de verdade na minha vida profissional e pessoal. Era hora de assumir o papel de sucessora.

Pouquíssimas pessoas enxergam a sucessão, principalmente de uma empresa familiar, como um desafio. De fora, parece o caminho mais fácil quando falamos em empreender. Mas a realidade é que fazer a manutenção e melhoria de um avião em pleno voo é tão difícil quanto projetá-lo e fazê-lo sair do chão.

No fim das contas, esse é um grande resumo da jornada empreendedora, seja ela qual for: (re) calcular a rota, traçar (novos) caminhos e fazer as alterações necessárias para que o avião chegue lá.

A cada recálculo de rota, aquele que para mim é o maior e mais inspirador desafio, o fator humano. Sem pessoas à sua volta – pares, funcionários, fornecedores, clientes, também compreensão e apoio da família – que estejam em sintonia com o destino, o caminho se torna muito mais árduo. E saber que vamos encontrar e desencontrar parceiros por toda a jornada.

O desencontro muitas vezes pode trazer aquela vontade de desistir, aquele sentimento de solidão que todo empreendedor sente, mas os encontros... Ah, os encontros! Eles trazem gás, luz, inspiração, novos caminhos. São as pessoas ao seu redor que a fazem ir além. Tenha sempre isso em mente e cerque-se de pessoas diferentes que a motivem e a ensinem a olhar por outros ângulos.

E num desses encontros, a vontade latente de atuar com compartilhar conhecimento veio à tona, se transformou numa ideia, num projeto e, por fim, num movimento sobre ser empreendedor, o Instituto EmpreenSer, que ainda é um bebê e já me trouxe um grande desafio e realização de sonho – participar deste livro com pessoas incríveis.

Pois é, uma jornada empreendedora não é uma rota linear – é uma colcha de retalhos. E a graça está exatamente em podermos costurar do nosso modo. Existem técnicas, moldes e exemplos, mas cada retalho e a forma de combiná-los é única. E a gente sempre pode desmanchar um pedaço que não ficou como desejávamos ou adicionar mais um que apareceu e nos encantou. Basta entender seus recortes e começar a combiná-los! E assim, ser a dona da p**** toda!

22

MINHA HISTÓRIA, MINHA VIDA! NINGUÉM ME CONTOU, EU VIVI ISSO!

Minha história! De uma vida sem perspectiva, à vida dos sonhos.

LIGIA SARAIVA

Ligia Saraiva

41 anos, fundadora do Studio Ligia Saraiva, esteticista, especialista em sobrancelhas e valorização da beleza natural. Atua na área da beleza há mais de 25 anos, instrutora de técnicas exclusivas de *design* de sobrancelhas, micropigmentação, mentorias para profissionais da área da beleza entre outras. Possui diversas certificações nacionais e internacionais, entre elas Phibrows e Academys, ambas referências mundiais em micropigmentação. Participa de forma assídua de congressos nacionais e internacionais. Compartilha seu conhecimento ministrando cursos, passando para suas alunas, de forma clara e objetiva, toda sua experiência ao longo desses 25 anos, sempre pontuando o quanto a beleza tem o poder de transformar vidas. Com seu estilo único de realçar a beleza natural, conquistou seu espaço e hoje é reconhecida pelo seu excelente trabalho. Apaixonada pelo que faz é imparável na busca pelo atendimento personalizado. Acompanha de perto cada passo dado por sua equipe seja no monitoramento administrativo ou na padronização dos procedimentos realizados, garantindo que a qualidade reconhecida por sua marca seja fielmente mantida.

Contatos
ligiasaraiva2008@gmail.com
Instagram: @studioligiasaraiva
11 946618093

Quando tudo começou

Aos 13 anos, eu não tinha perspectiva nenhuma do que eu queria ser quando crescesse. Então, comecei a trabalhar no salão de beleza da minha tia para ganhar uns trocados. Como era muito longe da casa dos meus pais, precisei sair de lá e ir morar de favor, em casas de parentes, amigos, namorados...

Aí, você já deve imaginar...eu, uma menina de 13 anos, solta no mundo, morando de favor. Pois é, passei por diversas situações complicadas. Entre elas, o mundo das drogas do qual me livrei por muito pouco. Fazia parte de um grupo de amigos de classe média alta e eu era a única que não tinha grana. Logo, para ser aceita, fazia o que eles faziam, me endividava horrores para comprar as roupas de grife que eles usavam, ficava devendo o colégio. Sujei meu nome várias vezes. Quase sujei dos meus pais também, dei um trabalhão para eles nessa época e sou extremamente grata por cada puxada de orelha que eles me deram. Meu pai já se foi, mas minha mãe está aqui com seus 81 anos de pura sabedoria.

Hoje vejo que Deus tinha um propósito muito grande para minha vida. A única droga que experimentei naquela época, embora via diversas passando na minha frente, foi maconha. E odiei.

Sujeitava-me a estar em relacionamentos muitas vezes abusivos, apenas para ter um lugar para morar. Lembro-me como se fosse hoje em um desses relacionamentos, quando eu ouvi que era para eu pagar um aluguel para continuar morando na casa que era dele. Nessa época, eu estava casada. Ele me expulsou aos berros, isso me doeu muito, mas também foi o impulso para eu decidir que dali em diante teria minha própria vida e não dependeria de mais ninguém. Naquele mesmo dia, peguei tudo que era meu (não tinha muita coisa mesmo), fui para a casa de uma prima e logo aluguei uma casa muito simples, porém era o refúgio para onde eu voltava todas as noites e agradecia a Deus por ter me libertado daquele peso que era ficar pulando de casa em casa por não ter onde ficar. Enquanto tudo isso acontecia, eu continuava trabalhando no mesmo salão onde fiquei por mais de 23 anos. Durante muito tempo não fiz nenhum tipo de curso, mas consegui aprender e crescer muito. Eu não tinha muita perspectiva, não tinha ideia nem sabia ao certo o que eu queria da vida, apenas executava meu trabalho sempre dando meu melhor, pois sabia que, quanto mais a cliente gostasse, ela voltaria e meu salário no final do mês estaria garantido.

Lembro-me quando eu comecei a trabalhar nesse salão de beleza, as clientes chegavam e pediam para serem atendidas por uma profissional que estava lá há certo tempo e eu achava aquilo bonito e pensava "acho que eu iria gostar se um dia as pessoas chegassem aqui e pedissem para fazer algo comigo". E isso me despertou um desejo, pois eu achava bonito as pessoas quererem o trabalho dela. E esse desejo fez com que eu entregasse o meu melhor no que fizesse e, naturalmente, as coisas começaram a acontecer (mas eu nem percebia).

Eu ficava na parte de sobrancelhas e depilação, mas não via aquilo como uma profissão, achava que era só um bico que não me levaria a lugar nenhum. Mas eu nem sabia onde eu queria chegar

Todos os dias eu via clientes de altos cargos e profissões entrando no salão, e muitas me diziam: "Menina, por que você não faz outra coisa? Você já pensou em fazer uma faculdade? Uma formação de nível superior?" e aquilo ficava na minha cabeça.

Pensava: "Nossa, isso aqui que eu faço não presta pra nada, né?". Parecia ser muito pouco perto das outras profissões.

Fiz vários cursos como administração, comissária de bordo, faculdade de psicologia etc. Tudo o que eu mais queria era ter um rótulo, um título. Achava que assim as pessoas me respeitariam e aí sim eu seria vista como uma profissional.

Isso me incomodava muito, tanto é que desenvolvi depressão. Foram 10 anos de depressão tomando remédios fortes, com pensamentos suicidas.Os anos iam passando e eu cada vez mais infeliz e sem saber o que fazer da minha vida. Achava que o meu trabalho não era o que eu gostaria de fazer, mas também não tinha me identificado com nenhum dos outros cursos que eu havia feito. Ficava na dúvida se o problema era o local onde eu trabalhava ou realmente era o trabalho que eu executava.

Eu ficava pensando: "Meu Deus, será que vai ser assim pra sempre?".

Às vezes me dava vontade de sair do local, porém, quando eu pensava nisso, batia um medo enorme, o meu coração disparava. Eu não sabia o que fazer se saísse. Pois ainda não tinha me dado conta da profissão linda que já estava inserida em mim.

Ter meu próprio negócio nunca foi um sonho, eu não me via na capacidade de sonhar com nada, ainda mais ter uma empresa.

Aprendi a sonhar

No início de 2017, nessa época as pessoas já chegavam e pediam para fazer procedimentos comigo. A Ligia Saraiva já tinha uma agenda lotada com fila de espera, era um dos melhores salários que tinha dentro do salão. Lembra quando eu falei que achava bonito quando as pessoas chegavam e queriam fazer o procedimento com a moça que trabalhava lá há anos? Pois é, esse desejo tinha se realizado e eu nem tinha me dado conta. Estava num relacionamento superbacana. Alexandre (estamos juntos até hoje) foi o cara que chegou para somar na minha vida, me incentivava a ter meu próprio negócio. Nos dias em que eu estava com fortes crises de depressão, ele me "sacudia", pegava um espelho, me colocava na frente e dizia: "Essa é você mesma? É essa mulher que você quer ser?" Eu chorava muito, não entendia o que ele queria me dizer. Hoje sei que ele via em mim a mulher que eu nem imaginava ser.

Um belo dia, agenda lotada, tudo normal, mas durante um atendimento tive uma crise de pânico terrível, comecei a chorar de soluçar, faltava o ar, jurava que ia morrer. Ainda bem que já estava no fim do procedimento. A cliente (tenho certeza de que foi enviada por Deus) me acalmou, conversamos e então ela falou sobre um treinamento de inteligência emocional que havia feito há poucos meses e perguntou se eu gostaria de fazer, pois achava que iria me ajudar. Quem já passou por depressão, síndrome do pânico, sabe o quanto queremos nos livrar disso. Aceitei na hora! Sem ter muita ideia do que era.

Em abril de 2017, fiz um treinamento de inteligência emocional. Foi um dos melhores finais de semana da minha vida. Lá eu vi e vivi coisas que eu jamais imaginei. Pude me reconectar com o ser humano real que sempre existiu em mim e deixei para trás todos os meus medos, minhas angústias, minhas crenças limitantes e os problemas que tinha com a minha mãe. Descobri uma força que havia dentro de mim, a qual eu nunca imaginei que pudesse existir.

Foi ali que eu aprendi que tudo que precisamos está dentro de nós, que podemos ser o que quisermos, que ter uma vida próspera não é privilégio apenas para alguns, isso é para todos. Só precisamos ter coragem de despertar nossa mente e nos livrar das crenças que nos foram impostas. Somos capazes de tudo, só depende de nós.

Nossa vida é única e muito rápida, pode acabar a qualquer momento. Enquanto estamos aqui, temos que viver de forma espetacular, extraordinária, jamais apenas empurrar com a barriga.

Foi nesse final de semana que eu descobri que o maior problema era EU mesma e não o local de trabalho onde eu estava desde os meus 13 anos que, apesar de conviver com pessoas tóxicas, pessoas negativas que não viam nada de bom em nada, o problema **maior era o meu comportamento diante dessas pessoas**, ou seja, por falta de conhecimento, eu era simplesmente o espelho delas (somos a média das cinco pessoas que convivemos). Era o tempo inteiro ouvindo reclamação das colegas de trabalho, a maioria mais velhas, logo eu pensava "se ela que é mais velha, reclama tanto e nada mudou, pelo jeito a vida é isso mesmo".

Hoje tenho plena consciência de que elas simplesmente não faziam nada para melhorar.

A partir dali, tudo se encaixou. Saí decidida a pedir demissão, alugar uma salinha e atender minhas clientes. Nada muito grande, seria apenas eu e minhas clientes, não tinha pretensão alguma de ter colaboradores. Sem muitas estratégias, comecei a agir e foi mais ou menos assim que aconteceu.

Quando a chave virou

Até o final de 2017, fiquei trabalhando e juntando dinheiro. Comecei a procurar um espaço físico, mentalizei exatamente como eu queria e achei exatamente da forma que eu imaginei. Incrível quando descobrimos o poder da imaginação e do pensamento positivo. É tão simples, basta você imaginar com clareza e querer de verdade que as coisas acontecem. Todos nós podemos e somos merecedores de tudo que há de mais extraordinário, basta você acreditar. E se vale uma grande dica, viva como se aquilo já tivesse acontecido, porque vai acontecer.

Em janeiro de 2018, em uma sala de 40m², abri o meu próprio espaço. Decorei da maneira que eu imaginava, sem muitos recursos, porém sempre pensando em oferecer um espaço aconchegante para minhas clientes. Gostaria que elas fossem lá não só por conta do procedimento que eu prestava, mas para viver uma experiência, esquecer os problemas, que fosse um momento para relaxarem. Eu não entendia muito sobre isso, mas me colocava no lugar delas e imaginava o que faria para que elas quisessem sempre voltar e estar lá nem que fosse apenas para tomar um café ou uma taça de espumante. E as coisas foram acontecendo. Eu não tinha pretensão nenhuma de crescer e me destacar, só queria atender a minha cliente da melhor maneira naquela sala de 40m².

Lembro-me de alguns dias que não entrava uma cliente sequer. O desespero batia, mas eu não desisti. Seguia uma rotina de abrir e fechar no mesmo horário. Independentemente se tivesse cliente agendado, jamais deixava de ir.

Comecei a me mostrar nas redes sociais e entendi que o que conectava as pessoas era eu mostrar o meu dia a dia e contar um pouco da minha trajetória, não apenas os meus procedimentos. A partir daí, comecei a conquistar novas clientes. Muitas chegavam e diziam "Nossa, eu gostei tanto do que você falou tal dia, por isso que eu escolhi você para fazer minha sobrancelha" ou "Nossa, eu me senti tão bem quando você falou sobre tal assunto, por isso que eu quis a conhecer".

Pessoas se conectam com pessoas

Com quatro meses do Studio Ligia Saraiva, percebi que as coisas estavam tomando um rumo muito maior do que eu tinha imaginado. Precisei fazer minha primeira contratação, logo depois mais uma, depois mais uma; então, nasceu a Ligia Saraiva empreendedora. Comecei a fazer parcerias com pessoas altamente capacitadas em outras áreas a fim de entregar o melhor para minhas clientes. A sala de 40m² começou a ficar pequena, as clientes não tinham onde estacionar. Por várias vezes tive que parar o procedimento para a cliente descer e tirar o carro, pois eu não tinha direito à vaga, dependia da boa vontade dos vizinhos debaixo para a cliente estacionar. Às vezes elas nem voltavam. Então, os desafios começaram a aparecer. Mal sabia que eles me levariam para outro nível de consciência, entenderia o meu propósito, minha missão e o porquê de tantos desafios que havia passado até então.

Lembro-me de ter pedido para uma das pessoas do comércio debaixo deixar minha cliente estacionar. Ela foi extremamente grosseira dizendo "Você tá achando que é o que, menina? Você tem uma salinha aí em cima, não vai colocar nada aqui não".

Nesse dia eu chorei tanto a ponto de querer desistir de tudo. Só vinha na minha cabeça: "não sou nada mesmo". Pura ilusão você achar que as coisas estão dando certo. Mas eu já tinha aguentado tantas coisas para chegar até ali, então pedi para Deus muita força e sabedoria.

E foi exatamente isso que Ele me deu. Esses acontecimentos me deixaram mais forte e me impulsionaram a dar ainda mais o meu melhor para sair de lá.

Comecei a procurar um novo espaço. Dessa vez eu fiz exatamente o que tinha que ser feito. Mentalizei da forma mais clara, cheguei a recortar imagens de espaços comerciais em revistas, colei em um mural, determinei o tempo em que eu me mudaria e como as coisas aconteceriam. Pois eu já tinha entendido o poder da mentalização. Quando eu menos esperava, uma cliente comentou que existia uma casa em frente à empresa Siemens em uma das avenidas principais de Pirituba para alugar. A princípio pensei que não era para mim, pois fiquei pensando no valor do aluguel. Talvez fosse altíssimo, pois era um ponto superestratégico. Afinal, eu sabia o que eu queria, mas não era para tanto. E mais uma vez fui surpreendida. Ao conversar com o corretor, descobri que era exatamente o que dava para eu pagar na época. Quando entrei no local, eu não tive dúvidas que era ali que eu ficaria para sempre. Era exatamente o que eu precisava (eu só eu não sabia).

Foram 1 ano e 9 meses naquela "salinha".

E a menina da salinha de 40m², que já não era mais uma menina, era uma mulher, foi para um sobrado com mais de 300m², mais de 7 salas, em uma das principais avenidas de Pirituba.

A certeza de que sonhar vale a pena

Quando isso aconteceu, eu tive a certeza de que tudo é possível, que podemos sonhar, pois se realiza. Hoje o Studio Ligia Saraiva cresce a cada dia. Tenho clientes que estão comigo há mais de 25 anos. Tenho minhas meninas maravilhosas que trabalham comigo e que tenho o maior amor e orgulho do crescimento delas, parcerias incríveis e um espaço que a cada dia proporciona procedimentos com excelência, aconchego e bem-estar para nossas clientes.

Diante de tudo o que passei, meu propósito de vida se consolida a cada dia em querer mostrar o quanto somos capazes, basta ter foco e disciplina. Falo isso de forma até insistente para minhas meninas e minhas alunas.

Quero que elas vejam sentido no que fazem. E não há sentido melhor do levar beleza e bem-estar ao outro. E que possam crescer cada dia mais, que elas podem sim ser o que quiserem e chegarem aonde quiserem. E não tem dificuldade que impeça isso, todos somos capazes.

O mercado de beleza nunca estará saturado. Pelo contrário, é um mercado que, mesmo em tempos de crises e grandes desafios, está em constante ascensão. Quando você descobre que o que seu cliente quer é simplesmente um profissional que cuide dele como ser humano, aí não tem crise que chegue.

Lembra aquelas clientes que falavam para eu procurar uma faculdade ou se eu não estudaria algo? Cerca de 80 % delas continuam conosco e têm muito orgulho da minha trajetória. Algumas já fizeram curso comigo para entrar na profissão que um dia foi tida como "quebra-galho".

Com a pandemia, minha profissão ganhou força. Vi muitas pessoas perdendo seus empregos e querendo cada vez mais entrar para área da beleza, em específico para área de sobrancelhas. Pois é, esse mercado que não tem crise. Aconteça o que acontecer, as pessoas querem estar bonitas. Hoje, mais do que nunca, com o uso das máscaras, o que mais se evidencia em nosso rosto são as nossas sobrancelhas. E eu tenho muito orgulho de gritar para o mundo que eu vivo de sobrancelhas.

Precisamos de pessoas que cuidam de pessoas, que tratem com exclusividade cada atendimento, que façam com e por amor. Para essas pessoas, o mercado sempre está de portas abertas.

E nesses 40 anos de vivência, o maior aprendizado que eu tive é que a sorte não existe, eu nunca tive sorte. O que existe mesmo é fazer dar certo.

Como você começa, não importa.

Você é quem decide o final da sua história, e ninguém pode te impedir disso.

23

O QUE EU QUERO DIZER AO MUNDO?

Este capítulo apresenta um pouco da minha história de vida, trazendo questões sobre autoestima, empoderamento, crenças limitantes, depressão, relacionamentos tóxicos, mudanças significativas, carreiras, resiliência, crescimento e transformação pessoal. Trago aqui um pouco da minha experiência empírica e de alguns cursos que realizei ao longo da minha trajetória, também alguns aspectos profissionais, abordando o "poder da autorresponsabilidade", assim como "o poder da ação". E como isso mudou a minha vida e minha percepção de mundo, a partir do método *Coaching* Integral Sistêmico CIS, em busca da cura de mim mesma, do meu vazio existencial, me transformando na mulher que sou hoje. Os temas são trazidos aqui com o propósito de ajudar mulheres e pessoas que desejam tornar-se independentes, levando-as a acreditar mais em si mesmas, e irem em busca da realização dos seus sonhos.

LILA SALES

Lila Sales

"Sou soma de música, lágrimas, derrotas, resiliência, aprendizagem, mudanças e vitórias!"

Marila Cristine Sales Marques (Lila Sales) é graduada em Licenciatura em Música (2006) pela UFBA – Universidade Federal da Bahia. Possui Mestrado em Música (2009), Doutorado em Música - Educação Musical (2015), Graduação em Artes Cênicas - Teatro (2014) pela UFBA. Curso técnico piano pelo Conservatório de Música Schubert através do CBM- RJ em 2000. Potencialize Turma 2 (Vine Show-2020); Método Cis - Coaching Integral Sistêmico pela Febracis em agosto 2020; Curso Poder e Alta *Performance* – pela Febracis em 2021; e o Poder da ação, pela Febracis em maio/junho 2021.

Agradecimentos a @use.ecoh pela camiseta.

Contatos
marila.marques@gmail.com
Instagram: @lilasales1

Tudo começou a fazer sentido após a palavra autorresponsabilidade adentrar em minha vida. A primeira vez que eu ouvi falar neste termo foi num livro do autor e *coach* Paulo Vieira. Um livreto intitulado *O poder da autorresponsabilidade*, e não sei realmente como um livro tão pequeno no tamanho tenha causado tanto impacto em minha vida. Depois eu li o segundo livro, que eu conheci do Paulo Vieira, *O poder da ação*. Eu sou cantora e compositora, além de professora de música e, no ano de 2020, durante a pandemia, decidi participar de uma "Jornada Rumo aos grandes artistas". E isso acontecia todas as noites, por meio de *lives* feitas por um compositor conhecido como Vine Show, um cara de renome, e com músicas gravadas com artistas nacionais.

Estávamos no início da pandemia da covid-19, e eu queria muito fazer contatos, melhorar minhas composições, fazer amizades e parcerias, além de crescer como artista e compositora.

O Vine show me apresentou ao Método CIS (o maior treinamento de inteligência emocional do mundo) por meio de uma *live* feita por ele, numa das noites, com a convidada Cris Oliveira, *coaching* da Febracis, Goiânia-Go. Naquele momento, eu sentia que algo novo aconteceria, mas não tinha noção do quanto isso faria sentido e transformaria meus sonhos em realidade, além de trazer uma gama de conhecimento e impactar a vida de outras pessoas. Porque até ali, naquele momento, eu vinha de um contexto de crenças limitantes e de falta de merecimento, baixa autoestima, idas e vindas a terapias, histórico de depressão, ansiedade, tinha ficado sem compor e sem cantar durante alguns anos. E confesso que pensei em desistir do meu sonho como cantora e compositora. Apenas em 2018 decidi voltar aos palcos, isso fazia menos de 2 anos. Já tinha tentado de tudo para curar minhas feridas emocionais e traumas diversos vividos na infância e na adolescência, com pouco sucesso e bastante insucesso.

Você já duvidou de si mesmo?

A história da "menina sem nome"

Você algum dia duvidou de si mesmo? Você já se sentiu inferior? Já duvidou de sua capacidade? Eu também duvidei de mim, da minha capacidade intelectual e física, em diversos momentos da minha vida pensei em desistir, por diversas dificuldades. Eu achava que a felicidade e o sucesso não eram para mim. Mas vou te contar uma história, da "menina sem nome". Nascida no interior da Bahia, filha de funcionários públicos, com salários baixos, viviam bem no limite. Ela era filha única, pais separados e com mais dois meio-irmãos, criados pela sua mãe, solo, solteira. Ganhava uma roupa nova por ano, um sapato por ano e brinquedos baratos no Natal. Tinha sonhos em se tornar compositora, cantora, apresentadora e atriz. Mas a cidade onde morava não tinha aulas de música, teatro, ao menos que ela soubesse. E a mãe não poderia pagar as aulas particulares. Começou a compor aos sete anos, e sua primeira música saiu de um livreto católico que ela musicou. Aos nove anos, morou com uma tia e começou a fazer aulas de piano. Sua mãe a deixou para trabalhar noutro estado. Ainda no interior, quando estava findando seu ensino médio, não tinha como fazer vestibular para música porque não tinha como se sustentar em Salvador, a capital baiana. Mesmo assim, foi para a capital sozinha, com um pouco de dinheiro que tinha juntado com seu trabalho, e foi com a cara e a coragem. Morou em casas de família, dividiu apartamentos e quartos, prestou serviços de professora de teclado, de casa em casa, fez sua universidade. Morou em residência universitária, trabalhando para pagar seus estudos e estada. Fez partituras, trufas, cestas de café da manhã, chocolates, pagando seu próprio sustento e aluguel. Pensou em desistir em diversos momentos, porque tudo era muito difícil, e ela não compreendia o porquê, pois se ela fazia o bem e tudo certo, por que tanta coisa dava errado? Uma depressão terrível a acometeu e o seu sonho adormeceu, ficou sete anos sem compor, sem cantar, infeliz, e pensou que tivesse desistido. Mas a história não acaba aqui. E se eu te dissesse que esta menina se tornou a mulher que sou hoje? Que esta menina sem nome sou eu? Você acreditaria?

Um pouco da minha história de vida

O seu passado não define o seu presente e nem o seu futuro.
PAULO VIEIRA

Eu não poderia falar sobre a minha trajetória de vida sem antes fazer esta pergunta: você se considera uma pessoa resiliente? Porque foi a resiliência que não me deixou desistir e me trouxe até onde eu estou hoje, me possibilitou conquistar tudo que conquistei até aqui. Hoje não me dói relatar ou falar sobre o que ocorreu comigo porque já superei muitas coisas e tratei em sessões de terapia, *reiki*, meditação, *shiatsu*, constelação familiar, dentre outros. No entanto, é importante vocês entenderem alguns aspectos e, assim, mensurar os traumas vividos, como os superei, quais mecanismos utilizei, quais métodos vivenciei e o tamanho da minha resiliência. Eu espero que isso possa contribuir com a vida de vocês. E, antes de mais nada, quero deixar claro que em nenhum momento desejo me colocar ou me apresentar como vítima, mas como sobrevivente.

Eu nasci em Itabuna-Bahia e, durante a infância, viajava à cidade de Barcelos do Sul, município de Camamu, e me criei assim, inicialmente junto à minha avó, minha mãe, meu avô, meus primos, tios, tias. Tudo que aprendi com meus familiares, e principalmente com minha avó querida, o amor da minha vida, uma mulher espetacular, porém bastante sofredora, nesse início de infância, foram nessas duas cidades. Dos meus três para quatro anos foi quando a minha mãe conheceu o meu padrasto. Eu era filha única, e daí fomos morar em Brasília, onde me criei até os meus 12 anos de idade. Lá eu passei partes ruins da minha infância, porque eu apanhava, cresci com castigos, agressões verbais e psicológicas. Eu fui colocada em frente ao espelho para repetir as palavras de baixa autoestima, e ouvir muitas vezes frases do tipo: "Você é feia", "não te acho bonita". Eu nunca ouvi um "Eu te amo". Eu fui abusada sexualmente por meu padrasto dos meus três até os oito anos. E não podia falar sobre o que ocorria, me sentia vigiada e com muito medo da minha mãe não acreditar, me bater, não confiar em mim e ficar do lado dele. Aos oito anos, os abusos físicos pararam. Eu segui com este segredo tendo que conviver com isso, até que num dia amigas me deram força e incentivo para contar à minha mãe, aos 12 anos de idade. Depois disso, fomos embora de Brasília, retornamos para Bahia, e eu segui tentado esquecer e superar tudo que vivi. Decidi abafar, apagar, nunca falar sobre isso. E daí aquilo acabou me sufocando durante muito tempo. Durante anos sonhava com os ocorridos, tinha pesadelos, sofria, e nunca falei nada para ninguém. Somente aos 28 anos, em terapia, falei sobre o assunto. Aos 29 para 30 anos, quando engravidei da minha filha, pedi ajuda e decidi vencer aquilo. Falar em terapia, me curar. Isso levou anos, foi um processo. Eu acredito que precisamos ter força, foco, fé, para não desistir dos nossos sonhos. Independentemente da dor ou situação vivida. Sei que não se pode mudar o passado, nem voltar atrás e reviver ou desviver, não temos o poder de mudar aquilo que fizeram conosco. Mas você pode fazer melhor por você. Eu sobrevivi a muitos insucessos, tristezas, traições, mentiras, decepções e traumas; abandonos na infância, separação dos meus pais, abusos sexuais na infância, surras, perda da avó, falta de apoio familiar, falta de amor, falta de carinho, exposição a palavras de rebaixamento psicológico, falta de dinheiro, dificuldades na faculdade, depressão, ansiedade, abandono na gravidez, divórcio, relacionamentos abusivos, muitas dificuldades, mas não desisti.

Uma luz no fim do túnel: método CIS

Nós não somos o que falam ou pensam da gente, somos os nossos resultados.
PAULO VIEIRA

Eu conheci o método CIS por meio de uma *live* do compositor Vine Show em 2020, durante o início da pandemia. Eu morava num local que não era legal, tinha som alto e bebidas na porta todos os dias, muitas festas e aglomerações na minha rua, barulho. A casa era boa, mas tinha ratos e todos os dias gatos da vizinhança faziam fezes na laje. Era terrível ter que limpar todos os dias as fezes dos gatos, era horrível viver daquele jeito.

Além disso, nunca sobrava dinheiro para nada, sempre estávamos doentes, gastávamos bastante em remédios e a alimentação tinha ficado mais cara devido à pandemia.

Decidi fazer o método CIS em agosto 2020. E na primeira semana com os exercícios, comprei meu primeiro apartamento novo. Tudo o que eu segui no treinamento funcionou. Depois o meu *network* cresceu bastante, meu número de seguidores também, quitei meu carro, consegui liberações de música, fui convidada para gravar um DVD em São Paulo com uma dupla sertaneja, gravei uma música do Vine Show, nem de longe a minha vida é hoje o que era há menos de um ano. Enxergo isso como uma possibilidade de crescimento, e não teria como explicar para vocês todas as transformações geradas pelo CIS, mas posso garantir que me ajudou muito a entender que tudo que ocorre e a forma como pensamos e vivemos direciona a nossa vida. São as nossas crenças de merecimento ou falta delas que movimentam as nossas conquistas.

Lila Sales | 175

A autorresponsabilidade faz com que entendamos que tudo em nossa vida depende de nós, de como acreditamos que podemos chegar e alcançar nossos objetivos, sem contar mais historinhas, inventar mentirinhas ou colocar culpa nas outras pessoas e nas situações. Somos donos do nosso próprio destino e escolhas, precisamos "agir corretamente, no tempo certo e com as ferramentas certas".

Não importa o que houve com você, a forma como o trataram ou o que você passou até aqui. O fato é que você pode ser maior do que imagina, você pode mais. E tudo o que você precisa fazer é ter consciência de onde está, do seu momento atual, quais as suas necessidades de mudanças, e onde pretende chegar. E acredite, você pode! Acorde o gigante que existe dentro de você!!! Vamos lá? OGA!!! O Gigante Acordou.

Referências

VIEIRA, P. *O poder da ação: faça sua vida ideal sair do papel.* São Paulo: Gente, 2019.

VIEIRA, P. *O poder da autorresponsabilidade: a ferramenta comprovada que gera a alta performance e resultados em pouco tempo.* São Paulo: Gente, 2017.

24

O QUE VOCÊ NUNCA PERGUNTOU
RELATOS DE UMA RELAÇÃO ABUSIVA

O pior que já escutamos de um homem? Tem como selecionar um único pior dentre o que as mulheres já escutaram de um homem? Alguns relatos experimentados pelas mulheres em suas relações afetivas.

LILIAN PIOVESAN

Lilian Piovesan

Contatos
lilapio@hotmail.com
21 98166 7146

Professora de Língua Portuguesa do Ensino Fundamental I da Rede Municipal de Ensino da Cidade do Rio de Janeiro. Leitora e amante dos livros. Formada em Letras pela UFF/RJ. Possui especializações em Literatura pela UERJ e Ensino de Língua Portuguesa para estrangeiros pela PUC-Rio. Estudante das relações de gênero vivenciadas no chão da sala de aula e participante de cursos ministrados por coletivos feministas, como "Somos todas Fridas".

O que você não sabe e nunca procurou saber é que só entrou em minha casa porque eu já gozava com você antes de me proporcionar o primeiro orgasmo.

Dizer que é um fim, mas à espera de um novo começo? Eu o fiz inúmeras vezes. E quantas vezes permiti e procurei. E por quê? Resiliência? Masoquismo? Não sei responder. Escrevo para você me ouvir, como quis ser compreendida. No entanto, calei meu amor-próprio e gritei o que você não queria ouvir de mim. Tenho raiva da tua covardia. Tenho raiva de mim. Tenho raiva do que permito que você faça comigo e aceito. Escrevo numa tentativa de romper no papel o que não rompi em mim. Preciso esquecer mensagens que li e reli. Guardei muitas, como se fossem um presente, tudo o que eu queria ouvir, música, tua música. Eu pedia pouco. Que você não me magoasse. Você não ligou. Tudo começou com um acordo que fizemos e vivenciamos por um ano. Foram horas intensas, embora curtas, de sexo, de risadas, de mais sexo, poucas falas e muito sexo. Eu rompi o acordo. Eu quebrei as regras. Nós tínhamos um acordo, certo? Errado, eu me apaixonei. Tantas coisas para falar, e você nunca quis ouvir. Essas coisas me atormentavam e, na primeira oportunidade em que via que você estava ali, as despejava, verborrágica, louca, como você diz, assumidamente culpada. Não me dava conta. Me deixava manipular. Como na vez em que ouvi da tua boca "você não é mulher de se apaixonar". Eu não sou mulher de me apaixonar por quê? Não perguntei. Não sei a tua resposta. Mas ouvi em minha cabeça a tua voz dizendo que era uma mulher ideal para uma trepada. E acreditei. Isso acontecia sempre que você, eventualmente, podia (???). Era bom. Eu adorava. Durava intensamente umas poucas horas em que você se dispunha e se despia para mim. Depois, o silêncio, que não deveria importar, porque aqueles momentos valiam mais que um eu te amo, que eu me contentasse. E eu me contentava no silêncio que só era rompido ao teu prazer, às oscilações de teu humor e à tua total falta de atenção.

Ah, tinha as vezes em que me sentia dentro. Como quando eu te pedi um favor, dá uma olhada nas minhas anotações? Depende. Do quê? Se você me prometer que vai ser feliz. E quando eu achava o dia lindo porque você cantarolava "gosto muito de você, menina, do seu jeito de amar", ou quando eu te disse, ao pé do ouvido, sinto falta de você em mim, e, depois de um silêncio, você veio excitado para mim, ou ainda, depois de brigas, quando me perguntava se estava tudo bem, bufando, revirando os olhos. Houve um dia de um sexo em total risco e transgressão. Você está muito bonita hoje. Eu não pensava em sexo, mas você sabia acender-me. Nesse dia, antes do sexo, você me ouviu e se desculpou por ter falado comigo grosseiramente no dia anterior, que não se lembrava. Estou chateado com suas posturas, você viaja muito, você não sacou ainda que o que você reclama é uma reclamação de todos, que eu sou assim, que tem a ver com as minhas origens. Essa foi a primeira vez em que eu tinha que ter ido embora, em que eu tinha que ter recusado a culpa. Mas fiquei e fodemos. Com a quantidade de entregas que seriam feitas naquele dia, no meio daqueles caixotes todos, o que você quer, mulher, a mão já em mim, a língua na pele falando o que as bocas não disseram, eu fiquei, e gostei, e aceitei tudo de novo.

Era fim de ano, dois anos juntos, nosso primeiro fim. Depois de cinco ligações recusadas por você, depois de teus inúmeros dias de silêncio, ausência, falta, você escreve um mundo acabou, seja feliz, é o que te desejo, bjsss, acredite, te amo. Acreditei.

Meses de silêncio, nenhuma mensagem. E quando me via, sorria como se nada tivesse acontecido. Um sorriso e um como vai, como se tivéssemos passado a noite juntos. Ah, nessas horas, como eu queria falar, e falar, e falar. E ligava mais vezes do que eu esperava fazer, e você desligava todas as vezes, como sempre. Eu mandava, então, mensagens escritas rasgadas de amor, recebia o de costume na falta de vergonha da minha cara. Um mês de silêncio depois, eu cedia. E procurava o teu corpo desesperadamente. Despudoramente. Sem vergonha. Você dizia, não atendi porque você me encheu, estou com saudades da sua casa. Eu adoro a boca que me fala cruel o quanto não gosta de meus ataques. Ah, as coisas ruins que você é capaz de me dizer. Você se expõe muito, tem que ser mais racional, você não tem limites, imatura, parece filha única, é louca, não é leve, não deixa fluir. Eu acreditava em tudo, até que eu matei a semente do amor e que, por isso, merecia sofrer. E sofri. Não me percebia manipulada. Ficávamos meses sem nos falarmos. Você aparecia e dizia que eu não ligava mais. Como assim? Como se você fosse um serviço proporcionador de orgasmos múltiplos ao teu dispor. Eu falava em amor! Ficamos esse ano inteiro sem foder. Tudo bem, era só o que eu tinha.

Um ano depois, fodemos. Você disse que relutou muito em vir. No dia seguinte, não veio me procurar, você passou pela minha mesa como se eu ali não estivesse. Você estava com pressa, eu me senti culpada por querer receber um beijo teu. Um mês depois ouvi que você acordou cedo com saudade de mim. Dias depois, quando eu te vi no bar, me senti culpada, como você queria que me sentisse. Eu o fiz estar lá com outra.

Foi no quarto ano em que você se revelou um pouco mais, se abriu para mim, o dia da batida do carro. Dia em que você descobriu um pouco de consciência pesada. Talvez isso tenha feito você ter a conversa mais sincera que já teve comigo. Você me abraçou várias vezes, me alisou, mas não quis sexo. Eu não vou ter mais porque você não sabe, não quer ser diferente, ninguém muda aos quarenta, estou mal, infeliz, num ritmo alucinado, preciso parar, bati com meu carro, estou comendo muito, bebendo, trabalhando... Perguntei o que você queria de mim. Uma amizade com benefícios, mas você cobra, quer atenção, carinho, flores, presentes, e eu não quero cobranças, eu sou escroto e vou me esquecer de tudo isso, e você vai me cobrar. Veio até minha casa para me dizer isso e foi embora. Não, eu não fui embora.

O que me faz gozar não é o pau que me penetra.
É a palavra que me invade lenta grave grossa, desce pelas
pernas abertas, entregues, e me encontra molhada. Um
afrodisíaco, uma lambida na alma.

Entrava em minha casa pelo meu corpo. As mãos em mim antes de abrir a porta. O pau em minha boca antes de fechá-la, tal era a urgência, a distância em que vivíamos. 30 dias depois em que você nada perguntou... Então você me diz que está com saudades, mas não das discussões. Minha culpa, de novo, porque o que eu desejava eram motivos de discussões. Só importava uma saudade, um querer. Hoje acordei com vontade de você, minha branca. Eu abria a porta, a casa, o coração. Você está carinhosa hoje, eu sou carinhosa, só quando você quer. Eu acreditava.

Quando você me dava poesias, você me amava?

Me deixe ir, me deixe esquecê-lo, sem culpa. Tudo o que você não é comigo é ser suave, homem, já me disse coisas horríveis, e me manda poesias, e me diz você combina em tudo comigo? Seja inteligente, mulher, madura e razoável, você não percebe que não é nada disso, se eu não sou, alguém tem que ser, seja você. Eu posso fazer isso, o que você fará? O que você quer, mulher? Você sabe. O quê? Tudo. Como sempre essa conversa, em que você não fala o que sente, sempre deixando aberto um caminho, sempre me deixando dizer as palavras que você cala. Eu falo e me magoo pela tua boca. Eu não quero magoar você, o que você quer de mim? Três horas de conversa para ouvir que você gosta de mim do teu jeito, em que eu não caibo. Ah, quantas vezes eu dobrei minhas palavras para te encontrar e ver que eu não era apenas puta da tua vontade. Você se queixava, me cobrava, me julgava, mas por minha culpa: você faz muita DR, é debate, é discussão... Você emerge de soberbo, eu afundo em culpa. Que ficava escondida, quando você me roubava beijos e dizia que eu não brigasse com você, que podíamos ser amigos. E mandava rosas vermelhas. E eu adorava.

Cedi novamente e esta foi uma das fodas mais incríveis. Pediu-me que deixasse a porta aberta, lembra? Fica nua, deitada na cama, de costas, sem saber a hora que vou chegar. Não houve falas. Não houve desculpas. Dois dias depois, por minha causa, como você sempre me fazia acreditar, brigamos e, de presente: você entrou numa de que eu estava apaixonado por você, nunca estive, você é mimada, egoísta, imatura, você me perdeu, você vacilou, uma mulher não pode vacilar, você não me merece, fiz de tudo para refrear seu sentimento. Eu ouvi tudo e acreditei. Quatro meses durou essa separação. E eu voltei. Andamos várias casas, você disse, e me abraçou forte. Você acredita em tudo o que eu falo, os olhos marejados. Escreveu uma poesia para mim, pediu-me que guardasse. Guardei.

Você me diz que eu te levo muito a sério, que para dizer coisas agradáveis tem que estar inspirado, é de *vibe*. Eu digo que você é frio, não sou frio, sou eu. Caceta, mulher, o que você quer? Eu sou imundo, você tem um problema, acredita em homens, eu a considero para caralho. Não era o fim ainda. Você ainda tinha coisas a me dizer:

Eu: E se você não puder me amar mais e melhor, que fiquemos assim desse jeito ordinário de nos tratarmos, já que paramos de fazer aquilo em que éramos extraordinários. Bom dia...

Você: a cada vez que você faz contato, fico esperando a reclamação da hora.

Eu: enquanto você digita, meu coração pressente e teme a grosseria da vez.

E assim se passaram 10 anos. Sim, eu fui embora.

A última vez em que eu cedi, porque te queria, porque queria tua mão em mim. Quis muito o teu corpo, mas dessa vez queria mais a tua voz, os teus beijos e o teu carinho. Você queria receber mais do que dar, queria meu corpo, mas eu queria teus beijos mais do que teu pau. A última vez em que você me fez acreditar que eu não sabia amar. A última vez em que tentei ser o que você aceitasse de mim em tua vida.

Por que escrevo? Para não morrer! Escrevo para te dizer o que você nunca perguntou.

Umas palavras

O que me motivou a escrever esses relatos foram as histórias de muitas garotas, amantes, namoradas, esposas... que ouvi e li. Histórias de mulheres. Mulheres que amam demais, mulheres histéricas, mulheres sem voz... Tantas histórias de mulheres que, como eu, existem, ainda que muitas vezes sem crédito algum. Escrever para não deixar matar-nos, porque é isso que fazem quando não somos escutadas, quando nos dizem que somos loucas, que falamos demais,

Lilian.

25

O PAPEL DAS PESSOAS INSPIRADORAS

Neste capítulo, o leitor entenderá comportamentos adotados por pessoas inspiradoras que geralmente passam despercebidos pela sociedade. Ter informações a respeito dos prós e contras desse papel é esclarecedor e crucial em um momento de decisão. Afinal, com a evolução da tecnologia, surgem mais funções, interesses e modos diversificados de desenvolver-se nessa área.

NATY BRASIL

Naty Brasil

Naty Brasil. Nascida em 27 de novembro de 1994, na cidade de Fernandópolis – SP, Brasil. Escritora. Poeta. Coordenadora editorial de poesias na Psiu Editora. Colunista na revista *Resenha Literária*. Embaixadora da paz, destaque cultural, destaque social e Comendadora Internacional Diplomata Ruy Barbosa "O Águia de Haia" pela OMDDH. Comendadora de Artes e Negócios do Brasil pela Academia Internacional Mulheres das Letras. Referência literária contemporânea pelo 1º Prêmio de Literatura Coleção Opostos 2021. Coautora em mais de 50 coletâneas poéticas. Organizadora das coletâneas *Brasileiríssimos* (2021) e *Multiversos* (2021). Membro de diversas academias literárias nacionais e internacionais. Possui diversos reconhecimentos, prêmios e diplomações de mérito por sua atuação no contexto literário, cultural e social.

Contatos
Instagram: @natybrasilescreve
naty.psiu@gmail.com
17 99787 6511

Pessoas são importantes: inspiram-nos, nos agregam valores, mas são outras pessoas. Também podemos inspirar, espelhar alguém à medida que a gente reconhece a nossa autonomia, a nossa identidade, a nossa expressão de ser.
ROGÉRIO MACENA

Sempre que visualizamos alguma realidade de vida a qual aspiramos, a tendência é que a enxerguemos como perfeita, ou seja, idealizemo-la. E, ainda, que acreditemos estar muito distantes dela.

Ambas são crenças equivocadas. E vamos analisar o porquê a partir das pessoas inspiradoras. Entenda, por estas últimas, pessoas que exercem profissões como: escritores, cantores, modelos, palestrantes, professores, apresentadores, atores, influencers digitais, atletas, jornalistas, entre diversas outras que têm visibilidade e autoridade o suficiente para influenciar hábitos, comportamentos e opiniões das pessoas as quais os acompanham.

Quando menciono sobre a tendência de 'enxergarmos como perfeita e idealizarmos', nesse contexto, refiro-me exatamente à constante apreciação desenfreada do corpo, dos bens, das habilidades, dos relacionamentos, da rotina e de todos os outros âmbitos associados à vida das pessoas consideradas inspiradoras, bem como a de qualquer ser humano.

Essa supervalorização é prejudicial, uma vez que se trata de uma visão distorcida. Afinal, pessoas inspiradoras apenas seguem uma determinada carreira associada a um determinado perfil (conjunto de características predominantes) como qualquer outra.

Portanto é evidente que não se tratam de pessoas perfeitas, que vivem mil maravilhas a todo instante, apenas ganhando milhões sem fazer nada, como muitos insistem em propagar e outros em acreditar, inclusive porque isso é utopia.

Na verdade, normalmente as vidas delas são marcadas por perdas irreparáveis, enganos imprevisíveis, problemas incontáveis, superações inesperadas e esforços inesgotáveis até exercerem a autoridade e adquirirem a visibilidade que têm hoje.

Ou você se inspiraria em qualquer pessoa?

A questão é que quem idealiza tem o péssimo hábito de ocultar toda essa parte dos desafios da história.

Isso pode ser comprovado, por exemplo, por meio das histórias de Steve Jobs, Oprah Winfrey, Bill Gates, J.K. Rowling, Walt Disney e de Malala Yousafzai, a qual apresentamos com mais detalhes a seguir: "com apenas 16 anos, essa jovem paquistanesa foi premiada com o Nobel da Paz, uma verdadeira inspiração de força de vontade e perseverança. Vivia numa região do Paquistão dominada pelos radicais islâmicos que pretendiam proibir as raparigas de assistir às aulas. O seu pai era dono de uma escola e, quando surgiu o convite, da parte da BCC, em convidar um dos seus alunos para contar como era a vida com os talibás, Ziauddin Yousafzai, pai de Malala, sugeriu a filha. Apesar desta utilizar, no blogue criado pela BCC, um nome fictício, acabou por surgir, num documentário, a defender o direito das raparigas aos estudos e tornou-se assim, um alvo a abater pelos talibás. Foi baleada, mas nunca parou de defender a causa em que acredita" (FERREIRA, 2016).

Por sua vez, a crença "acreditarmos que estamos muito distantes da realidade de inspirarmos pessoas" é falsa simplesmente porque pessoas inspiram outras pessoas o tempo todo. É mais um ciclo presente em nosso dia a dia. Você, com certeza, já inspirou alguém em algum momento e em algo, porém provavelmente nem ficou ciente disso. Pode ter sido com seu visual, com um conselho, com sua presença amiga, com sua opinião, uma contribuição para resolver um conflito, com um gesto de perdão, atenção ou sensibilidade. Muitas são as maneiras, porém poucas as manifestações de reconhecimento e gratidão diante delas.

Além disso, você **se** inspira e isso faz mais diferença do que você pode sequer imaginar. O escritor Chico Júnior destacou a relevância dessa forma de inspiração em comparação às demais quando escreveu para jamais permitirmos que nossa inspiração por alguém ofusque nosso verdadeiro ser. Para termos o cuidado de nos inspirarmos, desde que sendo nós mesmos e negando ser mais uma cópia para um mundo cheio de cópias.

Por isso, neste capítulo vamos apresentar comportamentos adotados por pessoas inspiradoras, os quais passam despercebidos pela sociedade por não ser a atividade principal e que, no entanto, são tão valorosos quanto ela.

Comunicar-se com sabedoria

Comunicar-se com sabedoria vai muito além de falar, pronunciar ou conversar. Inclusive, trata-se de um requisito cada vez mais procurado e menos encontrado no mercado de trabalho. Quando nos remetemos à comunicação, estamos diante da principal ferramenta do entendimento e do envolvimento de um relacionamento. Por sua vez, quando nos referimos a alguém que "sabe se comunicar com sabedoria", estamos discorrendo acerca de alguém que transmite uma mensagem de forma ágil, objetiva, transparente e fácil de assimilar.

Contudo, para se alcançar esse patamar da habilidade de comunicação, que seria o resultado, é indispensável passar antes pelo processo, que frequentemente envolve construir uma imagem, aprender a escutar, aprender a falar, saber conversar, ter opinião, praticar a inclusão e escolher o momento certo.

Sociabilizar de alma e coração

Pessoas inspiradoras basicamente transmitem mensagem às pessoas, seja por meio de atuação, apresentação, livros, desenhos, criações, descobertas, ensinamentos, vozes, projetos, informações, *performances* em esportes e jogos, qualidade de conteúdos e outras estratégias, ainda que pareça que interajam sozinhas ou com seus celulares.

Portanto gostarem de pessoas e do que realmente fazem, a ponto de socializarem e conversarem, serem genuínas, responderem comentários, interagirem com o público e estarem atentas ao que as pessoas esperam delas, são alguns dos seus diferenciais.

Dominar o assunto e agir com responsabilidade

Ter confiança no que se transmite é uma das características imprescindíveis das pessoas inspiradoras. Para isso, é preciso que elas dominem o assunto com o qual trabalham e ainda tenham interesse em continuar aprendendo sobre ele com o público.

Falando nisso, por atingirem muitas pessoas, elas têm uma responsabilidade muito grande perante a sociedade. Assim, verificar informações e ter cautela com tudo que utiliza é o primeiro passo para conquistar a confiança das pessoas, considerando que são uma referência para outras pessoas de acordo com seus respectivos nichos de atuação.

Explorar novas perspectivas

Todas as nossas vitórias ou fracassos têm origem naquilo que não somos capazes de ver, naquilo que foge ao nosso campo de visão, e, instantaneamente, ignoramos. Agimos e reagimos norteados pelo ponto de vista incompleto que assumimos. Sim, incompleto. Afinal de contas, ele nos oferece uma mera visão parcial da realidade.

Após compreendermos essa verdade, cabe a nós como profissionais e seres humanos expandirmos nosso campo de visão, o que significa modificar nosso ponto de vista. Nos cabe, ainda, pedir os óculos emprestados para tentar ver com os olhos do outro, praticando a empatia e dispersando, desse modo, tudo o que entendemos por realidade.

Pessoas inspiradoras estão constantemente em busca de novos ângulos para enxergar o mundo ou de novas experiências. Todos nós conhecemos alguém que busca atividades para fugir de sua zona de conforto para ampliar sua visão, como competições e esportes radicais. Existem aqueles que se voluntariam para ajudar em hospitais locais na África, e assim em diante, sempre em busca das perspectivas mais profundas.

Persistir em seus objetivos

Persistência é como intitulamos a atitude de desenvolver alguma coisa de maneira focada, apesar das dificuldades, alcançando, assim, seus objetivos e o sucesso almejado.

Ser persistente refere-se ao fortalecimento daquilo que se deseja e da ação para que isso seja realizado.

Essa não é uma trajetória nada fácil, considerando nos esbarrarmos com a rotina, desânimo, crenças limitantes, medos, cansaço, limitações, entre outros obstáculos. Para vencê-los é necessário transformarmos esses fatores em suprimentos para nossa motivação e entendermos que nossa força deve vir de dentro.

Mas é uma trajetória que vale a pena. Pois a partir do momento em que nos tornamos persistentes, nos tornamos focados, enérgicos, motivados, controlados emocionalmente, criadores de ideias condizentes e comprometidos com os resultados os quais estimamos atingir em todos os âmbitos de nossas vidas. Um verdadeiro combo completo!

É importante lembrar que persistência não tem relação com arrogância, já que tem como alicerce propósitos, autocríticas, metas, estratégias, discernimento e foco para alcançar aquilo que se pretende. E pasmem: segundo José Roberto Marques, referência em Desenvolvimento Humano, fundador do IBC (instituto reconhecido internacionalmente), professor convidado pela Universidade de Ohio e palestrante na Universidade de Harvard, autor de mais de 50 livros: "Seus benefícios vão muito além do simples fato de fazer com que a pessoa atinja seus objetivos, um indivíduo persistente consegue influenciar positivamente quem está à sua volta, tornando-se um exemplo a ser seguido."

A vida de todos nós é composta por objetivos: empreender, conquistar uma vaga, casar-se, emagrecer, conseguir um aumento. O diferencial de cada uma está justamente na capacidade de correr atrás daquilo que se deseja.

Além disso, o ato de persistir pode sim ser desenvolvido, contudo, depende de cada um não desistir no primeiro obstáculo, considerando que a vida é repleta deles. Quando necessário, é preciso se adaptar às situações, encontrar novas alternativas e, acima de tudo, prosseguir!

Referências

FERREIRA, M. *6 pessoas inspiradoras que o vão motivar a nunca desistir*. EKONO-MISTA Conteúdo que descomplica. Abril, 2016. Disponível em: <https://www.e--konomista.pt/pessoas-inspiradoras/>. Acesso em: jun. de 2021.

JÚNIOR, C. Pensador. Disponível em: <https://www.pensador.com/frase/MjgzM-Tk2NA/>. Acesso em: jun. de 2021.

MACENA, R. Pensador. Disponível em: <https://www.pensador.com/frase/MjQ0M-zg3NA/>. Acesso em: jun. de 2021.

MARQUES, J. R. *Persistência é o diferencial para o seu sucesso em qualquer área*. IBC - Instituto Brasileiro de Coaching. Outubro, 2017. Disponível em: <https://www.ibccoaching.com.br/portal/motivacao-pessoal/persistencia-diferencial-sucesso-qual-quer-area/>. Acesso em: jun. de 2021.

26

DESAFIOS SÃO CONVITES

Será que você também é Dona da p**** toda?
Tudo muda o tempo todo e isso nos coloca em poder de escolhas sobre as consequências de nossas ações mediante os convites da vida.
Por meio deles podemos sair da inércia, podemos alçar voos mais altos ou não.
É preciso coragem.
É preciso atitude!

PATRICIA KEYKO PELEPENKO

Patricia Keyko Pelepenko

Ensino Médio completo; Inteligência Emocional Lótus Treinamentos (Novembro/2011); Planejando Metas com *Coaching* e PNL; Eu Posso! com Ricardo Ventura (Setembro/2012); Treinamento *Business & Professional Coaching* - (Janeiro 2016). Terapeuta facilitadora em Constelação Familiar com Claudia Lança pela Ápice (2021). Estudando/Formação em *Coaching* no IBC (Instituto Brasileiro de Coaching) 2021. *Sales manager* em marca multinacional. Objetivo genuíno: capacitar-se cada vez mais para atuar a serviço da vida, usando ferramentas de curas emocionais.

Contatos
ppelepenko@gmail.com
11 94100 9738
Instagram: ppelepenkotodostemoseulugar_constelacoes

A vida convida...

É preciso coragem para ser quem se quer ser. Acolher a própria vulnerabilidade, olhar para o que está comunicando as nossas próprias emoções.

Estamos todos doentes... Doentes em alguma área de nossa vida e não se trata só de saúde física. Temos a saúde de nossa alma, do nosso espírito, do nosso coração e de nossa mente.

Dentre todas, nossa saúde mental e emocional nos coloca diante da vida com convites diários a desafios, não é verdade?

Um convite da vida...

No ano de 2020 eu estava saindo de férias cheia de entusiasmo e alegria, pois havia me programado para colocar próteses mamárias. Estava em uma fase com grandes projetos de estudo, um deles de fazer minha formação pelo IBC (Instituto Brasileiro de Coaching) que sempre foi um sonho. Eu estava radiante com tudo o que estava acontecendo nesta fase e momento da minha vida, tudo fluindo bem no trabalho, eu engajada nos meus propósitos. Estava apaixonada e entusiasmada com a vida.

Um dia, ao tomar café pela manhã uma semana após minha cirurgia, tive um mal-estar e minha mãe disse:

— Menina, você está grávida!

Olhei para ela e falei:

— Nossa mãe, imagina!

Mas fiquei intrigada e me observei. Uns dias depois combinei de fazer uma caminhada com uma amiga, mas, antes dela chegar, fui à farmácia e comprei um teste.

Ela chegou, batemos um papo e eu disse a ela sobre ter comprado o teste e imediatamente ela me falou:

— Paty, você está grávida!

Fiz o teste e deu 3+. Estava gravidíssima!!!

Eu chorei compulsivamente, um misto de todos os sentimentos eu experimentei.

Mais uma vez a vida estava me fazendo convites

O convite mais lindo ... Quando o Criador concede o sopro da vida no ventre de uma mulher e ali ela gera vida, eis o maior milagre. A continuidade!

Não vou nem posso me esquecer do dia que fiz o teste. Era dia 18 de março de 2021.

Na história do nosso país, em São Paulo e outras capitais, era decretado que as empresas fechassem por conta da situação agravante do Covid-19.

Imaginem vocês como estava me sentindo. O Criador estava me fazendo um convite e tanto: gerar vida em um momento tão delicado no mundo.

Embora as incertezas, instabilidades, vulnerabilidade que senti e que nem consigo calcular, dei a notícia ao pai e ele vibrou de alegria. Vibramos juntos, a vida que estava sendo gerada em meu ventre.

Minha mãe, irmãs e amigos, todos da minha família e da família dele receberam a notícia com alegria. Assim, Pietra em meu ventre foi se desenvolvendo com saúde e todos os cuidados. Praticamente não saí de casa respeitando a quarentena. Assim, fui lidando com minhas emoções, sentimentos avassaladores que uma mulher experimenta em uma gravidez.

Já que tudo o que eu sinto, ela sentiu, eu baseado naquilo que eu acredito, com base em estudos sobre saúde emocional, com base em cada investida no meu autoconhecimento fiz alguns movimentos diferentes.

Sempre conversando com Pietra em meu ventre. Em diversas situações, falava:

— Mamãe e Papai te amam e quando você crescer estaremos ao seu lado te ajudando a compreender cada sentimento que experimentar.

Todo mundo já te ama filha, e todos estão radiantes com sua chegada, ansiosos para te conhecer.

Esse era meu diálogo com ela infinitas vezes, mas por muitas vezes justifiquei meu choro, explicando-lhe minhas emoções.

Pietra veio ao mundo cheia de saúde. É uma menina alegre, sorridente e calma, transmite paz em seu olhar.

Digam-me:

— Quantas de nós recebemos uma educação adequada para passar por um processo de gestação? Quantas temos orientações? Cada uma(um) de nós viveu um processo referente à gestação dos nossos próprios pais, certo? Tudo o que somos foi construído a partir de então.

Bem, isso não é tema para eu me aprofundar, mesmo porque não sou formada e especialista no assunto, mas apenas faço uma provocação com o tema do livro.

Tantos planos, projetos e a vida simplesmente mudou o curso de tudo.

Entendo que ser Dona da P**** toda é driblar todas as inconstâncias e os convites que a vida nos faz para corrigir rotas o tempo todo, todo o tempo e isso não é exclusividade minha nem de ninguém.

Pietra veio a este mundo no dia 12 de novembro de 2020 e pude experimentar o sentimento mais intraduzível, um amor que me transbordou, um amor que me eleva, a mais pura conexão com o divino.

Tudo fluindo seu curso, eu vivenciando agora uma versão de mim como mãe e a vida mais uma vez me fazia convites. Ainda que desafiante, escolhi estudar sobre Constelação Familiar com a Pietra que estava com apenas três meses.

Quantas vezes somos convidadas pela vida a fazer movimentos e assumimos postura de desculpas por todos os motivos obviamente justificáveis como o meu, de estar com uma bebê pequena em meio a uma pandemia, todas as emoções à flor da pele. A vulnerabilidade, os hormônios, a inconstância das emoções, o medo, a responsabilidade agora me visitavam com grande frequência. Planos, projetos, caminhos todos alterados e incertos.

192 | As donas da p toda vol. 2

Para quem não conhece Constelação Familiar, trata-se de um método criado pelo psicoterapeuta alemão Bert Hellinger em anos de pesquisas e estudos feitos com famílias, empresas e organizações. A técnica estuda e busca dissolver os padrões comportamentais que, de alguma maneira, impedem o nosso desenvolvimento. Esse método explica que há uma repetição de comportamentos, de acordo com gerações, mesmo que de uma maneira inconsciente, e é possível realizar alguns movimentos de cura que vêm sendo comprovados desde então.

Enquanto ainda não estou pronta para fazer minha transição de carreira por diversos fatores, continuo estudando e me capacitando.

Retornei de licença-maternidade ao trabalho e só quem já passou por isso sabe o que significa. Minha filha tão pequenina, apenas 6 meses e já recebendo seus primeiros convites de desafios na vida. É um aprendizado para ambas, faço uma ressalva referente aos desafios de estarmos ainda no meio de uma pandemia.

Mais um convite da vida...

*Somos donas da p**** toda, sim*

Conseguimos em meio a milhões de espermatozoides vencer nosso primeiro convite de desafio à vida e estamos aqui. Agora, é com cada um fazer as escolhas para continuar levando esse mérito, abraçar oportunidades, vencer medos, superar desafios, obstáculos e evoluir.

Cheguei a desacreditar de mim, dos meus sonhos, objetivos, do meu potencial, das minhas realizações, de estar aqui, inclusive cancelei minha participação no livro alegando meus problemas pessoais e particulares. E quem é que não tem, não é mesmo?

Vi-me fracassada, vi-me ser deixada dominar pelas minhas mais belas desculpas e cada uma delas justificáveis. Até que um dia acordei com o pensamento de falar com a moça que me atende na Literare para perguntar como seria se eu ainda quisesse participar e o mais incrível aconteceu. Tomei como validação e confirmação para vencer meus próprios inimigos, acreditem. A moça a que me refiri me enviou uma mensagem perguntando como eu estava antes de eu falar com ela. No mesmo dia que senti Deus falar comigo.

Meu coração se encheu de alegria e falamos por telefone das possibilidades. Nós nos permitimos cativar uma amizade que até o momento está por meio de nossos contatos virtuais.

Quantas vezes a vida nos faz convites como esses de nos colocar em situações com pessoas, circunstâncias, cenários, para nos dar a oportunidade de validar nossa trilha rumo aos nossos objetivos, sonhos, conquistas? Quem já experimentou isso? Como se sentiu?

Não podemos e não devemos atribuir a quem quer que seja a responsabilidade de não realizarmos o que desejamos.

Aprendi com a vida até aqui que ninguém, REPITO, ninguém fará acontecer, a não ser Eu (VOCÊ) mesmo.

Ser **dona da p**** toda** é exatamente isso: olhar para dentro, enxergar, ouvir, escutar a própria voz.

Lá no íntimo, de forma genuína, sem ego, sem a casca da matéria, existe o que é intrínseco e verdadeiro em essência.

Neste santuário, dentro de nós, habita o nosso Ser em pureza divina. E tomando dessa fonte, somos capazes de tudo.

Só sei o tamanho da minha força, pois me acolho quando estou visitando minhas fragilidades.

Experienciar os dois polos de energia é saber que ambos me transformam, ambos me fazem evoluir.

Vou despertando...

E você, quantas vezes você já esteve nesta situação? O que você faz?

Ficar com a parte boa, a parte das glórias e êxitos é fácil.

Sei o quanto é difícil, sei o quanto é desafiante e não obstante a cada um, sei o quanto, quando estamos "na ilha", nessa forma de pensar limitada temos uma imensa dificuldade de olhar além.

Já diz o ditado: é preciso sair da ilha para ver a ilha, certo?

Quando paramos por alguns instantes e nos colocamos diante de nós mesmos sem o olhar julgador e crítico e nos vemos, nos enxergamos de forma genuína, aí tudo é possível. Olhar com olhar de amor sobre quem somos nos faz valorizar o todo que somos e já que é todo, tudo é possível.

Diariamente somos convidados a desistir mediante nossos desafios internos, externos. E isso é salutar quando estamos frágeis e cansados.

Bem....aqui estou eu!

Caros leitores e leitoras, é uma imensa alegria compartilhar este pequeno capítulo de parte da minha história. A ideia aqui é contribuir dizendo que sou gente comum como você e tenho certeza de que existe muita mulher **dona da p**** toda** aqui lendo este livro e que se subestima, que tem as desculpas mais incríveis, razões as quais respeito desde já, mas que as impedem de darem passos em busca das suas realizações, sejam elas quais forem.

Eu recebi um convite da vida e tive a atitude de me superar para estar aqui, a satisfação é tão prazerosa que me faz sorrir e não paro por aqui. Tenho outros sonhos e sei que a vida me fará novos convites.

Tudo o que acontece é para me despertar para um nível maior.

Um dia recebi um convite especial...O Criador me presenteou com o sopro da vida e, daí em diante, a vida está sempre me fazendo convites.

A maior dádiva que tenho está em mim foi o Criador que me deu. E você, será que está percebendo os convites que a vida está lhe fazendo?

Se sim, está pronta para fazer acontecer?

Lembre-se: sou como você, uma pessoa comum.

Sou dona de uma grande empresa, minha própria vida, assim como você é dona da sua própria vida, certo?

Acabei de receber um último convite neste momento para partilhar com vocês:

Bem-vinda ao time das mulheres **donas da p**** toda**!

Você é capaz!

Você, só você pode fazer acontecer. E para começar, só é preciso começar.

Boraaa!

Eu vejo todas vocês!

Um abraço.

Gratidão.

27

ESTATÍSTICAS NÃO DEFINEM O FINAL DA SUA HISTÓRIA

Contrariando mais uma vez os variados nãos que já tinha ouvido, sendo uma mulher na tecnologia e tendo sua capacidade colocada à prova apenas por existir, eu me descobri em mais uma versão de mim.

REBEKA CUNHA

Rebeka Cunha

Empreendedora serial, investidora e fundadora da Nana Vegana e Fairy Code. Graduada em Gestão e Tecnologia da Informação, MBA em marketing estratégico, especialista em Informática em Saúde, certificação em *Mentoring* e Ecossistemas de Inovação e Empreendedorismo, consultora especializada em Transformação Digital com vasta experiência em projetos tecnológicos inovadores e criação de produtos digitais do zero. Indicada ao prêmio Whow de mulheres inovadoras do Brasil, ficando no Top 2 na área de ciência e tecnologia, 2020. Vencedora do prêmio digital Disruptors da Globant Awards, 2021.

Contatos
www.rebekacunha.com.br
rebeka.gpc@gmail.com
16 99113 8614

Nascida em Recife/PE, criada por várias regiões do Brasil, eu fui concebida por um casal de jovens humildes e sem estudo, muito honestos e focados em estimular suas filhas nos estudos. Minhas raízes são muito fortes em relação à transparência e determinação, coisas que levei para a vida e que utilizei de motor para seguir o meu caminho. Isso me fez idealista, criativa, curiosa... Inspirada pelo simples e eterno, inconformada com as limitações ao seu redor.

Minha história em conjunto com a tecnologia se iniciou em meados dos meus 17 anos. Quando estava finalizando o ciclo de estudo no ensino médio, eu precisava tomar a primeira decisão mais impactante da minha vida: o que estudar? Quem deveria ser? Na saída da escola, indo de encontro ao ponto de ônibus onde pegaria minha condução para ir para casa, fui abordada por uma moça que estava entregando panfletos sobre um vestibular de uma nova Instituição de Ensino que estava chegando na famosa cidade universitária de São Carlos, interior paulista.

Aquele panfleto falava sobre um novo curso: Análise e Desenvolvimento de Sistemas. Explicava de maneira simples quais os benefícios dessa graduação. Aquilo me chamou atenção em um nível descomunal. Eu já havia cogitado tentar um vestibular para área de tecnologia, mas eu não tinha conhecimento aprofundado em nada, o que me gerava muitas dúvidas e receios. Mesmo diante de todas as incertezas que me competiam naquele momento, decidi tentar. E aos 18 anos, estava aprovada no meu primeiro vestibular para iniciar os estudos como tecnóloga.

Recém-aprovada na graduação, vieram os primeiros desafios para me manter ativa nos estudos. Por motivos do destino e escassez financeira, tive que assumir meu próprio destino numa trilha quase solitária. Aos 18, eu já estava diante do dilema de não saber ao certo o que teria para comer, onde viver e por onde seguir. E pelo tempo que consegui, toquei trabalho e estudo até onde foi possível. As condições não me eram favoráveis naquele momento. Meu legado havia sido 10 aluguéis pagos pelo meu pai antes dele ter que buscar emprego na capital paulista, pois no interior as coisas começaram a ficar difíceis. E eu lidava ali com a primeira pivotagem da minha vida: larguei a faculdade, arrumei um emprego em tempo desumanamente superior ao integral e fui tentar viver dos meus próprios recursos.

Eu sei que a desilusão e o fundo do poço atrelados à fome e desespero podem parecer um buraco sem fundo de queda livre, mas eu fazia um exercício diário de resgatar meus valores internos para não desistir. Sempre que eu pensava que aquela fase difícil não teria saída, eu me dizia o mantra aprendido com meu pai: "estude, persista... quem tem estudo tem tudo!". Às vezes eu me ouvia repetindo isso mil vezes ao longo do dia, enquanto estava na minha jornada de trabalho que excedia 12h diárias.

Eu decidi então me mover, pois onde estava não era mais suficiente. Decidi mudar para novos ares e novos horizontes. Busquei melhorar, eu precisava aprimorar e adquirir conhecimentos. E eu queria me empoderar, pois uma mulher com poder de decisão na própria vida, o céu se torna o seu limite.

Foi a primeira vez que eu realizei um *business plan*. E era exatamente o planejamento do meu principal negócio: minha vida. Eu sabia exatamente para onde eu queria ir, quanto eu precisava ganhar e por onde eu poderia começar a voltar a estudar. Rabisquei as primeiras contas atreladas às primeiras metas macro. Praticamente uma jornada de sucesso a ser perseguida com unhas e dentes. E eu fui, usei o meu mantra mais uma vez como minha principal ferramenta

Aos 22 anos, prestei o ENEM, me candidatei ao SISU e, posteriormente, ao PROUNI. Eu objetivava com todas as forças conseguir chegar em uma cidade vizinha à minha para estudar e talvez conseguir emprego em condições mais favoráveis. Pelo PROUNI, eu consegui uma bolsa de 100% de mensalidade em uma graduação particular na cidade de Ribeirão Preto/SP, e ali foi a primeira vez que eu consegui sentir o que era ter a primeira fase de um planejamento concluída com sucesso.

Eu estava residindo em um novo endereço, estudando novamente em uma nova graduação na área de tecnologia, empregada em um *call center* da região e fazendo trabalhos extras com habilidades de *design* e programação de *sites* para conseguir fechar o mês. Mas aquilo não me trazia mais a sensação de desespero e sim de conquista realizada. Eu fazia parte do jogo da vida real, atrelado a um planejamento em execução. Cada etapa alcançada me beneficiava, pois para quem não tinha nada, eu não tinha o que perder e aquilo tudo só me agregava e estimulava a persistir cada dia mais.

Nada estava definido. Eu sabia onde queria chegar, mas a vida é cheia de altos e baixos, nem sempre sabemos lidar com os percentuais do desespero. E ali, diante da minha realidade, estavam as primeiras informações negativas para o cenário feminino na carreira de tecnologia:

- Em uma turma com 50 pessoas, 5 eram mulheres.
- Das 5 mulheres, 2 chegaram ao final do curso.
- Ao decidir fazer uma iniciação científica, todos meus professores diziam que era impossível em um curso tecnólogo.

A minha graduação tecnóloga era mais curta que as demais, eram de dois anos e meio a três anos para conclusão, o que, a meu ver, me fazia ganhar tempo. Mas aos olhos de muitos outros significava uma desqualificação de sabedoria. E obstinada como sempre, decidi os percentuais do desespero, eu fui a primeira aluna da graduação a iniciar um estudo científico em uma graduação de tecnólogo. E para completar e silenciar as falácias de que não era possível, ainda recebi premiação como a melhor iniciação científica da faculdade. Esse foi o início da mudança de realidade a qual eu estava inserida.

Recebi um convite para iniciar um trabalho como bolsista na área de tecnologia e saúde, na empresa de um dos meus professores. Era meu primeiro contato com o mundo das *Startups*. Na época, aos 24 anos, eu disse a ele um "aceito" com o tom singelo e seguro, por dentro parecia uma conquista maior que meu prêmio: era o início da trajetória de uma menina tecnóloga na ciência. Me tornei sócia nessa empresa, onde comecei com zero reais, investindo tempo em meus estudos.

Essa jornada conjunta com o mundo das *startups* me trouxe muitas portas. Inserida em um parque tecnológico renomado, SUPERA PARQUE, muitas soluções disruptivas foram construídas em conjunto com um corpo de Pesquisa e Desenvolvimento fomentados por iniciativas públicas e privadas. Aos 26 anos, eu já era líder de equipe e projetos inovadores com mais de 1 milhão de reais de investimento. Inclusive, ali nasceu minha segunda *startup*, em meados dos meus 28 anos: tecnologia humanizada, equipe integrada e soluções digitais para melhoria de qualidade de vida.

Aos 29 anos, continuei investindo meu tempo e meus esforços em adquirir conhecimento. Já acumulava aí uma bagagem na área de tecnologia e mais algumas conquistas significativas. Mas, ainda assim, algo em mim parecia clamar por mais, e muitos podem dizer que era apenas meu espírito competitivo que ainda percorria a gamificação da minha vida, só que não. Eu estava dando sentido a tudo que eu acreditava e pela primeira vez eu pude enxergar e ver que ser uma especialista na área de tecnologia era uma ferramenta, um meio. Meu propósito ia além de gerir equipes e projetos tecnológicos: eu queria impactar o maior número possível de pessoas e negócios de maneira positiva.

E estava ali o início do meu mantra pessoal: "negócios e tecnologias são construídos por pessoas, para pessoas". Eu não queria mais apenas desenvolver ferramentas, eu queria ser parte ativa da transformação digital de cada indivíduo que passasse no meu caminho.

Ali nasceu meu terceiro negócio, com raízes brasileiras, a Nana Vegana, uma *startup* que estuda e aprimora a alimentação sustentável com uso de tecnologias alimentares. Eu tive fome em muitos momentos da minha jornada, tive escassez e falta de recursos. E aqui, com esse negócio, construído por mulheres fortes, eu pretendia levar alimento de qualidade e com preços acessíveis para popularizar a sustentabilidade e contribuir com o futuro do nosso planeta.

No auge do meu processo de mudança de carreira, eu recebi minha segunda premiação, fui considerada a segunda mulher mais inovadora na área de ciência e tecnologia no Brasil, pelo prêmio Whow 2020. Isso me trouxe mais bagagem e mais portas abertas, o que acelerou meu processo de melhoria e alcance do meu objetivo principal. Mesmo diante das conquistas, vieram os percentuais do desespero mais uma vez:

- Literatura e especialistas debatem sobre improdutividade de ações multitarefas.

Pesquisas apontam índice baixo de pessoas que realmente conseguem atuar em várias frentes. Mesmo premiada, eu estava diante da síndrome do impostor e o mundo era cruel quando se tratava de usar as estatísticas contra a sua realidade. E aos 30 anos, nasceu meu quarto negócio, alinhado ao meu planejamento inicial: Centro de Inovação e Tecnologia. Esse negócio veio carregado de emoção, pois ele é a concepção da aceitação de algo óbvio, mas que nem sempre parece claro: estatísticas movem o mundo, mas os dados da sua realidade são a sua decisão.

Contrariando mais uma vez os variados nãos que já tinha ouvido, sendo uma mulher na tecnologia e tendo sua capacidade colocada à prova apenas por existir, eu me descobri em mais uma versão de mim, uma empreendedora serial; em resumo, uma pessoa especialista que cria vários negócios e não se contenta em adquirir apenas uma empresa. Definição essa que traz conforto e energia para uma alma que respira inovação e objetiva ajudar e transformar negócios e pessoas.

Em 2021, acabo de receber mais uma premiação: sou uma disruptora digital internacional, premiada pela Globant Awards na categoria de Culture and Agility Igniter. E o que eu posso lhe dizer, em tudo que já vivi, é que você pode. Planeje, execute, estude e vá atrás de atingir o seu objetivo. Uma rede de possibilidades e negócios está em constante construção, com mais de 100 mentorias realizadas e empresas impactadas de maneira significativa; eu me chamo Rebeka Cunha, tenho 31 anos, caminho lado a lado com meu propósito, estou aberta ao novo e a minha história não acaba por aqui.

Referências

ENDEAVOR BRASIL. *Para Sir. Richard Branson, a lua é o limite (ao menos por enquanto).* Disponível em: <https://endeavor.org.br/desenvolvimento-pessoal/richard-branson/>. Acesso em: 22 dez. de 2021.

PIERANTONI, A. *Plano de Negócios: tudo o que deve ter em um Business Plan.* Disponível em: <https://endeavor.org.br/estrategia-e-gestao/o-plano-de-negocios-business-plan/>. Acesso em: 22 dez. de 2021.

28

MULHERES, DIREITOS E RESISTÊNCIA

Apesar de os avanços legais e da intenção do legislador brasileiro em oferecer um patamar mínimo de direitos às mulheres, especialmente o marco regulatório, que é a Constituição Federal de 1988 relativamente aos direitos fundamentais, a mulher continua a sofrer discriminação e a encontrar impedimentos para exercer a sua cidadania. A proposta deste capítulo é alertar sobre a importância de as mulheres conhecerem seus direitos para que possam exigi-los, tendo a consciência de que esses direitos não são permanentes, entendemos que o conhecimento, para as mulheres, é sinônimo de poder e resistência.

REJANE SILVA SÁNCHEZ

Rejane Silva Sánchez

Advogada, diretora do RSS Bureau de Direito, especialista em Direito e Processo do Trabalho, presidenta da Comissão da Mulher, advogada da OAB/SC, vice-presidenta do Conselho Estadual da Mulher empresária – CEME, diretora jurídica do Inspirin Girls Brasil, conselheira do Conselho Estadual de Direitos da Mulher – CEDIMSC e COMDIM/FPOLIS/SC, membra do Observatório de Violência Contra Mulher de SC, autora de livros e artigos, palestrante e conferencista, instrutora de Ikebana Sanguetsu.

Contatos
www.silvasanchez.adv.br
rejane@silvasanchez.adv.br
Instagram: rejanesanchez
Facebook: rejanesilvasanchez
LinkedIn: rejanesilvasanchez

Historicamente os direitos das mulheres no Brasil passaram por fases que vão da total inexistência, avançando lentamente até os direitos atuais, que se reputam ainda insuficientes.

Analisando-se os últimos 150 anos da história recente do nosso país, percebe-se o quão moroso é o avanço de iniciativas legais em defesa das mulheres. Vejamos:

- **142 Anos:** a mulher pode frequentar o ensino superior (ainda com acesso restrito);
- **106 Anos:** a caixa econômica federal permitiu que a mulher casada possuísse depósitos bancários em seu nome;
- **89 Anos:** as mulheres podem votar (a princípio, direito somente de uma minoria branca e elitizada);
- **59 Anos:** o estatuto da mulher casada garantiu que a mulher não precisava mais de autorização do marido para trabalhar, receber herança e, em caso de separação, requerer a guarda dos filhos;
- **56 Anos:** as mulheres têm direito ao CPF e, portanto, podem abrir empresas em seu nome;
- **15 Anos:** a Lei Maria da Penha entra em vigor;
- **5 Anos:** o plenário do Senado passa a ter banheiro feminino, 55 anos após a inauguração.

No mercado de trabalho, por exemplo, mesmo com a necessidade de inserção das mulheres, era completa a negação de direitos, inexistindo qualquer amparo legal ou limitação de jornada de trabalho, além de remuneração ser bem inferior a dos homens. Além da falta de proteção do Estado, as mulheres ainda dependiam da outorga dos maridos para ingressar no mercado de trabalho e eram absolutamente reféns dos efeitos sociais impostos pela maternidade. A Constituição outorgada de 1937, conhecida como ditatorial, omitiu a garantia do emprego à gestante, assim como não prestigiou a isonomia salarial entre os gêneros, embora trouxesse o princípio da igualdade de todos perante a lei.

Com o advento da Consolidação das Leis do Trabalho, em 1943, experimentou-se um período inicial de proteção, esta traduzida por vezes em restrições como a proibição da mulher trabalhar em período noturno.

Somente na Constituição de 1988 é que se operou a chamada igualdade de tratamento. O artigo 5º da Constituição Federal, promulgada no dia 5 de outubro de 1988, portanto há 32 anos, estabeleceu que "homens e mulheres são iguais em direitos e obrigações". Essa igualdade consagrada no texto constitucional passou a ser observada também na legislação infraconstitucional, daí emergindo uma nova fase de oportunidades e direitos das mulheres ao trabalho.

Se observados outros aspectos da vida das mulheres, há de igual modo leis que buscam proteger um patamar mínimo de direitos às mulheres.

Na saúde, para as mulheres portadoras de neoplasia mamária, alguns dos direitos previstos são de acesso ao primeiro tratamento em até 60 dias após o diagnóstico no SUS e, em caso de neoplasia maligna, com a respectiva indicação médica, os exames necessários ao diagnóstico conclusivo devem ser realizados no prazo máximo de 30 dias. Exames, como a mamografia, deverão ser disponibilizados gratuitamente; durante o tratamento, os planos de saúde não podem negar a cobertura de quimioterapia oral e não podem restringir o atendimento ou procedimento constante no contrato. É proibida, ainda, a limitação de prazo para internação hospitalar. Ainda para o tratamento, valendo para o SUS como para planos de saúde, destaca-se o direito de realizar a cirurgia de reconstrução mamária e a possibilidade de se realizar o procedimento de simetrização da mama colateral e de reconstrução do complexo aréolo-mamilar. Na seara financeira, é possível solicitar o auxílio-doença do INSS, mesmo sem a carência; sacar o FGTS e o PIS/PASEP; obter isenção de impostos para a aquisição de veículos e de imposto de renda sobre aposentadoria ou pensão; quitar imóveis; utilizar de transporte público gratuito, entre outros.

Relativamente à segurança, reconhecendo-se que o Brasil continua como o quinto país do mundo em casos de violência contra mulheres, temos algumas leis que procuram dar guarida às mulheres, como a já mencionada Lei Maria da Penha (11.340/2006), a Lei do Minuto Seguinte (12.845/2013), Lei Carolina Dieckmann (12.737/2012), Lei do Feminicídio (13.104/2015), a Lei que torna a violência psicológica contra mulheres crime (14.188/2021) e ainda a recente Lei para combater a violência política de gênero (14.192/2021), que visa criminalizar a violência política contra mulheres e assegurar a sua participação na política.

Na seara política, atualmente a legislação eleitoral brasileira prevê a obrigatoriedade de que os partidos políticos tenham 30% das candidaturas femininas.

A legislação brasileira evoluiu de forma importante, tendo na Constituição Federal de 1988 assegurado inclusive a isonomia entre os gêneros, prevista em seu artigo 5º, como já referido.

Todavia, ao passo que alguns dispositivos constitucionais ressaltam o direito à igualdade e à família, questões primordiais, como uma efetiva equiparação entre os gêneros, o machismo, o sexismo e a misoginia ainda são impeditivos para que a mulher exerça a sua cidadania de modo pleno, não só no Brasil, mas no mundo.

Das conquistas do #metoo nos EUA, passando pelos movimentos políticos e civis em 2019 na África e no Oriente Médio; com as chilenas e o movimento "Violador Eres Tu"; na Belarus, com protestos liderados pela candidata Svetlana Tikhanovskaya contra o ditador Aleksandr Lukashenko em 2020, chegamos há quase dois anos à crise global diferenciada, decorrente da Covid-19. E nessa quadra de frequentes desacertos governamentais, é preciso destacar que dos 12 países com o melhor desempenho no enfrentamento da pandemia, nove são dirigidos por mulheres.

No Brasil, as mulheres representam 80% da mão de obra que atende à saúde da população: enfermeiras, médicas, trabalhadoras de limpeza e conservação; somos também cuidadoras, cozinheiras. Na crise, cresceram contra nós os índices de desemprego e o esgotamento mental e físico decorrente dos cuidados com casa e filhos. E a violência contra a mulher quase dobrou. As mulheres seguem buscando formas alternativas de ganho e defendendo os seus filhos e famílias visando à retomada de suas vidas quando passar totalmente a crise.

Fato é que o caminhar das mulheres por direitos e espaço é irreversível. E 2021 está aí a indicar com dois grandes exemplos mundiais: Kamala Harris, mulher negra e filha de imigrantes, tornou-se a vice-presidente dos EUA; a nigeriana Ngozi Okonjo-Iweala é a primeira mulher diretora-geral da OMC.

Não é o desejável, evidentemente, num tempo em que a igualdade já deveria estar instalada como consequência natural das legislações e da demografia. Os direitos humanos só serão plenos quando a mulher, em igualdade de oportunidades, tiver respeitada a sua individualidade, diversidade, liberdade, saúde mental e física e quando suas características próprias não sirvam de obstáculo para que ocupe com isonomia o seu lugar no mundo. Isso nasce de um esforço coletivo, sem competição entre gêneros.

Simone de Beauvoir afirmou que crises políticas, econômicas e religiosas reacendem o questionamento aos direitos das mulheres, por isso a vigilância será perene. E é nessa situação que ainda nos encontramos, no *front*. E o *front* precisa de todas e todos, para que possamos avançar.

Referências

BEAUVOIR, S. *O segundo sexo: fatos e mitos.* São Paulo: Difusão Europeia do Livro, 1960.

BOURDIEU, P. *A dominação masculina.* Tradução: Maria Helena Küher. Rio de Janeiro: Bertrand, 2012.

BULOS, U. L. *Curso de Direito Constitucional.* 8. ed. São Paulo: Saraiva, 2014.

CARVALHO, S. S. D. *Os efeitos da licença maternidade sobre salário e emprego da mulher no Brasil.* Rio de Janeiro: PUC-Rio, 2005.

CISNE, M. *Feminismo e consciência de classe no Brasil.* São Paulo: Cortez, 2014.

CONJUR. *Carta de 1988 é um marco contra discriminação.* Disponível em: <https://www.conjur.com.br/2010-nov-05/constituicao-1988-marco-discriminacao-familia--contemporanea>. Acesso em: 20 dez. 2020.

MORAES, A. de. *Direito Constitucional.* São Paulo: Atlas, 2002.

NASCIMENTO, A. M. *Curso de Direito do Trabalho.* 26. ed. São Paulo: Saraiva, 2011.

VERUCCI, F. *A mulher e o direito.* São Paulo: Novel, 1987, p. 37.

29

RELACIONAMENTOS ABUSIVOS

Neste capítulo, mulher, você se tornará mais forte do que pode imaginar, entenderá quem realmente deve ser e, no final, mudará a sua vida para sempre, aprendendo a confiar na sua intuição e a se libertar de todos os tipos de relacionamentos abusivos. Você não é mais uma dama nos jogos de tabuleiros mentais de um abusador, está livre e agora é a hora da sua aventura.

ROSIANE CAVALCANTE BEZERRA

Rosiane Cavalcante Bezerra

Graduada em TI pela UNICSUL (2003), atuante como perita judicial e psicanalista, graduada em Direito UNICSUL (2010), Direito Penal, Psicologia Jurídica (Damásio de Jesus), entre outros. Encontrou-se no mundo das terapias. Formação em Psicanálise SBPI – 2015. Consteladora familiar certificada (Hellinger Shule – Berchtesgaden – Alemanha) – 2016. Certificação *Date With Destiny* – Tony Robbins – USA (2017). Certificada Ibccoaching – *Coach* (2017). Certificação mediadora judicial e empresarial – Centro mediar (2018). Certificação Neurofacs – Avesso da face (2018). Certificação *Master* Hipnose UBH (2019). Certificação *Master* PNL – Instituto Inner (2020). Certificação *Business Mastery* – Tony Robbins (2020). Certificação *Leadership Academy* – Tony Robbins (2020). Certificação PNL *Life* - Polozzi (2021). Certificação *Master coach* - Polozzi (2021). Facilitadora Barra® Bars, Facelift® e os processos Corporais de Access com formação realizada pelos próprios fundadores da técnica, Gary Douglas e Dain Heer, desde 2019. Doutoranda em psicologia forense. Facilita palestras e cursos para mulheres.

Contatos
www.rosianibezerra.com.br
www.rosianicavalcantti.com.br
contato@rosianibezerra.com.br
Instagram:@rosiani.bezerra
www.facebook.com/rosianicavalcantti

Coaching para mulheres

> *Conhecia também uma violência praticada de forma quase invisível, que é o preconceito contra as mulheres, desrespeito que abre caminho para atos mais severos e graves contra nós. Apesar das nossas conquistas, ainda costumam dizer que somos inferiores, e vivenciamos isso em comentários públicos, piadas, letras de músicas, filmes, que devemos pilotar o fogão e não um carro, servir ao homem, à cama ou às sombras.*
> MARIA DA PENHA

I. A tragédia do abuso

O abuso das mulheres nos relacionamentos atinge um número inimaginável de vidas. No último ano, as estatísticas de violência contra a mulher foram gritantes. Isso significa que cerca de 17 milhões de mulheres (24,4%) sofreram algum tipo de violência seja ela física, psicológica, sexual e patrimonial. Uma em cada quatro mulheres acima de 16 anos afirma ter sofrido algum tipo de violência no último ano no Brasil, durante a pandemia da covid-19, segundo o Fórum Brasileiro de Segurança Pública (FBSP).

Os efeitos emocionais da violência praticada pelo parceiro são um fator em mais de um quarto das tentativas de suicídio feminino e uma das principais causas de abuso de substâncias em mulheres adultas. Estatísticas governamentais indicam que 1500 a 2000 mulheres são assassinadas por parceiros e ex-parceiros por ano, abrangendo mais de um terço de todas as mulheres vítimas de feminicídio, quase sempre seguem um histórico de violência, ameaças ou perseguição.

O abuso de mulheres também afeta a vida das crianças. Os especialistas estimam que 5 milhões de crianças por ano testemunham uma agressão às mães, uma experiência que pode deixá-las traumatizadas. Crianças expostas à violência em casa apresentam taxas mais altas de comportamento escolar e problemas de atenção, agressão, abuso de substâncias, depressão e outras medidas de sofrimento infantil.

Existem milhões de mulheres que nunca foram espancadas, mas que vivem com repetidas agressões verbais, humilhações, coerção sexual e outras formas de abuso psicológico, muitas vezes acompanhadas de exploração econômica. As cicatrizes mentais à crueldade podem ser tão profundas e duradouras quanto as feridas de socos ou tapas, mas muitas vezes não são tão óbvias.

Na verdade, mesmo entre as mulheres que sofreram violência de um parceiro, metade ou mais relatam que o abuso emocional do homem é o que está causando o maior dano.

As diferenças entre o homem verbalmente abusivo e o agressor físico não são tão grandes. Homens mentalmente cruéis e manipuladores tendem a gradualmente também usar a intimidação física. Um dos obstáculos para reconhecer os maus-tratos crônicos nos relacionamentos é que a maioria dos homens abusivos simplesmente não parece abusador.

Eles têm boas qualidades, incluindo momentos de gentileza, cordialidade e humor, especialmente no período inicial de um relacionamento. Eles podem ter uma vida profissional bem-sucedida e não terem problemas com drogas ou álcool. Eles podem simplesmente não se adequarem à imagem de uma pessoa cruel ou intimidadora. Portanto, quando uma mulher sente que seu relacionamento está saindo de controle, é improvável que ela pense que seu parceiro é um agressor.

II. Tipos de violência (abusos)

Estão previstos cinco tipos de violência doméstica e familiar contra a mulher na Lei Maria da Penha: física, psicológica, moral, sexual e patrimonial – Capítulo II art. 7º, incisos I, II, III, IV e V.

Essas formas de agressão são complexas, perversas, não ocorrem isoladas umas das outras e têm graves consequências para a mulher. Qualquer uma delas constitui ato de violação dos direitos humanos e deve ser denunciada.

- **Violência física**: qualquer ato que ofenda a integridade ou saúde corporal da mulher, bem como: espancamento, atirar objetos, sacudir e apertar os braços, estrangulamento ou sufocamento, lesões com objetos cortantes ou perfurantes, ferimentos por queimaduras ou armas de fogo e tortura.
- **Violência psicológica:** qualquer conduta que cause dano emocional e diminuição da autoestima, prejudique e perturbe o pleno desenvolvimento da mulher; ou vise degradar ou controlar suas ações, comportamentos, crenças e decisões, bem como: ameaças, constrangimento, humilhação, manipulação, isolamento (proibir de estudar, viajar ou de ter contato com parentes e amigos), perseguição, chantagem, exploração, limitação do direito de ir e vir, distorce e omite fatos para deixar a mulher em dúvida sobre a sua memória e sanidade mental (*gaslighting*).
- **Violência sexual**: trata-se de qualquer conduta que constranja a presenciar, a manter ou participar de relação sexual não desejada mediante intimidação, ameaça, coação ou uso da força, vejamos: estupro, obrigar a mulher a fazer atos sexuais que causam desconforto ou repulsa, impede de uso contraceptivo ou força a mulher a abortar, gravidez ou prostituição por meio de coação, chantagem, suborno ou manipulação, limita ou anula o exercício dos direitos sexuais e produtivos da mulher.
- **Violência patrimonial:** qualquer conduta que configure retenção, subtração, destruição parcial ou total de seus objetos, instrumento de trabalho, documentos pessoais, bens, valores e direitos ou recursos econômicos, vejamos: controlar o dinheiro, deixa de pagar pensão alimentícia, destruição dos objetos pessoais da mulher de propósito, estelionato.

- **Violência moral:** considerada qualquer conduta que configure calúnia, difamação ou injúria, bem como: acusa a mulher de traí-lo, faz críticas mentirosas, expõe a vida íntima, rebaixa a mulher por meios de xingamento sobre a sua índole, desvaloriza a mulher pelo modo de se vestir.

Se pensarmos sobre a cultura da violência e discriminação, seja na esfera pública ou privada, os abusos contra a mulher ocorrem de muitas formas. Frases como:
"Mulher direita não bebe".
"Lugar de mulher é em casa, na cozinha".
"Usando esse tipo de roupa e não quer ser estuprada".
"Batom vermelho é para puta".
"Mulher que transa no primeiro encontro é vagabunda, não serve para casar".
Entre tantas outras, compõe uma sociedade cultural patriarcal que legitima, banaliza, promove e silencia a violência contra a mulher.

III. Como identificamos abusadores

Acreditamos na educação, no diálogo e na autodescoberta, essa jornada é pessoal e universal. Seja um membro da família abusivo, um romance tóxico, um colega no trabalho manipulador, casos esses que consomem vidas.

Muitas dessas pessoas podem ter um ***transtorno de personalidade, um distúrbio de caráter, uma perversão moral. A parte escura (maligna ou tóxica) da psicopatologia*** abrange o que é um psicopata? Um narcisista? Um sociopata? São pessoas manipuladoras sem empatia nenhuma, que tem a intenção de causar danos para outras pessoas, sem qualquer senso de remorso e responsabilidade.

Vamos pensar sobre relacionamentos. Olhe para você neste momento, cada ponto requer autoconsciência e introspecção para identificar pessoas tóxicas, você tem que sair da sua zona de conforto sobre os próprios comportamentos.

Quem realmente pode ser confiável? Você já se perguntou se ficou louca?

Desenvolver a sua intuição é um processo pessoal, mas deixaria você com isso: o mundo está cheio de pessoas boas, e você não quer perder isso porque foi ferida. Passe algum momento entrando em contato com os seus sentimentos. Continue se ajustando até encontrar um equilíbrio confortável entre consciência e confiança.

Olhe para dentro e entenda por que se sentiu e como se sentia antes quando estava com o parceiro abusivo e como se sentia antes de conhecê-lo. Você vai descobrir que muitos relacionamentos antigos precisam ser revistos; quando você passar a liberar padrões tóxicos, os mais saudáveis aparecerão. Quando começamos a nos concentrar em nossos próprios sentimentos, é aí que começa a cura. E se você for como eu, podemos concordar com esta verdade simples: pessoas boas fazem você se sentir bem e pessoas más fazem você se sentir mal. Todo o resto se encaixa a partir daí. Não dê ouvidos às pessoas que dizem que seus sentimentos devem ser totalmente independentes do mundo ao seu redor. Se você tem um coração aberto, isso é impossível. Como seres humanos, temos este incrível dom - a capacidade de fazer outra pessoa se sentir maravilhosa. Com uma palavra, um gesto ou um sorriso silencioso. É o que torna o mundo bonito. Algumas pessoas chamam isso de amor. Mas você experimentou um agressor, alguém que manipulou esse dom para causar dor.

Exercite-se

Eu sou livre para agir, para sentir, para me expressar. Eu posso me mostrar como sou, me aceitar, eu conto comigo sempre. Eu sou incrível, eu não tenho que ter medo de "nada". Tudo em mim é harmônico, estou de bem com a vida, eu me amo como sou, eu confio nos meus sentidos, eu sou digna de todo bem agora, eu sou única. Tome atitude e crie a sua revolução interior.

> *Você é a pessoa mais importante da sua vida. Pode até parecer difícil, você pode ter medo da reação dos outros. Isso porque você dá o seu poder a eles. Resista, fique com você. Não se abandone, a única pessoa digna de total confiança é você. Afinal de contas, a vida é sua, eu não tenho nada com você, somos livres. Por isso, eu fico com você só por prazer e nada mais.*

Visualize-se com amor. Assim, estaremos em essência sempre juntas.
Pense nisso.

Referências

BRASIL. Lei n. 11.340, de 7 de agosto de 2006. Disponível em: <http://www.planalto. gov.br/ccivil_03/_Ato2004-2006/2006/Lei/L11340.htm>. Acesso em: 27 jul. 2018.

CAMPOS, J. *Relacionamento tóxico: acontece com você? Entenda o que é uma relação tóxica/abusiva, sua dinâmica e se você já viveu alguma.* São Paulo: Independently Published, 2019.

PENHA, M da. *Sobrevivi... Posso contar.* 2ª ed. Fortaleza: Armazém da Cultura, 2012.

REBIERE, C. *Como sair de uma relação tóxica? Identificar os narcisistas perversos, passos para separar-se e reconstruir-se.* São Paulo: Zen Atitude, 2018, versão 2. E-book Kindle

30

EFEITOS DE UMA RELAÇÃO TERAPÊUTICA
SILÊNCIO E TINTA

Um caso de cura psicanalítica por meio do uso de tintas e não de palavras que exigiu sensibilidade, criatividade e uma boa vinculação terapêutica paciente em que a escuta não se limitou em ouvir as palavras ou o que ressoava delas, nem mesmo as expressões corporais seriam o suficiente. O que se fez necessário foi ser imaginativo e, como uma *mãe suficientemente boa*, descobrir *do que é que seu filho precisa*, uma boa analogia para um caso tratado sob a abordagem winnicottiana. Um caso incomum, mas não raro, e com um desfecho bonito e recompensador.

SIBILA MALFATTI MOZER

Sibila Malfatti Mozer

Psicóloga, psicanalista e bióloga, com especialização em Psicanálise e em Comportamento Econômico; mestranda em Psicologia Clínica e da Saúde (uma apaixonada pela vida simples, pelo esposo – mais que amor, amigo – e grata pelas filhas maravilhosas). Atua no atendimento clínico com a psicanálise winnicottiana nas modalidades presencial e on-line. O foco do seu trabalho são as relações humanas com ênfase no relacionamento amoroso, além de ter experiência em transtorno bipolar e personalidade *borderline*. Suas grandes paixões são a psicanálise e a escrita, esta a qual tem se aventurado recentemente com o intuito de dividir seus conhecimentos e levar as suas ricas experiências de trabalho àqueles que possam ter interesse ou curiosidade em enveredar pelo mundo da psicanálise. Assim, convida você a conhecer um pouco da sua aventura de vida: investigar e compreender o universo singular que cada pessoa representa se inspirando e se constituindo em uma existência criativa e muito recompensadora. Livro publicado: *Coração epifânico* – poesias e aforismos, 2021.

Contato
Simalfatti@yahoo.com.br
14 98206 6151

No tratamento psicanalítico, desde o seu surgimento com Sigmund Freud, a "cura pela fala" tem sido a máxima que rege a base das modalidades de tratamento clínico, regularmente nos divãs e agora no "on-line", mas muitos avanços e descobertas foram alcançados por meio de muitos estudos em várias escolas de psicanálise que se ramificaram com o passar do tempo, em várias partes do mundo.

Outras técnicas como o próprio "brincar" no *setting*, já citado por Freud ao observar seu neto brincando com o carretel, sendo interpretado como um modo de simbolizar ausência da mãe, simulando a separação e o encontro, como uma forma de lidar com a angústia causada pela separação, a sensação de desamparo que se pode observar na teoria de Donald Woods Winnicott, pediatra e psicanalista inglês que, após estudar Freud e Klein, desenvolveu a sua própria teoria psicanalítica observando e atendendo mais de 60.000 pacientes, em sua maioria crianças.

Winnicott desenvolveu técnicas de intervenção clínica como o jogo do rabisco, onde ele, em conjunto com o paciente, criava desenhos alternando quem "rabiscaria", ora paciente, ora o analista até formar alguma figura que pudesse representar ou expressar ali algo do mundo psíquico construído a dois, o que vem a dizer muito da relação psicoterapêutica: que a produção de sentido para emoções e conteúdos psíquicos na forma de construção de desenhos ou brincadeiras poderia levar a um processo de cura que se desenharia na confiabilidade e constância, na paciência e muitas vezes no silêncio mútuo no *setting* terapêutico. Aqui não só seria essencial o silêncio pacientioso do analista, mas também a aceitação e o acolhimento do silêncio do analisando, como é muito comum em crianças pequenas que ainda não verbalizam suas emoções do mesmo modo que um adulto pode fazê-lo.

O caso que aqui apresento é de uma analisanda de 24 anos a qual permaneceu em análise por dois anos e meio. Um caso marcante na minha carreira, pois rendeu uma experiência rica que vocês terão a chance de conhecer agora.

Vou chamá-la de Lara, um pseudônimo para resguardar a sua identidade verdadeira. Lara procurou atendimento clínico, pois há meses vinha atravessando um caminho obscuro o qual não teve receio em me revelar logo nas primeiras sessões: ela usava medicação psiquiátrica e praticava "*cutting*", a automutilação, e me mostrou as marcas nos braços. Marcas grandes já cicatrizadas, algumas bem antigas e outras mais recentes.

Ela contou que fazia isso para aliviar a dor da ausência física e emocional deixada pelo padrasto, o qual separou-se de sua mãe quando Lara ainda entrava na adolescência, e da indiferença de sua mãe nos dias atuais.

Sibila Malfatti Mozer | 215

Lara tinha um namorado que também apresentava histórico de transtornos mentais fazendo uso de medicação para esquizofrenia, mas eles se davam muito bem. Ele trabalhava e era quem pagava o tratamento dela. Ela queixava-se apenas de sentir medo dele por ele, às vezes, se apresentar explosivo com seus problemas familiares, com seus pais. No mais, era um casal bem tranquilo.

De voz doce e calma, Lara falava pouco, devagar e, em três ou quatro sessões, seu "estoque de histórias" se esgotara e as sessões passaram a durar no máximo oito minutos. Eu não conseguia tirar as palavras de sua boca e a conduta de investigar a paciente com perguntas intermináveis não parecia ser o caminho mais lógico já que o nosso trabalho se faz pela escuta.

Lara até então contara que seu padrasto era um ótimo pai quando ela era pequena e que ela adorava acompanhá-lo à igreja onde ele era o pastor e ela cantava em quase todas as reuniões, cultivando o gosto pela música.

Atualmente Lara cursava regência e estava aprendendo a tocar teclado. Com uma irmã mais velha e mais duas irmãs mais novas, sendo uma bebê de poucos meses, Lara se sentia isolada, pois a irmã mais velha morava em outra cidade, era bonita e estava ganhando dinheiro. Lara, segundo suas palavras, se sentia feia, desengonçada, gorda e tímida demais. Fora do padrão de todas as formas, tinha que cuidar das irmãs para a mãe poder trabalhar e se sentia incapaz, sem autonomia, e que não seria merecedora de ser amada. O que confirmava sua teoria era o afastamento de seu padrasto que, além de ter abandonado a família toda, ainda a teria proibido de participar dos cultos da igreja por ela ter um namorado o qual ele não aceitava por causa da cor de sua pele. A rejeição e o sentimento de desamparo estavam por trás das suas queixas.

Lara, revoltada, decidiu se rebelar, fazer tatuagens e ser tudo aquilo que seu pai a acusava, acusações que não eram verdadeiras, segundo ela. Nessa revolta, ela que já era tímida e com a autoimagem abalada, se isolou cada vez mais da vida social, fechando-se na tristeza e passando a se automutilar como forma de aliviar suas pressões, suas dores. O que chamamos de pulsões de afeto que conscientemente ela deixava entorpecidas pela ação da automutilação a que se submetia buscando uma substituição para o destino desse afeto, a dor.

Ao relatar sobre o que ela pensava quando decidia se cortar, ela dizia que fantasiava com a cena de sua mãe entrando no quarto e encontrando-a ela à beira da morte, salvando-a e sofrendo para socorrê-la. Mas estranhamente ela agia assim quando a mãe não estava em casa. Preocupada em não se cortar de modo que não pudesse se recompor, ela estudou o processo todo evitando cortar regiões que pudessem ser fatais.

Lara contou com detalhes, mas depois dessas poucas sessões iniciais, ela não tinha mais repertório e tudo se tornava repetitivo, ficando em silêncio.

Um dia, numa das sessões, decidi investigar o lado saudável de sua vida, perguntei sobre as coisas de que ela gostava e uma delas, além de cantar, e ela canta muito bem, era pintar e desenhar. Decidi na semana seguinte começar um tipo substitutivo de jogo do rabisco com tinta, e aí começa essa experiência incomum na clínica.

Lara gostou da ideia, parecia que estava aliviada por não ter que falar. E assim todas as sessões eram na mesa com papel A3, e todas as cores de tinta guache, com muitos pincéis. Não falávamos mais, era só pintura!

Nos dias em que estava fechada e introspectiva, ela vinha de roupas escuras e suas pinturas eram em tons terrosos. Eu fotografava todas as pinturas. Nos dias em que ela chegava sorrindo, suas pinturas tinham cores vivas como rosa, amarelo e verde. Assim se seguiu o tratamento com uma ou duas frases por sessão, ou, às vezes, somente o "boa tarde" e o "até a semana que vem".

Aos poucos, eu fazia algumas intervenções como apontar as cores que ela usava, "Hoje foram cores escuras", "Hoje foram cores claras", mas ela não dizia nada. Depois de alguns meses, eu incluí música nas sessões. Ela já havia dito que gostava do filme *O fabuloso destino de Amelie Poulain*, e como ela gostava de cantar e tocar. Achei que seria estimulante já que tudo estava caminhando sustentavelmente nas sessões, e, para minha alegria, ela gostou, aceitou bem e passou a falar uma ou duas frases a mais como: "Eu gosto dessa música" e "Acho que estou mais depressiva hoje", ou ainda "Hoje eu me sinto animada". Foi quando passei a associar suas falas sobre si mesma com as pinturas que fazia, quanto às cores e quanto ao desenho.

Geralmente ela desenhava, com o pincel, casas nas árvores, meninas sentadas sob cogumelos gigantes, xícaras de chá em meio a jardins e rostos abstratos com cores surreais. Percebi que ali eram autorretratos, sensações e desejos expressos pelas pinturas. A fala em livre associação, premissa para uma análise, se dava pelos pincéis. Ela se expressava e, no silêncio, observava guardando as ideias para si mesma. Eu intervia muito pouco e ela parecia gostar das intervenções, por isso fazia com cuidado, pois o espaço de construção era dela e eu era seu objeto transicional, seu lugar seguro onde ela podia ser quem ela realmente era, ainda que não soubesse como. Essa é a ideia da clínica winnicottiana, o objeto transicional deve servir de apoio e sustentação para o paciente integrar o que é do seu ambiente externo objetivo ao seu ambiente interno subjetivo, sua psique. Quando não temos essa integração psíquica, diversas formas de adoecimento podem ocorrer e o desamparo afetivo se torna um intruso agressivo por meio da ansiedade causada pela ausência de sustentação emocional. Do mesmo modo, o objeto transicional não deve se interpor como objeto de concretude que afete o ser, o existir do sujeito.

Afora o aprofundamento teórico que seria necessário, depois de um ano e meio ela me relatou que não estava mais se automutilando e que não sentia mais vontade de se ferir. Ela vinha para as sessões com uma forte animação, sorria, se arrumava, passou a se vestir com roupas estampadas e a fazer penteados. Até batom ela passou a usar, bem diferente do estilo monocromático antes apresentado. Além disso, depois de dois anos, ela disse que não usava mais a medicação psiquiátrica, que ela estava reduzindo as doses por conta própria e que, a partir daquele dia, ela não usaria mais a medicação.

O acompanhamento foi mantido por mais seis meses. Nesse período, ela apresentou apenas duas crises de ansiedade relatadas frente ao evento em que ela teria que apresentar seu trabalho de conclusão de curso, momento estressor muito comum para qualquer pessoa; em outro momento, o Dia dos Pais. Nesse último, ela esperava que seu pai respondesse suas mensagens, mas ele não o fez, causando tristeza nela. Ainda assim, ela declarou que não sentiu o desejo de se cortar, nem mesmo de recorrer à medicação para suportar angústia gerada diante dessa decepção. Entretanto os efeitos desse longo período de análise foram positivos. Mais tarde, ao fazer o acompanhamento periódico, o qual sempre procuro seguir como um protocolo técnico, o *followup*, eu tive notícias dela. Ela estava ganhando dinheiro pintando telas e painéis, além de pinturas decorativas para crianças. Outra conquista é que ela voltou a cantar e, depois de um ano, soube que ela estava participando de concursos e fazendo *lives* sobre música e sobre a vida na igreja, sobre a importância da aceitação das diferenças nas comunidades religiosas a qual ela voltou a fazer parte sem ter que precisar da autorização, ainda que simbólica, de seu pai. Ela ganhou autonomia em buscar as coisas das quais gostava e faziam bem a ela por si mesma. Além disso, ela se casou e foi morar longe de sua mãe, afirmando a sua independência e autonomia. Não que tenha sido algo mágico, mas sim, observo como uma força de um trabalho interno extremamente valioso de uma constante busca por superação, e pela vida criativa e genuína a partir de seus gestos espontâneos. O sucesso do caso se refere a um resultado de uma relação terapêutica num espaço e em um tempo onde houve possibilidade de tais ações, que retratam os conceitos de saúde sustentados por Winnicott.

O analista no lugar de "espátula", conceito winnicottiano que diz sobre o paciente servir-se do seu analista da forma que lhe seja necessária, nas funções relacionais em que seu estado de regressão ou necessidade psíquica de amadurecimento pede, com uma postura ativa e escuta fina, com atitude de espelho opaco por meio da relação segura e constante no *setting* que foi o espaço potencial de ação para a capacidade de desenvolver a onipotência simbólica descrita e expressa nas pinturas e na frequência dos encontros, produzindo a segurança necessária para a paciente acreditar numa possível transformação, na passagem de uma existência atravessada de traumas e ressentimentos, para uma vida espontânea, genuína e saudável.

Neste caso clínico, essa paciente precisava de uma analista que lhe permitisse a "não fala". E ao mesmo tempo, a liberdade de se expressar pelas cores, sujando as mãos de tinta, espalhando papéis pela mesa grande. Ela não precisava ver escorrer seu sangue, ela usou as tintas em multicores para fazer escorrer suas dores sem se ferir e também para fazer criar seus desejos nessa simbologia, pela sublimação, que na psicanálise representa uma das saídas para as pulsões que não encobre o sofrimento, mas sim, o transforma, representando um modo saudável de lidar com conflitos.

Referências

FREUD, S. Edição standard das obras psicológicas completas de Sigmund Freud. Rio de Janeiro: Imago.

FREUD, S. As pulsões e seus destinos. In: *Obras incompletas de Sigmund Freud*. Belo Horizonte: Autêntica Ed., 2019.

WINNICOTT, D. W. Objetos transicionais e fenômenos transicionais. In: Winnicott, (1971) *O Brincar e a Realidade*. Rio de Janeiro: Imago, 1975.

WINNICOTT, D. W. Sobre "O uso do objeto" In: *Explorações psicanalíticas*. Porto Alegre: Artes médicas sul, 1994.

31

AFINAL, DONA DE QUÊ?

A caminhada de uma mulher, nascida em família simples e trabalhadora, que acreditou no caminho dos estudos e trabalho árduo como percurso para realizar seus sonhos, viveu tropeços e contratempos, precisou persistir e acreditar, mesmo que tivesse que combater a síndrome da impostora que teimava em assombrá-la, até se tornar autônoma e independente, enfim, dona das únicas coisas que realmente são só suas, as próprias escolhas e a própria vida. Só então, vendo-se íntegra e de bem consigo, mas atenta ao olhar e lugar das outras, conseguiu construir um espaço onde pode apoiar e contribuir com empatia e amorosidade outras mulheres. Ser Sorella (irmã) é compreender que cada mulher tem uma história, uma necessidade, um sonho, mas que com o olhar do feminino é possível fazer parte da construção de uma prática de solidariedade, entre histórias muitas vezes caladas, guardadas, reprimidas, sofridas, porém, sempre inspiradoras. Estabelecer a conexão entre o diverso e o familiar nas diversas narrativas é criar laços e construir pontes. Acredito no poder das narrativas. Todas as histórias são mágicas e repletas de lições. Ouvir histórias de vida, contar a própria, inspirar tantas outras pode ser libertador, reconciliador e construtor. Assim, ofereço-lhes a minha história, da menina tímida e reprimida à mulher madura e dona das próprias escolhas. Dona da única p... que é só minha: minha vida.

SIMONE GOMES

Simone Gomes

Mulher, 51 anos, mãe de três, leitora contumaz, escritora de segredos, estudante de *design* de interiores, arteira, inquieta, buscadora e idealizadora da Rede Sorella, apaixonada pela vida, crente na humanidade, defensora de direitos sociais, da igualdade e da liberdade, sonhadora, promotora de justiça no estado do Rio de Janeiro, pós-graduanda em Direito das Crianças, Adolescentes e Famílias.

Contatos
simsouza@gmail.com
Instagram: @rede_sorela
22 981022966

Imagine uma mesa posta, perfeita, enfeitada, impecável, pensada nos mínimos detalhes. Caminhos de mesa, jogos americanos, guardanapos, *"susplats"*, louças, talheres, taças, tudo harmônico e milimetricamente organizado. Convidados chegando, olhos encantados com tanto zelo e aconchego. Casa imaculada, cheirosa. O fogão limpo e fechado. As panelas e tabuleiros utilizados no preparo da refeição já lavados, secos e guardados. A comida já servida em travessas dispostas no forno, prontas para o aquecimento. Ninguém presenciou a escolha dos ingredientes, a lavagem, secagem, o corte e o *"mise en place"*. O caderno de receitas e *tablet* onde foram consultados o passo a passo já voltaram para seus lugares. O cheiro de tempero e comida caseira, a água cuidadosamente e delicadamente saborizada, bebidas geladas. Ninguém participou daquela preparação, mas contempla e saboreia o resultado.

Aqueles que chegam só veem o resultado, que já está pronto, o "perfeito". Ignoram o trabalho que deu e desfrutam. Assim é a vida, a vida que os outros veem, não é a vida real. A vida vivida dá trabalho e está longe de ser perfeita.

Essa foi a melhor analogia que consegui para descrever a sensação que tive quando recebi o convite para escrever este artigo, por uma amiga dos tempos da escola.

Quando soube o título do livro, fiquei tão encantada quanto assustada. Perplexa... sim, essa é a palavra! A mulher dona de si logo entrou em conflito com a menina insegura.

O que faz alguém pensar que eu possa escrever um artigo para uma coletânea com o título *As donas da p... toda*? O que eu fiz para merecer a indicação? Será que sou mesmo dona de algo?

Aceitei de imediato. Adoro escrever, sempre gostei. Acho que nos meus anos de trabalhado já devo ter escrito o que seriam muitos livros se convertesse os caracteres e laudas das petições, pareceres e recursos. Também sempre usei as páginas em branco e as letrinhas para inscrever os sentimentos que preferi deixar escondidos.

Mas, afinal, dona de quê? Fui uma menina tímida e introvertida, com profunda dificuldade de me expressar verbalmente, com a válvula de escape de me expressar pela escrita. Eu diria até que pratiquei escrita terapêutica nos meus diários durante toda a minha vida.

Olhar para a mulher madura, independente, profissionalmente bem-sucedida, é admirar a "mesa posta". Sou como qualquer outra mulher, possuo cicatrizes com marcas profundas de dores e tristezas e com um belo histórico de decisões difíceis e superações. Quem conheceu a menina quase invisível e praticamente calada pode me reencontrar e se surpreender com a mudança, mas é só consequência de uma sequência de momentos de vida, vividos um a um.

Simone Gomes | 221

A menina foi sendo superada muitas e muitas vezes. Eu tive que me superar para apresentar trabalhos de escola, eu tive que me superar para paquerar, eu precisei me superar para provar que eu era uma boa aluna, boa filha, uma boa pessoa, fui cobrada e correspondi a isso por toda infância, adolescência e boa parte da vida adulta. Nasci em uma família muito simples que valorizava a educação como única forma de conquistar espaço, trabalho, ascensão, conquistas. Como um dos meus dons é a curiosidade estudiosa, incentivar e explorar esse lado foi o planejamento familiar que geraria, mais adiante, minhas vitórias pessoais. A menina tímida se transformou em estudante voraz e não percebeu que havia uma mulher feminina sendo deixada de lado, negligenciada, esquecida.

Na memória da menina sempre ficou mantida a imagem da minha mãe, jovem, lá pelos 25 anos, preparando-se para ir ao baile da pequena cidade do interior de Minas, onde moramos, na minha infância. Linda, num vestido de "*tie dye*" azul marinho e branco, cabelos negros escovados para fora (no melhor estilo Abba) e o rosto sendo maquiado. Essa mesma mulher, linda, trabalhadora, corajosa, dedicada e exigente foi meu primeiro exemplo de mulher. Sempre acompanhada e auxiliada pela sua mãe (minha avó) na nossa criação, dela tive o maior exemplo de doação e generosidade que eu poderia receber. A minha ancestralidade feminina é de raiz forte... Mas essa é outra história, que será contada em outra oportunidade. Maria Célia e Altilene, os meus exemplos de maternidade, sou-lhes amorosamente grata!

Como pagar uma faculdade seria um sacrifício para meus pais, meu empenho em ser aprovada para uma universidade pública era uma meta necessária. Então, aprendi que noitadas, farras, namoros incompreensivos com minhas horas de estudo não poderiam fazer parte da minha adolescência. Abdicar e renunciar era o único meio para atingir meu objetivo. E assim foi. Em 1988, iniciei na Faculdade de Direito da Universidade do Estado do Rio de Janeiro.

Durante os cinco anos de curso, outra mulher foi uma grande inspiração, Heloísa Helena Gomes Barbosa, à época promotora de justiça. Durante toda a faculdade lecionou Direito Civil e foi orientadora na minha bolsa de pesquisa do CNPQ. Mirava aquela mulher séria, sábia, profissional e pensava: quando crescer, quero ser como ela! Foi o nascedouro do desejo de fazer o concurso para o Ministério Público.

A formatura foi seguida do meu primeiro casamento, prematuro e imaturo, permeado por muitas contas para pagar, sacrifícios para fazer, aulas para ministrar e noites dedicadas à vida de concurseira. Meu primeiro emprego para custear os estudos foi como professora universitária, preparar aulas e ser desafiada pela curiosidade dos meus alunos foi um estímulo para os meus estudos e um recurso para que eu superasse a timidez e melhorasse a oralidade. A receita para algo fracassar estava ali. O casamento acabou e logo em seguida veio a aprovação tão desejada.

Os anos de estudo até a aprovação para o Ministério Público me proporcionaram algumas lições. A consciência de que, quando se tem um sonho ou um objetivo, não se concorre com ninguém. Seu maior opositor é você mesmo. Suas crenças limitantes, seu complexo de impostor, a falta de coragem para reconhecer e vencer suas falhas e limitações são nossos maiores sabotadores. Aprendi que o tempo é relativo e que há desculpas sem fim para o insucesso. Mas se te faltar tempo, durma menos. Se te faltar segurança, lembre-se da força desconhecida que habita em cada um de nós.

Depois de 4 anos, finalmente me aprovei. E assim que assumi minhas funções, fui sendo abduzida para a defesa e garantia dos direitos de crianças e adolescentes, depois para as quizilas das famílias, com a difícil tarefa de enfrentar diariamente a dor e o sofrimento dos "pequenos" em situação de vulnerabilidade e das mulheres (mães) envolvidas, em absoluto estado de fragilidade emocional, econômica e profissional.

O contato com essa realidade tão dura poderia ter roubado de mim a humanidade, me feito descrer no ser humano, mas o contrário, se aconteceu, eu me tornei mais forte e sensível para e com a dor do outro. Aprendi que o mundo tem mesmo muitos tons de cinza, mas a gente pode pincelar e colorir, com um olhar empático, uma palavra de apoio e um sorriso sincero.

Aos 30 anos foi iniciado um novo desafio, a maternidade. Do meu segundo relacionamento, nasceram meus meninos, meus "Joões". Do terceiro relacionamento, minha doce menina dos olhos cor de céu. Se eu ia bem como profissional e mãe, era uma falência total como mulher. Mas isso daria outro artigo. Hoje eles são jovens adultos e ela uma adolescente que compõem a minha família multimatrimonial e multicolorida. Sim! Eu tenho um filho de cada cor. Um mais diferente que o outro, em tudo, personalidades, desejos, modos de ver e enfrentar o mundo e, assim, vamos exercitando a tolerância com o diverso, debaixo do mesmo teto, todos os dias. Confesso que é divertido e desafiante.

O fim de cada uma das minhas relações foi dolorosa, mesmo quando é o que se deseja e precisa fazer, causa dor, deixa ressentimentos e mágoas, ajustes de contas de palavras ditas e não ouvidas, dos sentimentos silenciados e frustrados. Passar por tudo isso fechou as portas do meu coração, mas fez com que eu me tornasse uma promotora na área de família também mais sensível e atenta às demandas subjetivas que o Judiciário não consegue alcançar. Casais em conflito submetem suas dores, seus problemas, sua incapacidade de tomar decisões por si próprios e delegam ao Judiciário a solução da sua vida particular, o futuro da sua vida familiar, que eu considero ser o pior caminho, mas muitas vezes inevitável.

E vejam como a vida é incrível! Cada momento por mim vivido pessoalmente me fez ser uma profissional melhor. Ter passado por todas as dores pessoais que eu passei me tornou uma mulher mais forte.

Cá estou, escrevendo migalhas das minhas experiências de vida e continuo me perguntando: afinal, eu sou dona de quê?

Minha vida não foi fácil, simples, perfeita, arrumadinha, eu estou longe de ser a boazinha... a "mesa posta" da P... da minha vida está longe de ser perfeita, mas talvez seja o exemplo perfeito de que, apesar das dificuldades, barreiras e imperfeições, se tem uma coisa que eu sou dona é da P... da minha vida.

O grande empreendimento que foi levar a vida que vivi exigiu de mim tanta dedicação à minha formação, tanta frieza no trabalho, tanta coragem para manter a minha independência e desempenhar a educação dos meus filhos em um modelo quase solo, me desafiavam diariamente. O desejo de ser melhor profissional e melhor pessoa me tornou incansável quando se trata de conhecer as mazelas do ser humano, eu sou absolutamente apaixonada pela humanidade, pelas imperfeições das pessoas, a diversidade de suas histórias e a multiplicidade de lugares e falas que permeiam cada indivíduo em sua travessia.

Simone Gomes | 223

De tanto olhar para o outro e cuidar do outro, deixei-me de lado. O que parecia me alimentar, me consumia. Na ânsia de compreender a humanidade, acabei desumana comigo, me negligenciando, descuidando da mulher selvagem e sábia. O meu desleixo comigo mesma me fez adoecer. Desenvolvi uma doença autoimune, momentos de ansiedade e depressão (negados, claro!), que culminaram em crises de pânico. As taças frágeis de cristal, guardadas dentro do armário para o jantar especial, foram quebrando todas.

A vida ensina assim. Se você não desacelera, não para, ela te paralisa. E aí, não tem jeito...ou você para ou você para. O evitado mergulho na nossa história, no auto(re) conhecimento já não é mais uma opção adiável.

Olhar para dentro, tomar consciência de tudo que já havia vivido, o que estava passando e a razão de estar passando me levou à minha travessia. Costumo brincar que foi um "Comer, Rezar, Amar" em ordem diversa e numa versão que reservou o final feliz para um possível momento futuro.

Primeiro, "rezei". Na dor e na doença sempre nos (re)conectamos com o que nos é superior ou incompreensível ou misterioso. Li sobre religiões, fiz mapa astral, sessões de tarô, cursos sobre cristais, cura pela Natureza, me graduei reikiana e a "bruxa velha sábia da floresta" renasceu. Fiz as pazes com a minha espiritualidade cristã, livre de amarras, religiões e igrejas. Essa religiosidade sem grilhões me libertou. A "bruxa" ficou mais solta. Tento dar ouvidos à minha intuição, arma poderosa. Tomei uma consciência de que tudo está conectado e eu faço parte do Todo.

Depois, "comi". Decidi fazer uma viagem sozinha para o lugar dos meus sonhos. Em 2014, passei 26 dias na Itália. So-zi-nha. Eu comigo. Pela primeira vez, deixei meus filhos sobre os cuidados de terceiros e descobri que ninguém morreu, que sou imprescindível mas não insubstituível, que a saudade é coisa boa de sentir e a gente se amassa quando reencontra e ela passa. Não há melhor lugar que a Itália para se aprender sobre o belo em tudo. Para os italianos, admirar o belo é reverenciar o divino. Mas eu não vivi só de museus, igrejas e ruínas. Entre uma andança e outra, sentei-me nas praças e me deliciei com sanduíches de parma e copas de vinho, escolhi mesas de restaurantes estrategicamente posicionadas para observar as pessoas gesticulando, sorrindo e falando alto. Observar aquelas pessoas, o modo delas viverem, a alegria com que elas desfrutam o prazer no que comem, no que bebem e com quem se relacionam, compartilham momentos, foi um resgate. Saí do lugar da mesmice, do desconfortável lugar que é a zona de conforto do dia a dia organizado e repetitivo. Há prazer na parada para um café expresso e um bom papo no meio da atribulação, porque tudo o mais pode esperar e estará lá, cômoda e angustiadamente te aguardando e *"va bene"*. O deslumbramento com a vida e o desejo de conhecer mundos além do meu fez com que a vida ganhasse novos contornos e a beleza passou a ser algo necessário para mim. Cuidar de mim. Ver e admirar o belo em mim. Assim, mudando o meu olhar sobre o cuidar somente do outro e cuidar primeiro de mim.

Sem falar que ser paquerada por italianos é algo que já mereceu um texto específico. O italiano primeiro olha nos olhos, invade a sua alma; depois, discreta e suavemente desce os olhos sobre os contornos e, se for ousado, dirá em som de prece um firme e delicioso "belíssima"; não há como não se sentir.

O terceiro momento passa pelos anteriores. Só quando me libertei de uma moralidade religiosa arraigada e opressora, que me fazia devedora de uma perfeição inalcançável e de uma culpa católica impensável, me fiz livre para amar a tudo e todos na exata medida que, eu creio, foi a intenção nas lições de Cristo, o amor imaterial, intangível. Só quando aprendi que há prazeres e belezas permitidas e que eu posso desfrutá-las, conheci o sentido de amar a carne, o material. Sentir e materializar o amor são as faces necessárias para a plenitude das relações.

Foi só então que me senti pronta para abrir a porta que eu lacrei. A porta da mulher que libertou seu feminino sagrado e se dispõe a, finalmente, amar sem medo e reservas.

E quem sabe, do aprendizado e da decisão, nasça a possibilidade...

Se eu tenho um desejo é o de mostrar a mulheres comuns que somos mulheres possíveis. A perfeição exigida, a benevolência esperada, a maternidade romantizada e o homem idealizado não existem. Simplesmente, esperar por isso é frustrar-se sem fim, perdendo a oportunidade de construir sua própria história da maneira que bem entender.

Para dar vazão a isso, na pandemia, nasceu o espaço virtual, carinhosamente denominado Sorella, que é irmã em italiano e onde de tudo e mais um pouco compartilhamos histórias, conteúdos e sororidade.

Respondendo ao questionamento inicial, que tanto me inquietou. Afinal, sou dona de quê? Sou dona de todos os pedaços da minha história, sou dona de cada passo, de cada luta, de cada vitória, de cada sorriso e pranto, sou dona das minhas cicatrizes e curas, sou dona dos sonhos que ainda tenho, dos caminhos percorridos e dos que ainda quero percorrer, sou especialmente dona da liberdade de fazer escolhas e, mesmo que tudo dê errado, sou dona da consciência de que a única porra que posso mudar é a mim mesma e a minha vida. Sou dona do poder de modificar, transformar e transmutar a minha vida, a qualquer momento. Eu sou dona da crença libertadora de que não devo satisfações descabidas e que não preciso ser menos ou mais do que sou para caber no mundo e na vida ou no coração de alguém, principalmente, que sou amável e serei amada como sou.

Tudo me trouxe até aqui, aprender e poder afirmar que eu sou dona de mim, das minhas histórias e das minhas escolhas, isso sim é uma P... imensa. Não há empoderamento maior. A mulher empoderada já tem plena certeza de que é dona da P... da própria vida.

32

EMPREENDEDORAS DA NOVA ERA

Mulher, seja muito bem-vinda à Nova Era, o lugar onde você pode ser e realizar o que desejar. Mas antes de começarmos essa nova jornada, sente-se em um lugar bem confortável e pegue uma xícara de chá, pois esse é o seu momento de transformação. E todas as demais coisas que tem programadas na sua agenda podem esperar por um momento, pois a mulher que surgirá após este capítulo será capaz de solucionar e desenvolver com maestria qualquer situação da sua vida. Neste capítulo, será o momento de levar a Mulher Multipotencial e Multidimensional ao seu lugar de merecimento, pertencimento, respeito, amor e compaixão, um lugar em que sua intuição tem voz e sua sabedoria é a sua bússola. "Mas, Thati, não íamos falar de Empreendedorismo?" Exatamente, mas para você tomar posse do seu lugar de mulher empresária e empreendedora, primeiro precisamos tomar consciência de alguns padrões de comportamento que estão embutidos em nosso consciente e em nosso inconsciente, alguns padrões são nossos e outros são coletivos. Mas, calma, vou explicar detalhadamente o que é e como funciona tudo isso na sua vida e na sua empresa.

THATI CORREIA

Thati Correia

Mentora, *master coach*, facilitadora de empreendedorismo feminino, aquariana, alquimista, astróloga, numeróloga e psicoterapeuta, bacharel em Ciências Contábeis e Análise e Desenvolvimento de Sistemas, apaixonada por pessoas, especializou-se em Perfil e Comportamento Humano e, por meio de ferramentas como Astrologia, Numerologia, PNL, Constelação Sistêmica, Inteligência Emocional, Hipnose e outras Terapias Quânticas, ajuda pessoas, em especial mulheres, a se conectarem com a sua essência, acessarem suas emoções e poder intuitivo, para viverem a vida que elas merecem ter!

Contato
www.thaticorreia.com.br
Instagram: @thaticorreia8
Facebook: facebook.com/thaticorreia.astrologia
11 96641 1815

Mulheres Multipotenciais possuem uma energia criativa intensa pulsando dentro de si, milhares de ideias, visualizam inúmeras possibilidades, dominam as suas técnicas profissionais, unem seus diversos talentos, empoderadas de si, seguras e confiantes em toda sua potência, constroem negócios que transformam vidas e transmitem sua mensagem ao mundo.

Mulheres Multidimensionais possuem todas as qualidades multipotenciais, mas que atuam nas dimensões universais. Estão em sintonia com seus Mapas de Vida, astrológico e numerológico. Conectadas com a energia lunar, desenvolvem sua essência, seus princípios e valores e que possuem uma vida rica, próspera, abundante, conquistam a sua liberdade financeira e emocional e sabem qual é a sua missão de vida e propósito de alma.

Mas para aprofundarmos em todo esse multiverso, precisamos estar cientes e conscientes de que aqui é um lugar seguro, onde não há julgamentos, onde erros e acertos são admirados de forma igual, lugar onde nos apoiamos, vibramos e contribuímos pelo sucesso umas das outras.

Isso é um comprometimento, uma promessa em que cada uma de nós, a partir de hoje, nos posicionaremos no mundo de forma diferente, seja no ambiente empresarial, pessoal, familiar, relacionamentos ou onde mais estivermos.

Combinado? Agora vamos juntas nessa jornada!

O patriarcado

Por milhares de anos nós mulheres éramos vistas apenas como um mero objeto, fomos posse do pai enquanto meninas, posse do marido enquanto jovens e, se porventura ficássemos viúvas, passávamos a ser posse da família do pai do marido morto. Somente em 1967 o código civil citou de forma clara o princípio da igualdade de todos perante a lei. E, por fim, a Carta Magna de 1988 igualou definitivamente homens e mulheres em direitos e obrigações.

Quando colocamos em algum buscador uma imagem de sucesso financeiro, encontramos 98% de imagens relacionadas aos homens engravatados, prédios gigantes, cifras e muita ostentação. No Brasil, só em 1962 a mulher passou a ter um CPF. A partir daí uma conta bancária pessoal, realizar investimentos, mas, mesmo com a permissão da lei, muitas mulheres escolhiam ter conta conjunta com seus maridos, pois uma boa esposa deveria seguir o "manual" da mulher casada.

É um tanto assustador e tudo isso é muito recente. O inconsciente coletivo ainda acredita que dinheiro não é coisa de mulher; cargos de liderança são para homens;

para uma mulher ser empresária, ela precisa de apoio financeiro da família ou marido; e que mulheres devem ganhar menos que os homens, mesmo quando ambos atuam no mesmo cargo e têm as mesmas responsabilidades.

Sem contar os abusos físicos, emocionais e sexuais que muitas de nós foram submetidas ao longo dessa jornada para chegar aonde estamos atualmente, e por conta disso devemos honrar essas nossas ancestrais que foram firmes para iniciar e abrir o caminho que estamos dando continuidade hoje.

Portanto, levar toda essa situação adiante na sua vida, agora, é uma escolha. Você pode e deve aprender a gerir e multiplicar o seu dinheiro, buscar a sua liberdade financeira, revolucionar e resgatar a mulher próspera que existe dentro de você.

Existem inúmeras situações que a mulher empreendedora enfrenta hoje no dia a dia, mas vou citar três exemplos para podermos direcionar o nosso aprendizado e despertar nesse momento:

Situação 1: a mulher da mala cheia

É a mulher que decidiu mudar a história da sua vida, não aguenta mais trabalhar na CLT, cuidar sozinha do trabalho interminável de uma casa, cuidar dos filhos sem uma rede de apoio ou depender de favores, aturar assédio, muito trabalho e pouco dinheiro. Então ela se profissionaliza, entra na universidade, faz cursos, treinamentos, compra livros, ou seja, investe profundamente na sua capacitação técnica para desenvolver seu negócio. Porém, a conta não fecha, o investimento é muito maior que o retorno financeiro. Sem clientes, não consegue alavancar seu negócio.

Situação 2: a mulher na tríade da morte

A mulher que inicia o seu negócio, começa a vender ou prestar serviço para as pessoas que ela conhece, círculo familiar, amigos e comunidade, porém essa rede de clientes é muito pequena e se estagna rapidamente, então precisa buscar clientes fora dessa bolha, resulta em faturamento baixo, começa a faltar o dinheiro, utiliza seus recursos financeiros pessoais, começa a perder o fôlego e pensa em desistir.

Tríade = (-) Clientes x (-) $ Faturamento x Perda de Fôlego = Desistir

Situação 3: mulher do caos

Atua de forma desesperada e alucinada, implementando tudo o que aprendeu de forma desordenada, desequilibrada, trabalhando de 14 a 18 horas por dia, sem finais de semana e feriados. Nesse ponto, existe uma armadilha do ego gigante que nos leva ao autoengano, pois aprendemos no patriarcado que o nível de dedicação, esforço, renunciar à sua vida, filhos, família, relacionamentos, saúde é sinônimo de superação, metas, desafios e resultados, pois somente assim você se torna digna e merecedora de ter dinheiro.

Ter agenda cheia, produção lotada, não significa que é ruim, mas isso não é sustentável. O retorno financeiro não é real, essa mulher está trabalhando como louca apenas para sobreviver e não para viver.

Nessas três situações, a empreendedora começa a pensar que esse negócio não é para ela, pois não tem competência para gerir um negócio, que o mercado está difícil ou/e que a concorrência está muito grande.

Todo o patriarcado ocorre dentro da Era de Peixes, uma era gerida por uma energia totalmente masculina, de competição, de execução, das guerras, do vai lá e faz a qualquer custo. Mas também foi uma era que teve muito desenvolvimento, criação, construção e, isso não podemos negar, que ao mesmo tempo trouxe inúmeros efeitos colaterais como as destruições em massa, abusos, explorações físicas, sexuais, emocionais, pessoas emocionalmente doentes, pois estão em contato dia após dia com uma energia de violência, medos, angústias e julgamentos.

O matriarcado

Estamos em plena fase de transição de eras. Embora alguns estudiosos dizem que a Era de Aquário se inicia efetivamente por volta do ano 2100 e para outros em 2600, já estamos sentindo uma vibração energética e comportamental desde o ano 2000. Nessa energia e fase de transição para a Era de Aquário foi onde tivemos um grande avanço tecnológico, a informação passou a ser acesso de todos, as preocupações com a sustentabilidade, ecologia, direitos iguais, comunidades pretas, lgbtqia+, mulheres alcançando seus lugares no mundo, olhar para a violência contra as mulheres, melhorou a expectativa de vida, aumentou o índice de desenvolvimento humano. O mundo está se tornando mais humanizado.

E nós mulheres multidimensionais sentimos intensamente tudo isso e, quando trazemos para o conceito do empreendedorismo feminino, começamos a vibrar na energia da Era de Aquário, estamos vibrando numa energia que significa menos competição e mais criatividade, menos guerra e mais inovação, mais amorosidade, transição para uma energia que traz uma leveza, compaixão, amor e respeito.

Dentro dos nossos negócios existe uma egrégora de que precisamos vender a qualquer custo porque temos contas para pagar, metas, objetivos e competições entre as equipes que mais se destacam, "prêmios", "bônus", presentinhos, mas no fundo apenas a minoria é que realmente se beneficia de todo esse desgaste e, quando você não atinge mais a expectativa dos outros é descartada sem nenhum respeito e gratidão.

Nessa Nova Era desenvolvemos negócios que estão a serviço da humanidade, não exploramos o conformismo das pessoas, cada cliente nosso está investindo em um produto ou serviço que oferecemos em nossas empresas para o seu bem e da sua família, investem em um produto ou serviço de maior qualidade, pois você precisa ter respeito pelo seu tempo, pelo seu conhecimento, por toda energia que movimenta e sustenta o seu corpo para o seu trabalho, para a sua geração de renda.

A Era de Aquário, a era matriarcal, é a era da consciência, de você olhar para dentro e ter atitudes que condizem com os seus princípios e essência de vida.

O despertar

No início deste capítulo falamos da Mulher Ser e Realizar o que Desejar, mas afinal o que é o Desejo?

Desejo é uma fonte de satisfação, prazer, realização, é algo interminável, movido por duas energias, a vontade que é manifestada pelo feminino e a força que é gerada pelo masculino. Quando eu falo de masculino e feminino, me refiro às energias que estão dentro de nós e não o homem e a mulher em si. E a grande magia é manter essas energias em equilíbrio dentro de nós.

DESEJO = VONTADE (Feminino) + FORÇA (Masculino) = TRANSFORMAÇÃO

O córtex frontal é a área do cérebro que reconhece erros e falhas e é maior no cérebro feminino, o que nos torna mais autoconscientes, autopreservadoras, mais propensas ao perfeccionismo, mas isso são rótulos dentro do patriarcado. Com isso somos chamadas de neuróticas.

Mas a realidade que essa nossa característica, quando entramos no matriarcado, é direcionada para o nosso poder de intuição, maior sensibilidade, sentir as coisas de forma mais sutil, nossas percepções, ouvir nossos mestres superiores, canalizar, ter *insights* de acordo com as necessidades da humanidade.

O mesmo lugar do cérebro que responde pela atenção e percepção também é o lugar do processamento das nossas emoções.

Por isso a nossa compreensão de mundo e capacidade de aprender estão intimamente ligadas ao que sentimos. Essas qualidades são as nossas forças, cuidadoras, passionais, persistentes, companheiras e resilientes.

Nada disso é ruim como o patriarcado rotulou, por isso precisamos resgatar a nossa essência. Só que agora o caminho é quem vai dar o seu melhor todos os dias, na vida pessoal ou nos negócios, fazer o nosso melhor, com emoções e sentimentos, trabalhar por algo maior, para nossa riqueza, conforto, lazer, pois nada vai cair do céu, porque mulheres geram dinheiro, crianças ganham dinheiro.

Desperte as suas emoções, relacione-se intensamente com a vida e sinta essa sintonia.

Nesse lugar temos a confusão do desejo e sensações e damos lugar às perguntas, pois, sem elas, mais cedo ou mais tarde esse desejo será como um pássaro sem árvore e cansará de voar, mudando o curso desse desejo para outro desejo, buscando um que a leve ao descanso, tornando assim a sua vida sem ordem e evolução gradual, levando somente ao caos, vontades incertas, desejos incompletos ou anseios desequilibrados.

Portanto, faça perguntas, busque a concepção de ideias, entusiasmos, aquilo que te dá poder. Movimente-se nos mistérios da sua mente, só assim conhecerá a si mesma e despertará o melhor que há em você.

Você tem analisado a sua vida? Tem realizado seus desejos? Vive no piloto automático? Está consciente das suas atitudes? Você está sendo quem realmente é ou quem pensa que é? Seus princípios de vida estão em harmonia com a vida que você vive hoje? Você trabalha com o que ama ou está nele apenas pelo dinheiro?

No **Campo Sutil – Sabedoria Interior** estão os principais traços da sua personalidade, autopercepção, reação a estímulos externos, maneira que assimila experiências, qualidade da consciência, aparência e atitudes pessoais. Não indica apenas valores materiais, mas também rege à moralidade de cada pessoa, como lida com seu próprio dinheiro, os métodos e caminhos utilizados para alcançar a tão sonhada estabilidade financeira. Laços familiares, romances, amizades e a forma de se expressar da pessoa, além de ligada à comunicação, representa a racionalidade, por estar presente em todas as relações.

Já no **Campo Interno – Intenção e Energia** está o sentimento de pertencimento e conforto, traz à tona toda ancestralidade e lembranças, questões psicológicas e emocionais, a relação com o prazer, lazer, diversão, *hobbies*, senso de humor e respeito. A criatividade, como usa a imaginação e vibra amor, a forma como se dedica ao trabalho, ao desenvolvimento de melhorias em processos complicados, como transmite conhecimento e se posiciona para ajudar os outros. O comportamento nas parcerias, carreira e casamentos, elos, promessas, contratos sagrados, aquilo que você faz para o mundo, o mundo lhe devolve.

Por fim, no **Campo Externo – Conhecimento** está o poder de transformação, desprendimento, as dívidas, heranças e impulsos sexuais, a forma como lida com perdas e reviravoltas, dissolução de paradigmas, padrões preestabelecidos, crenças, limitações, doutrinações e regras que você criou que não fazem mais sentido. Esse lugar vai definir como cada pessoa se relaciona com a sua fé e conceitos filosóficos, indicando o caminho para aprimorar suas ideias, desenvolvimento de consciência social, cultura humana e respeito.

O maior demônio interno e fracasso de uma pessoa é desistir de si. Errar não é fracassar, é estar aberta a possibilidades, arriscar, atrever e expressar.

Seja a senhora dos seus princípios e dona da sua honra! Viva a vida que você merece **ter**!

33

ONDE NASCEM AS FORTES

Este capítulo é uma pequena parcela da minha trajetória na construção civil. História que pode ser comparada a de tantas outras mulheres, engenheiras, técnicas, auxiliares, que, da mesma maneira que eu, são grandes guerreiras, correm atrás de seus sonhos e não desistem nunca. A construção pesada é um mundo à parte das outras áreas de trabalho, em que a mocinha, a engenheira civil, é a protagonista.

VALQUIRIA FELTRIM

Valquiria Feltrim

Paulistana de corpo e alma, cresceu nesta cidade maravilhosa. Embora ame São Paulo, seguiu o "trecho", apelido carinhoso ao local de trabalho longe de casa, em busca de oportunidades e reconhecimento profissional.

Atuante na construção civil desde 1994, passou pelas maiores e mais complexas obras nacionais e algumas internacionais também.

Essas experiências proporcionaram ampliar seus conhecimentos técnicos e competências, aumentando a sua capacidade em gerir pessoas com excelência, ampliando assim seus horizontes pessoais. Engenheira civil graduada pela Universidade Paulista – UNIP; pós-graduada em Comunicação Empresarial pela Universidade São Judas Tadeu. TCC: *Contribuições da comunicação interna na implantação do sistema de gestão da qualidade em construtoras*. Atualmente cursando o MBA de Gestão de Negócios pela USP/Esalq. Certificações: Auditora Líder de SGI (ISO 9001:2015, ISO 14001:2015 e ISO 45001:2018). Ramo de atuação: a área de QSMS (Qualidade, Saúde, Meio Ambiente e Segurança), em que o foco principal é a gestão da qualidade e o controle tecnológico.

Contatos
www.valquiriafeltrim.com.br
contato@valquiriafeltrim.com.br / engenharia@valquiriafeltrim.com.br
Linkedin: https://www.linkedin.com/in/valquiria-aparecida-feltrim-47b79b1a/
Skype: eng.feltrim
Instagram: @valquiria_feltrim
11 99495 2370

Certo dia li um texto que dizia que tudo na vida é uma questão de sorte. Dizem que nós temos três grandes "sortes" na nossa existência: as duas primeiras não dependem de nós. E a terceira só acontecerá como resultado das nossas ações. Como acredito muito neste conceito, contarei para vocês um pouco da minha trajetória na engenharia civil, na construção pesada, com base nas tais "sortes" que tive.

A **1ª sorte** que temos vem logo no nascimento. Nascer com saúde nos permite muitas vantagens em relação a diversos obstáculos que teríamos que enfrentar diante das possíveis limitações que os problemas de saúde poderiam nos trazer.

A **2ª sorte**, por sua vez, é relacionada ao ambiente familiar, a estrutura que moldará sua formação, caráter e outros comportamentos como honestidade e lealdade.

Vocês podem até perguntar, mas e quem não teve estas sortes
iniciais, não terá sucesso na vida?

Claro que pode ter. Embora com tantos obstáculos, todos podemos trilhar e alcançar nossos sonhos e objetivos. Pode demorar mais ou menos, porém o importante é não desistir no caminho.

Embora as condições financeiras da minha família fossem suficientes para termos uma qualidade de vida satisfatória, eu sempre estudei em escola pública. Meus pais trabalharam muito e tudo foi conquistado com muito suor. Meu pai, por exemplo, estudou até a quarta série primária e minha mãe não passou da terceira série. Independentemente da idade que tínhamos, eu e minhas irmãs sempre estávamos fazendo algo para conquistar nosso dinheirinho e para nosso crescimento como cidadãs, aprendendo a dar valor às coisas e às pessoas.

Portanto, posso afirmar que as duas primeiras "sortes" fizeram toda a diferença na minha vida, definindo quem eu sou hoje e permitindo traçar a busca pela **3ª sorte**, aquela que só depende de nós mesmos, de uma maneira que fizesse valer a pena ter passado por esta vida.

Muitas pessoas, especialmente as mulheres, me perguntam o que eu fiz para trabalhar em grandes empresas, em projetos tão complexos, e como eu consegui atingir bons cargos num ramo ainda tão machista e preconceituoso. Bem, toda história tem um começo, um meio e um fim. É assim que vou contar a minha.

Valquiria Feltrim | 237

O começo

A única forma de chegar ao impossível
é acreditar que é possível.
(Alice no País das Maravilhas)

Ainda na pré-escola, em 1979, eu me lembro de ter visto meu pai olhando atento para um "uma folha de papel grande, toda cheia de dobras e com uns desenhos". Então, curiosa, sentei-me ao lado dele e ele me perguntou o que eu queria ser quando crescer. Eu, sem titubear, respondi que queria ser "engenheira de prédios". Ele sorriu, me abraçou e disse que eu seria com certeza, que ele teria muito orgulho e estaria sempre ao meu lado.

Quando passei de ano na primeira série, ganhei um lindo presente. Meus pais aproveitaram o período de férias escolares e me levaram até a casa da minha professora, na cidade de Ilha Solteira. Quando chegamos, meu pai passou com o carro ao lado da usina hidrelétrica e avistamos o vertedouro, que estava aberto, com aquele maravilhoso volume de água formando um mundo mágico na minha mente sempre tão fértil.

Eu sequer imaginava o que era uma usina hidrelétrica e menos ainda para que servia um vertedouro, mas naquele exato momento eu disse aos meus pais que, além de ser *"engenheira de prédios"*, eu também seria *"engenheira das águas"*. Ousada, eu disse que eu faria um lugar igual àquele para que todos pudessem ficar admirando a água passar bonita daquele jeito. Os dois sorriram e disseram que eu faria sim, que eu só teria que estudar muito.

E foi isso que fiz. Estudei muito, sempre em escola pública, e nunca tive dúvida do que eu queria, do que eu podia e aonde chegaria.

O meio

Eu acredito demais na sorte. E tenho constatado que quanto
mais duro eu trabalho, mais sorte eu tenho.
THOMAS JEFFERSON

E agora é a hora da **3ª sorte**.

Saltamos para época de faculdade, quando no segundo ano de Engenharia Civil eu decidi que não mais trabalharia com meus pais e trabalharia em obras. Assim aconteceu meu primeiro estágio, que daria um capítulo à parte, mas vamos lá.

Não sei se por sorte, olha ela aqui novamente, se por talento ou destino, mas desde este primeiro estágio eu não precisei mais procurar outros empregos, todas as demais contratações foram por reconhecimento e indicação de pessoas que haviam trabalhado comigo e me referenciaram acreditando no meu caráter e na minha competência profissional.

No meu primeiro dia de estágio, eu posso dizer que já fui colocada à prova como uma *"engenheira de prédios"*. Ao pisar no canteiro de obras, o mestre não estava presente, pois havia sofrido um acidente, então não tive tempo para integrações e explicações. Acho que foi aí que, profissionalmente, eu comecei a me virar sozinha, a ter que dar rumo às minhas entregas no trabalho.

Ainda na época de estagiária, meu chefe sempre dizia para atentar à qualidade dos serviços, que a gestão do controle da qualidade seria o futuro da construção. Lembro-me como se fosse hoje. Ele portava umas pastas vermelhas com elástico, cheia de formulários de *checklists*, pastas estas que distribuiu para cada um de seus estagiários. Fiquei analisando a reação alheia, alguns jogaram a pasta fora assim que ele virou as costas e foi então que visualizei o meu futuro. Eu investiria nos conselhos recebidos.

Não estudei em uma universidade federal e por várias vezes sofri discriminação profissional por isso. Infelizmente, até hoje existem empresas que fazem a "seleção natural da espécie" pelo nome da instituição em que você estudou e não pela sua capacidade técnica. O que posso dizer sobre isso? Coitados!

Bem, quando eu estava no penúltimo ano da faculdade, em meio àquela ansiedade toda de final de curso, minha mãe faleceu. Meu mundo acabou, o chão sumiu e todas as certezas viraram dúvidas e novamente a minha **2ª sorte** (família e amigos) me fez ver que desistir era uma palavra que não existia no dicionário da minha mãe, então reuni as forças e segui em frente. Para que pudéssemos reorganizar nossa família, saí do estágio que eu tanto amava.

No ano seguinte, comecei a trabalhar em outra construtora, onde infelizmente existiam lideranças desonestas e sem caráter, o que me fez lutar ainda mais para continuar e com a certeza de que nunca seria igual a eles. O dono da construtora dizia logo cedo ao chegar: "Bom dia, bando de vagabundos!". Sim, disse esta frase todos os dias, por longos anos.

Eu sempre enxerguei os acontecimentos no meu percurso como uma forma de me levar para frente. Esta empresa (do dono malcriado) iniciou então a implantação o SGI (Sistema de Gestão Integrada). Foi aí que eu iniciei a minha carreira em Gestão da Qualidade.

Todos os dias nós passávamos por humilhação vinda dos diretores, mesmo assim mantive o meu foco em aprender e ampliar meu conhecimento para logo depois migrar para uma grande empresa, com grandes projetos. Nunca me importei com as más atitudes dos outros, sempre me preocupei em onde eu chegaria.

Então, novamente por indicação de uma colega de trabalho, amiga até hoje, participei de um processo seletivo na área da qualidade de uma grande empresa. Foi quando, assim que contratada, fui trabalhar em uma Pequena Central Hidrelétrica, as chamadas PCH's, e lá então me tornei a *"engenheira das águas"*.

A partir desta obra, meus horizontes se expandiram, meus conhecimentos aumentaram ainda mais e a vida começou a convergir para a direção que eu sempre quis.

E assim fui seguindo, para outra grande empresa, na construção civil pesada, com profissionais que reconheciam meu trabalho e admiravam meu caráter.

A força de uma mulher na construção civil vem de muita luta por reconhecimento e posicionamento, pois na maioria das vezes a mulher faz tripla jornada (casa, filhos e trabalho), adversidades estas que nenhum homem pode imaginar.

Uma grande amiga certa vez me falou que somos mulheres fortes porque somos engenheiras, mas, depois de muito papo, chegamos à conclusão contrária: somos engenheiras porque somos fortes.

Na maioria das obras, sendo a única mulher em cargo gerencial, acabei passando por algumas situações constrangedoras. Vou compartilhar algumas aqui, não para me fazer de vítima. Isso jamais! Mas sim para mostrar que a luta pela igualdade no final não seja desigual no caminho.

Aqui estão algumas situações que só uma mulher passa e ainda temos que fingir estar tudo normal para poder alcançar seus objetivos:

- em meio a uma reunião, ter que improvisar um *clip* para segurar a alça do sutiã que descosturou;
- quando estamos 'naqueles dias' e após 4 horas sentada participando de uma reunião, levantar-se e notar a cadeira e calça manchadas. Constrangimento e vergonha, rezando para que nenhum "homem" faça uma gracinha;
- não ser convidada para eventos na casa de seus colegas de trabalho, por receio de suas esposas, pois, de forma geral, elas acham que mulher que trabalha em obra não presta;
- ao conseguir uma informação técnica importante, escutar um comentário machista, dizendo que só consegui porque sou mulher, desprezando minha capacidade técnica em busca de soluções complexas;
- ter que dividir república com onze homens porque a empresa acha desnecessário mobilizar uma moradia feminina para *uma única mulher*;
- pedirem-lhe um café, por ser a única mulher presente numa reunião de diretoria;
- alterar-se em uma reunião como qualquer outro homem faria, mas ouvir que "está bravinha porque está naqueles dias";
- ser questionada sobre seu cargo: como conseguiu ser promovida? É esposa de algum diretor ou gerente? Tudo em tom sarcástico!

Diz um ditado que *"o trecho é um lugar onde o filho chora e a mãe não vê."* E *v*árias e várias vezes arrumei minhas malas e pensei em voltar para casa.

Muitas desistem dos sonhos no caminho porque o trecho é mais hostil e cruel. Quero dizer que para as mulheres as regras são diferentes: você não pode ser amiga de todos e chamá-los para jantar ou tomar um café ou para ir numa festa porque demonstrar sentimento é ser fraca. Mas o outro lado disso é que se você é forte, acham que você é fria e impiedosa e por isso acaba se privando de muitas amizades porque acabam a achando distante e insensível. E o que mais dói é que você só toma as ações porque se importa com as pessoas, porque quer ser tratada como igual.

Na luta por querer ser igual, você acaba sendo diferente das demais mulheres. E isso, em algumas situações, é usado contra você.

Mas seguindo com o meu lema de que tudo tem o lado bom, aqueles que enxergam isso em você se tornam grandes e fiéis amigos. Ah, e eu posso dizer que tenho grandes amigos que sempre torceram por mim, que têm orgulho da pessoa e da profissional que sou: engenheiros, mestres, encarregados, profissionais que viam em mim o futuro de suas filhas, sobrinhas e esposas.

Quantas vezes ouvi de encarregados que eles estavam "estudando suas filhas para que fossem engenheiras como eu". Quantas fotos pediram para tirar comigo para mostrar em casa a engenheira que trabalhava na obra com eles. Ver pessoas que fizeram engenharia civil porque se inspiraram na minha conduta e profissionalismo. Quantas homenagens recebi das equipes pelas quais passei... isso tudo me faz ver que o caminho está correto.

Uma trajetória de diversos desafios ...

1994 ● 2006   2008 ● 2015

TRECHO – SP / RJ / MG
Acompanhamento da Execução e Gestão da Qualidade:

- Obras residenciais e comerciais
- Plantas Industriais
- Hospitais
- Edifícios Comerciais
- Instalações da PETROBRAS
- Instalações da VALE

PELO BRASIL e MUNDO AFORA...
Gestão da Qualidade, Cerficações e Controle Tecnológico e Auditorias:

- Usinas Hidrelétricas
- Rodovias
- Barragens
- Portos
- Ferrovia
- Obras de Saneamento

No meio do caminho

USINA HIDRELÉTRICA ESTREITO (MA/TO)

* Gestão da Qualidade e Cerficações;
* Coordenação dos Sistemas de Instrumentação;
* Controle Technológico Solo e Concreto.

A OBRA EM NÚMEROS (aproximados)
- Concreto = 1 milhão m^3;
- Cimento = 231.500.000 Kg (equivalente ao utilizado na construção de 7.235 casas de 80 m^2).

AEROPORTO GUARULHOS/SP - AMPLIAÇÃO

* Gestão da Qualidade e Cerficações;
* Controle Tecnológico de Solo, Concreto, Pavimentação e Acabamentos.

A OBRA EM NÚMEROS (aproximados)
- Estrutura Metálica = 7.158 toneladas (equivalente a 1 Torre Eiffel);
- Consumo de arroz / dia = 210 sacos de 5 Kg;
- Consumo de carne / dia = 2.000 Kg (equivalente a 3 bois inteiros).

RODOVIA BR 040
* Gestão da Qualidade e Cerficações.
* Coordenação do Controle Tecnológico de Solo, Concreto e Pavimentação.

A OBRA EM NÚMEROS (aproximados)
- 1.110 Km de Rodovia de GO à MG;
- 14 Praças de Pedágio.

2019 ○ ...

Implantação e Manutenção do Sistema de Gestão de QSMS

- Gestão da Qualidade;
- Manutenção de Cerficações ISO 9001, ISO 14001 e OHSAS 18001;
- Coordenação de Controle Tecnológico;
- Vistorias Técnicas;
- Elaboração de material para concorrência.

Valquiria Feltrim

Fazer parte de grandes projetos, ter grandes equipes, ser uma profissional reconhecida na minha área foram e sempre serão o meu norte, a trajetória da minha vida.

Sim, a minha **3ª sorte** foi trilhada com muito sucesso, mas também com choros, desmaios, desgastes e frustrações... nunca foi fácil. E para terem uma pequena ideia, apresento um resumo dos projetos que passei até hoje, mas que não vão parar por aqui, pois parar não faz parte da minha vida.

O fim

A opção pela engenharia ainda é muito dura para uma mulher. Se um homem resolve trabalhar no trecho, ele é o máximo; se uma mulher resolve trabalhar no trecho, ela é louca.

Um engenheiro longe da família está fazendo tudo aquilo porque quer propiciar o melhor para sua família; já uma engenheira tendo a mesma vida, não está pensando em sua família. Quantas vezes ouvi que achavam estranho eu estar longe de casa, mas o meu colega de trabalho que estava falando aquilo também estava longe. Ah, mas ele é homem e eu sou mulher.

Durante o caminho passamos por tantas situações difíceis, ouvimos tantos absurdos que não é difícil pensar em desistir. Mas NUNCA desistam!

No entanto, a ideia de compartilhar um pouquinho da minha vida profissional é justamente esta, mostrar que temos que nos espelhar em profissionais de sucesso, seguir aquilo que identificamos de ponto positivo na carreira deles. Sempre adotei a prática na minha vida de seguir bons exemplos.

Ouça o que dizem de você, mas conduza sua vida com base no que falam as pessoas que te amam. Faça a sua parte para que se lembrem de você da maneira que você realmente é.

Fim? Não, este não é o fim, a vida está aí à minha espera, para novos e grandes desafios, e eu tenho certeza de que ainda vou longe, tão longe quanto o meu querer, quanto os meus sonhos. E como disse Guimarães Rosa...

O correr da vida embrulha tudo. A vida é assim: esquenta e esfria, aperta e daí afrouxa, sossega e depois desinquieta. O que ela quer da gente é coragem.

34

SEM PLANOS

Como uma vida sem planos também pode dar certo e te levar a construir uma carreira de sucesso.

Esta é uma história de coragem diante da vida; mesmo sem planos, tudo deu certo. O prêmio maior são as amizades que conquistei ao longo desses 7 anos de atuação como massoterapeuta; e ao longo dos meus 40 anos, tudo valeu a pena. Como fala o famoso refrão, "se chorei ou se sorri o importante é que emoções eu vivi..".

VANILESSA SEMBLER MACHADO

Vanilessa Sembler Machado

Curso técnico em enfermagem pelo SENAC 2004, licenciatura em Letras pela UNESC, 2010, capacitação em Massoterapia pelo Instituto Mix, 2013, capacitação em Access Consciousness 2019, Auriculoterapia Neurofisiologica, 2021, pela HLStreinamentos, curso superior de Tecnologia em Estética e Imagem Pessoal pela UNIASSELVI, 2021.

Contatos
vanilessamachado45@gmail.com
Instagram: @vanilessamachado45

Uma vida sem planos

Para quem não sabe para onde vai, qualquer caminho serve. Eu diria que todos os caminhos servem e te levam a algum resultado.

Nasci em uma família que nunca planejou nada, nem mesmo nossa vinda de Lajeado RS para Criciúma SC. Viemos no ano de 2000 sem conhecer nada, sem ter uma moradia em vista e sem ter emprego. Mas a "vida" vai se encarregando de organizar e assim conseguimos alugar um apartamento e, aos poucos, fomos nos estabelecendo.

Agora estávamos morando em uma cidade grande totalmente sem planos. Nessa época meu pai viajava, então ficávamos em casa, eu, minha mãe e meu irmão menor, vendo os dias passarem. Porém a cidade grande foi me exigindo algumas atitudes, então comecei a criar táticas para conhecer a cidade e fazer amizades. Entrei em uma autoescola para conhecer a cidade e comecei a cursar técnico em enfermagem. E foi por meio desse curso que consegui meu primeiro emprego pelo SiNE, o valor que eu ganhava era suficiente para pagar o curso. Isso para mim era o máximo, era o auge da liberdade porque na minha família eu não era incentivada a voar, mas sim para permanecer no ninho onde o papai pássaro era o provedor e rei do ninho. Tudo era incentivo para desistir, o que sempre escutei em relação a estudar foi: "quer fazer te vira para pagar".

Isso foi criando uma revolta dentro de mim que me dava força para ser diferente daquele modelo. A vida nos ensina e nos prepara para o que ainda vamos enfrentar basta confiar. Essa fase da minha vida na qual estava cursando o técnico foi de extrema importância para o meu crescimento profissional e visão de mundo, gosto de dizer que fui lapidada. Sim, fui lapidada pelos grandes profissionais que tive a felicidade de trabalhar como o Dr. Flavio, Dra. Beatriz e Dr. Daniel. Eu não tinha nenhum conhecimento de vida, pensa uma pessoa "chucra", mas tive a sorte de fazer uma boa escolha.

Abrir de portas

Entre vários cursos e faculdades, fiz massoterapia e, a partir desse curso, a vida foi abrindo para mim várias portas, onde fui encontrando várias mulheres inspiradoras que foram me ajudando na jornada da vida.

Na minha caminhada precisei muito "do outro", muito de mulheres e Deus foi colocando na minha vida cada uma. Sem elas não chegaria onde estou hoje, não seria coautora deste livro e jamais seria a profissional que sou. Devo muito a essas mulheres que não vou citar nomes para não me esquecer de ninguém.

Voltando à história, nesse intervalo da minha vida muitas coisas aconteceram, muitas lutas e decepções. Por mais que achamos ser autores de nossa vida, não somos e Deus nos prova de várias maneiras. Minha família chegou em um momento que perdeu tudo, até a união familiar, e foi aí que precisei assumir a frente da minha família, o sustento da minha casa. Hoje consigo ver que consegui enfrentar tudo que passei porque tive aquele treinamento com nossa vinda para Criciúma. Querido leitor, a minha história com certeza não é muito diferente da sua, todos nós passamos por muitas lutas e assim como eu acredito que você também nunca pensou em passar por problemas que já passou. Muitas vezes acreditamos não sermos capazes de passar, mas acredite, você é capaz de passar por tudo. Se sentir que está pesado demais para você, procure por ajuda. Vou abrir um parêntese aqui na história para contar um fato que acho de valia.

Nesse momento da vida precisei buscar a ajuda de uma psicóloga. Eu que cuidava da minha família e de clientes não estava cuidando de mim. A vida para mim era sem cor e não é expressão, realmente era cinza. Meus finais de semana eram fechados no meu quarto chorando. Até o dia que atendi uma cliente psicóloga a qual ficou muito minha amiga e me falou em claro e bom som que eu precisava urgente procurar uma ajuda. Aquele dia terminei o atendimento dela com a minha sessão na psicóloga agendada. Foi a melhor decisão que tomei na vida e hoje sempre oriento clientes a procurarem um profissional na área quando necessitam. Fecha parêntese.

Como massoterapeuta, consegui fazer meu nome e passei por boas clínicas da cidade. Essa é uma história de sucesso em que eu e minha família conseguimos nos restabelecer, eu construí uma profissão de sucesso na qual me sustenta em tudo desde as faculdades, cursos, como também todo o sustento da minha família.

Teve tempos de eu trabalhar de segunda a sábado, teve dias de atender até a uma hora da madrugada. Ainda sem planos, mas totalmente focada no sustento da família atendia em uma clínica até meio da tarde. Depois os atendimentos eram em outra clínica onde atendia até altas horas da noite e, aos sábados, atendia o dia inteiro. Pelo excesso de trabalho, tive que escolher ficar somente em um trabalho porque meu corpo não estava mais aguentando com constantes crises de enxaqueca a ponto de ficar dois dias desacordada no hospital.

Hoje priorizo a minha qualidade de vida e bem-estar. Tenho o privilégio de trabalhar com o que amo, hoje eu faço minha agenda sempre cuidando para não abusar das horas de trabalho. Tenho o prazer de poder dizer que hoje não tenho só clientes, mas amigas as quais muitas já estão comigo há 5 anos de atendimento direto. Quando paro para pensar o quanto já dividimos, nossas ansiedades, medos e dores, é emocionante porque muitos não conseguem ter isso em seus trabalhos. Para mim, esse é o real significado da palavra sucesso, essa é "A dona da p**** toda" saber que você não tem só clientes, mas amigas. Depois de uma sessão, você receber um áudio ou uma mensagem dizendo que ficou melhor depois da massagem ou que a conversa que tivemos a ajudou. Não sou psicóloga e por muitas vezes não sei o que falar, mas só em ouvir o outro sei que estou ajudando e acredito também que todo o problema pelo qual passamos por muitas vezes é nos dado para, lá na frente, conseguirmos ajudar o outro. Não sei se me faço entender, parece meio estranha essa ideia, mas também é reconfortante pensar assim.

O poder do toque e da escuta

O que vou falar aqui acredito não ter em livros porque são vivências, são observações que fiz ao longo da minha carreira.

Você já pensou o quanto o toque é curador, quem que nunca alisou uma região após bater. Essa é quase que uma reação instintiva, ou quem que nunca pediu para alguém fazer uma massagem. Pois é, então mesmo que você nunca tenha recebido uma massagem, já conhece o poder que ela exerce sobre o corpo. Eu sempre falo que o benefício da massagem vai muito além do objetivo pelo qual a cliente tenha procurado, por exemplo o estético.

O poder do toque sobre a pele, sabendo dosar a pressão, força, ritmo, velocidade, conduzindo no sentido correto faz milagre. Já atendi cliente que veio com prescrição do médico para fazer massagem com intuito de ajudar na insônia e depressão. A massagem alivia estresse, auxilia na regulação dos hormônios, uma sessão de massagem libera entre eles a adrenalina que é o hormônio da felicidade, por isso mulheres que recebem massagem são mais felizes. Mesmo aquelas que só fazem massagem estética apresentam melhora do humor e da autoestima, relatam até diminuição do estresse.

Já tive cliente que ao receber o toque começou a chorar compulsivamente, aquele dia parei a massagem, segurei a mão dela e ficamos em silêncio, eu e ela. Posso dizer que foi o silêncio "mais cheio de palavras", terminamos a massagem e posso dizer, sem dúvidas que foi a melhor massagem para as duas. Eu terminei com aquela sensação que bom que eu pude ajudar.

Aqui eu teria vários casos para contar como os casos que senti algo estranho na cliente como nódulos ou cistos e orientei a cliente a procurar um médico e depois eu receber o retorno de quanto foi importante aquela orientação.

Com os atendimentos em massagem, comecei a notar que as clientes tinham melhora na parte emocional. Porém, eu desejava trabalhar com algo que pudesse ajudar mais. Como tenho falado, nunca planejei nada, nem tinha ambição de fazer algum curso, mas durante os atendimentos iam surgindo necessidades de aperfeiçoamento para melhor atender e conseguir suprir as necessidades das clientes. Por mais que minha área de atuação era a estética, as clientes sempre traziam alguma queixa de dores ou questões emocionais, como ansiedade, insônia.

Fiz cursos voltados mais para essa área da terapia como barras de access, porém ainda não sentia que essa era a minha "missão" ou meu propósito de vida.

Eu sempre tive um olhar para aurículo, até já tinha feito um curso porém não tinha achado uma maneira de trabalhar com aurículo. Com a pandemia, fiz outro curso de aurículo. Ali descobri uma satisfação, uma realização, sensação de que agora encontrei algo que vou conseguir ajudar mais pessoas. Como em toda nova técnica aprendida, comecei a aplicar na minha família e os resultados eram incríveis. Minha iniciação como auriculoterapeuta nessa fase de pandemia foi de extrema importância. Com esse tratamento, consegui tratar: pânico, ansiedade, insônia, compulsão, estresse entre outras patologias, sem contar que consegui me manter durante essa fase em que os atendimentos de massagem tinham dado uma parada.

Auriculoterapia

Na fase da pandemia, a aurículo preencheu a minha agenda, novamente eu tive uma sábia escolha, é a vida se ajeitando. O que tenho acompanhado na clínica com os pacientes é que sua ação é quase que imediata em casos "emocionais" como ansiedade, enxaquecas em que já apliquei e segundo depois o paciente relatou melhora nos sintomas da ansiedade e dores.

Esse tratamento consiste em aplicação de pontos no pavilhão auricular correspondente às queixas do cliente. Desde que comecei a aplicar até os dias de hoje, já consegui ajudar bastantes pacientes que estavam sofrendo, parece até impossível dar resultados por meio de pontos aplicados no pavilhão auricular, mas isso é realidade e é muito bem vista em muitos países.

Assim como sou indicada para atendimentos na estética, comecei a ser indicada como aurículoterapeuta, e isso foi se tornando uma rede do bem na qual um foi indicando ao outro.

Tratei clientes que faziam tratamento com psicólogo os quais orientaram continuar com a aurículo porque conheciam a técnica e sabiam do valor para o tratamento do paciente. Meu reconhecimento como aurículo veio muito rápido devido às composições de pontos assertivos, mas reconheço que veio também já pelo trabalho de anos como massoterapeuta.

Lancei o desafio de 30 dias de aurículo em que me comprometi entregar resultado em 30 dias de aplicação de aurículo, os relatos foram um mais surpreendente do que o outro. Na quarentena, com a moda das *lives,* fiz algumas com parceria com as pacientes e os resultados foram ótimos. Com o sucesso das *lives* e o novo normal, comprei o curso de marketing digital para saber divulgar melhor e aprendi que isso é um trabalho diário, é bater todos os dias na mesma tecla, e assim venho tentando divulgar cada dia mais a aurículo. Hoje tenho planos com a aurículo de fazer esse tratamento chegar a mais pessoas e assim ajudar a não ficarem tão dependentes de medicações para dormir ou relaxar, entre outros casos. Estou no caminho para ser referência em terapia na minha região, não tenho pressa, sei que chego lá porque os planos não são meus, mas de Deus e ele faz acontecer. Se você está em Criciúma ou região, terei o prazer em ajudá-lo com minha terapia.